KB204319

새로 쓰는 대장경의 성립과 변천

새로 쓰는

대장경의 성립과 변천

| 인도·티베트·중국·한국·일본에서의 대장경 편찬을 중심으로 |

교토불교각종학교연합회 編, 박용진·최종남 譯

운주사

서문

교토대장회京都大藏會는 원래 교토각종학교연합회京都各宗學校連合會가 주최하는 한 사업이며, 다이쇼大正 4년(1914) 교토 어소京都御所에서 행해진 다이쇼 천황의 즉위식 및 대상제大嘗祭에 이은 11월 21일·22일에 오타니대학大谷大學에서 열린 「대전기념교토대장회大典記念京都大藏會」가 그 최초이다. 교토각종학교연합회는 메이지明治 39년(1906)에 교토시 내외의 불교 각 종파가 설립한 학교의 대표자가 결집을 향한 논의를 위해 하나조노대학花園大學의 전신인 하나조노학원花園學院에 모인 것에서 시작한다. 대장회, 그것은 그 앞 해의 11월 3일에 도쿄우에노미술학교東京上野美術學校(현, 도쿄예술대학東京藝術大學)에서 처음 개최되었으며, 그 후 나고야名古屋 등에서도 개최되었지만, 현재도 계속되고 있는 것은 교토대장회京都大藏會뿐이다. 당초에는 법공양法供養과 강연만이었지만, 쇼와昭和 48년(1973)부터는 널리 문화재 보호에 대한 계발啓發도 진행하는 것과 더불어 한층 불교정신의 침투를 목표로 하여 각 종파종교宗派宗教나 대학과 관련된 문화재의 전관展觀이 이루어졌다. 그 후에도 교토대장회는 교토각종학교연합회의 가맹교가 몇 그룹으로 나뉘어 번갈아가며 당번교當番校를 담당하였고, 헤이세이平成 27년(2015)에는 제100회를 맞았다.

제100회 대장회 기념사업의 하나로 기획·개최된 것이 교토국립박물관 헤이세이지신관平成知新館에서 특별전관特別展觀「불법동점佛法

東漸-불교의 전적과 미술佛教の典籍と美術-』이다. 또한 기념출판으로 『신편 대장경新編 大藏經-성립과 변천成立と變遷-』, 즉 본서의 제작이 기획되었다. 본서는 쇼와 39년(1964)에 제50회 대장회 기념사업의 일환으로 간행된 『대장경大藏經-성립과 변천成立と變遷-』에 기초하면서, 그 후에 크게 진전한 최신의 대장경 연구를 기반으로 하면서, 내용적으로는 지역과 시대를 그 특징에 따라 구분하였고, 각각에 적임의 연구자를 선정하여 집필을 의뢰하였다. 또한 새로운 연구방법에 대한 지침으로써 구판에는 없었던 데이터베이스의 항목을 두었다. 다만 복수의 집필자에 의뢰한 분량이 다른 것도 있어 전체의 편집이 난항을 겪은 것도 사실이며, 당초는 100회 기념의 헤이세이 27년(2015)에 간행을 목표로 했음에도 불구하고 대폭적인 지연이 발생했지만, 간신히 출판을 실현할 수 있었다. 각 집필자에게는 편집의 서투름에 대해서 깊이 사과드림과 함께 곤란한 의뢰를 받아 주신 것을 충심으로 감사하는 바이다. 또한 본서의 간행을 흔쾌히 맡아 주신 호조칸法藏館 사장 니시무라 아키타카西村明高 씨 및 편집업무를 담당하신 호조칸의 이마니시 토모히사今西智久 씨가 없이는 본서의 간행은 실현될 수 없었다. 삼가 깊은 감사의 말씀을 드린다.

어떤 의미에서 불교학 연구는 착실한 문헌 연구를 기초로 해야 하고, 그 때문에도 각각의 문헌이 갖는 배경이나 역사를 아는 것이 중요하다. 나아가 불교가 전파된 지역의 문화나 역사는 불교 교의의 전래와 큰 관련이 있다. 불교, 즉 석존의 가르침은 당연하지만 실천이 수반되지 않으면 의미가 없고, 그 실천을 통해 다양한 문화가 형성되었다. 그러나 실천의 근거가 되는 가르침이 어떻게 전승되었는가 하면,

문자화된 경전이나 논서가 없으면 불가능하였다. 그 경전류의 축적이 여기서 말하는 대장경大藏經이고, 다시 말해 대장경의 역사는 불교사 그것인 동시에 지역의 문화사라고 할 수 있다. 본서가 불교학 연구에 뜻을 두고 있는 연구자의 효과적인 지침서가 되는 것과 동시에 대장경에 대한 이해를 널리 일반에 보급하는 데 일조할 수 있기를 바라마지 않는다.

레이와令和 2년(2020) 9월
교토불교각종학교연합회 주최
제100회 대장회기념사업실행위원회
대표 하나조노대학 나가오 료신中尾良信

한국어판 출간에 즈음하여

이번에 『신편 대장경-성립과 변천-』의 한국어판이 간행되게 되었습니다. 본서에서는 불교의 시대별·지역별의 대장경 및 사본 관련 15명의 일본인 학자들이 관련 문헌들을 발굴·열람·분석 등에 의한 체계적이며 심도 있는 연구에 의해 불교의 고향인 인도에서 동남아시아, 혹은 실크로드를 거쳐 중국에서 한반도로, 심지어 극동의 일본에 이르는 각지에 있어서 불교성전이 어떻게 경·율·론의 삼장·대장경으로 형성되었는지를 알기 쉽게 설명하고 있습니다.

본서가 일본 호조칸法藏館에서 간행된 것은 2020년 12월이었지만, 본서의 출판 기획이 제기된 것은 간행보다 10년 앞선 2009년이었던 것으로 보입니다. 기획으로부터 10년이라는 긴 시간을 거쳐 간행된 것이 본서입니다. 저도 15명의 기고자 중의 한 사람이지만, 제가 담당한 인도의 대승경전류는 본서 중에서는 예외적으로 경·율·론의 삼장·대장경으로 정리되지 않았던 문헌군입니다. 그 대승경전이 대승불교를 전문으로 하는 중국이나 한반도나 일본에서는 대장경의 핵심 부분을 차지하게 된 것은 매우 흥미롭습니다.

본서의 독자들은 인도에서 불교성전의 성립에서부터 각지로의 전래, 혹은 각지에 있어서 불교성전의 수용과 변용의 전체상에 대해서도 알게 될 것입니다.

본서의 번역을 맡은 학자는 중앙승가대학교 불교학부 최종남 교수와 국민대학교 교양학부 박용진 교수 두 분입니다. 현재 저는 오로지 산스크리트어나 간다라어 등의 인도어로 쓰인 불교사본들의 해독을 주로 연구하고 있지만, 과거에는 세친世親(Vasubandhu)과 무착無着(Asaṅga)에 의해 저술된 유식사상唯識思想 문헌들에 대한 연구를 주로 수행하였습니다.

본서를 한국어로 번역하신, 유식사상 문헌 연구의 전문가인 최종남 교수는 특히 제가 신뢰하는 오랜 친구입니다. 박용진 교수와 함께 두 분의 교수님들께서 본서를 한국어로 번역하여 출판하신 것을 크게 기뻐함과 동시에 인도에서부터 동남아시아, 티베트, 중국, 한국, 일본 등에 전래·전승 및 전개된 대장경에 대한 관련 지식과 정보들이 심도 있게 한국의 독자들에게 널리 받아들여지기를 기원드립니다.

2023년 11월 1일

교토京都 붓쿄대학佛教大學 연구실에서

마츠다 카즈노부松田和信

Ⅳ. 일본日本 213

I 인도·아시아 제 지역

제1장 인도불교시대의 삼장三藏과 빨리어 삼장

1. 초기문헌의 편찬작업 - 결집 전설

결집結集과 삼장三藏

대장경이나 일체경一切經이라는 명칭과 엄밀한 의미에서 부합하는 집성集成은 인도불교의 범위 내에서 이루어지지 않았다고 할 수 있다. 왜냐하면 그러한 이름 아래에서의 편찬사업은 뒤에 자세히 언급될 중국에서의 서사書寫, 내지는 간본刊本에 의한 것이 최초의 것이라 할 수 있기 때문이다. 그렇지만 이 말에 의해 이미지화되는 불교의 전적典籍, 혹은 가르침을 정리하여 전지傳持하려는 기도企圖의 시원始原을 구한다면, 불멸 후의 유법遺法을 집성한 결집에서 발단한다고 생각할 수 있다. 따라서 먼저 결집의 순서와 그 후의 인도 초기불교라고 일컫는 시대의 문헌 양태, 그리고 전통적인 집성에 대해서 현재 전하고 있는 남방불교 국가들에 있어서 변천과정을 본 장에서 살펴보고자 한다.

※본 장에서 사용하는 자료는 인도를 원천으로 하는 것이 많아 로마자 표기가 필요한 경우 원칙적으로 산스크리트(Sanskrit)어의 일반적인 표기법에 따른다. 다만 빨리(Pāli)어를 병기하는 부분, 빨리어 고유의 전적, 그리고 인명人名은 단어 앞에 P.를 붙여 표기하였다.

▸ **결집 전후의 집성集成과 삼장三藏**

극히 장기간에 걸친 다양한 문헌의 출현에 의해 엄밀한 분류가 어려워진 결과, 모든 것을 포함하는 말로서 대장경이나 일체경이라는 명칭을 사용했을 것이라고 추측되지만, 그 기초가 된 분류는 중국불교권에서 경經·율律·론論과 함께 일컫는 삼장三藏이라고 할 수 있다. 그리고 이 용어는 인도에서 기원한 말 뜨리 삐따까(S. tri-piṭaka, P. ti-piṭaka)의 번역어이며, 3개(Tri)의 바구니(籠), 혹은 상자(Piṭaka, 箱)를 원의로 한다. 불교의 가르침을 내용으로부터 분류한 것이기 때문에 붓다 자신에 의해 설해진 교법을 '경經(S. sūtra, P. sutta)', 교단생활상의 규칙인 계와 그것들의 해설을 정리한 것을 '율律(vinaya)', 그리고 명백히 후대의 불제자들에 의한 해설서를 '논論(S. abhidharma, P. abhidhamma)'이라 칭하고, 그들을 수집하여 수록하는 것이라는 정도의 말로서의 장藏을 붙여 각각 경장·율장·논장, 통틀어 삼장이라고 불리는 것은 말할 필요도 없을 것이다. 하지만 이 세 가지 순서로 열거하는 것은 중국계 불교가 널리 퍼진 지역에서의 전통이며, 나중에 언급할 남방계에서는 교단사회에서의 생활규범인 율을 첫 번째로 들고, 이어서 경·론으로 병렬한다. 생활상의 규범인 율을 배우고, 그 후에 사상적인 교법敎法인 경을 닦아서, 보다 고도의 교법의 전개(논論)를 닦는다고 하는 순서가 합리적인 것이라고 풀이된다.

성립사적인 추이에 대해서는 나중에 언급하기로 하며 불멸 후佛滅後 빠른 시대(아마 아소카Aśoka왕 무렵[1])에 인도에서 전래되고, 그 후 역사적인 변천의 영향을 최소한으로 한 채 현재까지 맥을 이어오고 있는 세일론Ceylon(스리랑카Sri Lanka)이나 동남아시아에 널리 전파한 남방상좌부의 전적에 따르면, 삼장은 다음과 같이 분류된다.

율: 계조戒條를 열거하는 바라제목차(P. Pāṭimokka)와 그 해설의 경분별經分別(P. Sutta-vibhaṅga), 대품大品과 소품小品으로 나뉘는 건도부犍度部(P. Khandhaka)와 부수附隨(P. Parivāra).

경: 장부長部·중부中部·상응부相應部·증지부增支部·소부小部의 5부(니까야, P. Nikāya, 한역에서는 아함阿含).

논: 법집론法集論(P. Dhammasaṅgaṇi)이나 논사論事(P. Kathāvatthu) 등의 7론七論.

---

1 고대 인도에서는 드문 거의 확정적인 아소카왕의 즉위 연대(기원전 268년경으로 하는 것이 일반적)를 불멸 후 약 110년경(북전北傳)으로 보는가, 약 200년경(남전南傳)으로 보는가에 따라 시간적 경과로 거의 두 배의 차이가 나게 된다. 그리고 세일론 섬에 있어서 불교전래를 아소카왕 시대로 하는 전승은 거의 사실史實과 큰 차이는 없다고 보여지고 있다. 따라서 근년 우세한 북전을 고려한다면, 100년 정도라는 상당히 이른 시기라는 표현도 타당할 것이다.

빨리라는 단어 자체가 한정적으로는 '삼장三藏을 저술하는 데 사용된 성전어聖典語'이고, 가장 협의로는 이러한 전적에 사용된 것이며, 근본어根本語(P. Mūlabhāsā)라고도 불린다. 그러나 그 후 세일론에서 오래된 싱할라어로 전해지던 주석서를 빨리어로 재저술한 것, 혹은 새롭게 찬술된 교리서나 역사서 등의 여러 문헌, 나아가 시대가 내려와서 인도에서 가지고 온 것들도 빨리어로 찬술되었으며 질적·양적으로도 모두 많은 문헌이 남아 있지만, 그것들은 장외문헌藏外文獻이라는 것으로 삼장에 포함되지는 않는다.

그런데 이 삼장이라는 용어의 출현은 마지막 논장이 권위를 가지고 병칭倂稱되는 시대에 이르러서의 것으로 적어도 불멸 후 한동안은 사용되지 않았던 것으로 생각된다. 앞에서 언급한 논장 중의 『논사論事』는 뒤에 서술하겠지만 불멸 후 200년에 행해진 제3결집 시에 찬술되었다고 전해지는 것으로 문헌 중의 용례를 살펴보아도 빨리어 문헌 중에서 이 용어가 처음 소개된 것은 기원전 1~2세기 이후의 성립으로 보이는 장외문헌(P. Milindapañha 미린다왕문경王問經)이고, 협의의 경장[2]의 범주 안에서는 사용되지 않는다. 더욱이 경이나 율이라는 표현에 대해서도, 특히 전자前者의 경經이라는 표현은 이 호칭에 의해서 붓다의 가르침을 포함하기까지 몇 가지 역사적 변천이 있었다고 생각된다. 그러한 것들을 검토하기 위해서 지금까지의 연구 성과에 입각하여 결집에 대한 전설을 다루기로 한다.

---

2 예외적으로, Milindapañha를 다른 몇 개와 함께 소부경전小部經典에 배치하는 경우(미얀마판)도 있다.

결집 전설과 성전聖典의 전지 형태傳持形態와의 관련

불교의 역사적 변천을 살펴보면, 중국·티베트·한국·일본으로 전래된 북전과 세일론 섬으로부터 미얀마(버마)·태국 등의 동남아시아로 전해진 남전의 2개 루트로 나뉜다. 이 두 전승의 불교사를 비교하면, 결집의 전설에 관해서는 인도 본토에서 모두 합하여 세 번을 세는 것은 일치하고 있다. 그러나 제1차 결집과 제2차 결집에 대해서는 두 전승에 있어서 미미한 차이는 있어도, 거의 동시대에 실시되었다고 하는 것에 대해서는 같은 원천源泉으로 언급되었다고 생각되는 반면, 이와는 다르게 제3차 결집이라 불리는 부분에 있어서는 상당한 차이를 보이고 있다. 각각의 자료 검토에 대해서는 많은 뛰어난 성과가 축적되어 있기 때문에 이들을 참조하여 개략적으로 서술하면 다음과 같다.

▸ 제1차 결집第一次結集

불멸 직후에 교단질서의 혼란을 염려한 대가섭大迦葉을 상수上首로 한 500명의 아라한阿羅漢이 왕사성王舍城(현재의 라지기리)에 집결하여 붓다의 직설直說을 서로 확인했다고 하는 전승은 여러 지역에 유포된 모든 것에서도 거의 일치한다. 그때 집성된 내용에 대해서는 최초 승단의 생활규범이나 질서유지를 위한 항목을 정리한 것으로서의 율은 일치하지만, 가르침의 집성에 대한 호칭은 다양하였다. 대별하면, '법法(다르마, dharma)'이라는 표현으로 총칭하는 경우와 경, 혹은 경장으로 하는 것이 있으며, 후자의 내용에는 현존 형태인 아함阿含, 또는 니까야라고 부르는 것과 그 전 단계의 집성으로 생각되는 구분십이분九分十二分(부部)교敎(경經)로 설명하는 것 등이 있다. 나아가 논장까지도 포함해 이 결집에서 성립했다고 하는 기술도 존재한다.

그런데 앞에서 언급한 바와 같이 삼장이라는 용어의 맨 처음 등장은 비교적 성립이 뚜렷한 남전南傳의 전적에 있어서도 기원전 1세기로 내려가지 않는 것 같으며, 제1차 결집 시에 삼장 모두(혹은 적어도 그러한 명칭으로 총칭하는 것)가 성립되었다고는 도저히 생각할 수 없다. 더욱이 경전의 내용을 분류하는 구분십이분교와 니까야, 또는 아함은 전자前者로부터 순차적으로 후자로 이어지는 시간적인 경과 속에서 편찬되고 바로잡았을 것이라고 생각되며, 이 단계에서 동시대적으로 발생한 차이라고는 볼 수 없다. 즉 그 기록들을 전하는 자료의 전승 과정에서 자신들의 부파가 전승하는 형태와 상황이 잘 합치하는 표현으로 개변改變된 것이라고 볼 수 있다. 그렇다면, 이 단계에서 붓다의 가르침의 분류는 '율'과 '법'이라는 두 가지 범주로 나누어져 있었다고 보는 것이 타당할 것이다. 다만, 이 두 가지 것도 결집 시에 실제로 사용된 것인지의 여부는 완전히 확정할 수 없을지도 모른다. 그러나 적어도 가장 원초적 분류 범주였음은 수긍할 수 있다.

그러면 이 '법'이 그대로 '경'이라는 명칭 변경에 의해 내용이 모두 계승되었는가 하는 의문이 생기지만, 그렇다고만 할 수 없는 복잡한 사정을 고려하지 않으면 안 된다. 애초 '경經'이라는 단어가 '법法'을 모두 포함하는 개념으로서 적합한가, 라는 문제가 있다.

한역할 때 사용된 '경經'이라는 한자가 어떠한 의미를 가지고 있었는가를 떠나, 인도의 단어로서 수트라(S. sūtra, P. sutta)가 나타내는 의미개념으로는 우선 '수트라체體라고 불리는 간결한 금언金言·잠언箴言·처세훈處世訓, 그리고 이론을 전하는 문장'이 있다. 더욱이 수트라의 어원인 √sīv의 '꿰매다'라는 어의語義로부터, 그리고 앞의 의미 깊은 단문短文을 꽃으로 보고서 그것들을 마치 목걸이처럼 다발로 묶었다는 의미를 담고 있다. 따라서 본래 이 단어는 붓다의 가르침을 전하는 문헌의 형태적 특장特長을 나타내고 있으며 수많은 가르침 가운데에서 수트라라고 부르기에 적합한 형태의 것만의 호칭으로서 사용되는 경우가 많다. 이것은 현재 우리가 사용하고 있는 초기경전류의 분류인 한역의 장아함長阿含이나 중아함中阿含 등의 사아함四阿含이나 남방불교에서 전해지는 장부長部(P. Digha-nikāya), 혹은 중부中部(P. Majima-nikāya)와 같은 오부五部의 형식 이전에 대개는 형태적인 특징으로 분류된 구분십이분교라고 하는 집성방식集成方式의 하나로서 수트라라고 하는 호칭이 존재하고 있었던 것으로부터도 분명하다. 또한 율의 핵심부분인 계조戒條를 열거하는 바라제목차(Pāṭimokkha)가 경(『해탈계경解脫戒經』)이라 불리며, 그것들의 해설이 경분별經分別(Sutta-vibhaṅga)이라고 불리는 것으로부터도 후대에 와서 의미개념이 변천한다고 해도, 이와 같은 사용례에 있어서 수트라의 단어가 법(S. dharma, P. dhamma)을 완전하게 포섭하는 것과 같은 것이었다고 간주하는 것에는 의심이 남는다. 그렇다면 왜 하나의 표현형식 명칭이었던 수트라가 마치 붓다의 교설 모두를 가리키는 단어로 사용되게 된 것일까.

거기에는 수트라라고 하는 명칭은 범인도적으로 가르침을 말하는 전적典籍의 호칭으로서 일반적으로 사용되고 있는 것이 영향을 주고 있다고 생각할 수 있는 것은 아닐까. 주지하는 것과 같이 종교나 철학적인 분야에서도 기본적인 성전聖典은 요가(Yoga) 수트라나 바이

셰시카(Vaiśeṣika) 수트라처럼, 또한 사회적인 규율·규범을 설하는 경우에도 아르타(Artha) 수트라나 카마(Kāma) 수트라처럼 "~수트라"라고 하는 명칭은 널리 익숙한 것으로 되어 있다. 따라서 당초에는 엄밀한 형태적인 특징을 구별했던 불교에서도 인도에서 '가장 일반적인 가르침을 집성한 명칭'이라는 의미에서 모든 가르침을 포섭하는 단어로서 사용되게 되지 않았을까. 또한 구분십이분교에서도 지분支分을 세는데 가장 처음에 놓여 있는 수트라가, 이른바 "수트라 등의 법法"과 같이 법의 대표 사례로서 손꼽히는 일이 많은 것이었던 것도 한 요인이 되고 있는지도 모른다.

제2차 결집 이후第二次結集以降

불멸 후 100년경에 베살리(Vesāli)에 거주하는 밧지(P. Vajji)족의 비구들 사이에서 계율에 관한 금지사항 중에서 금전 수수를 대표하는 열 가지 사안(십사十事)에 대해서 예외를 인정해 달라는 요구가 일어나 비구들이 결집하여 그것들에 대해서 심의 후 부결시킨 결과, 교단의 분열을 유발한 사건(십사十事의 비법非法)이라는 것이 남북 양전兩傳에 공통적으로 전승으로서 전해지고 있다. 그리고 이 심의 후 남전의 역사서 전승에서는 모인 700명의 비구들에 의해 성전의 결집이 이루어졌으므로 제2차 결집이라 칭한다. 불멸 연대에 대한 남북에서의 약 100년의 격차나 북전에만 전해지는 교단분열의 원인이 되는 '대천大天(Mahādeva)의 오사五事'와의 관련 등 여러 문제도 많고, 나아가서는 제2차 결집이라는 것의 구체적인 내용도 명확하지 않기 때문에 이 단계에서의 삼장의 전모를 살펴볼 수는 없다.

더욱이 남전에서 그 100년 후에 발생했다고 여겨지는 파탈리뿟따(Pattaliputta)에서 열린 교단정화敎團淨化를 위한 회의에서 제3차 결집을 개최하여 논장의 7서書 중 하나인 『논사論事(Kathāvatthu)』가 저술되었다고 하는 남전의 독자적인 전승에 이르러서는 현재의 연구 성과에 의하면, 상좌부 내부에 있어서의 전개라고 보는 것이 타당할 것으로 생각된다.

이 제2차와 제3차 결집의 전승에는 많은 복잡한 문제가 남아 있으며, 게다가 명확하게 그 단계에 있어서의 삼장 상태를 말하는 직접적인 기술은 찾을 수 없다. 따라서 그 외의 자료 중에 있어서 볼 수 있는 단편적인 기술에서 불멸 후 100년부터 200년 무렵까지 성전의 전승 상황을 보여주는 것을 몇 가지 지적하면 다음과 같은 것을 볼 수 있다.

▸경전 중에 언급된 예

- 붓다 재세 시 한 제자가 '교설의 말씀을 출생, 성장, 가문 등 때문에 더럽혀지는 것은 아닌가'라는 물음에 대해서 '각자의 말로(P. sakāya niruttiya) 말하면 된다.'라고 답한다.
- 몇 개의 경전(혹은 그 원형이 된 가르침) 중에, 그것을 독송함에 의해 불교에 대한 이해도를 측정하거나 항해 중의 안전을 기원하는 것과 같은 '독송경전讀誦經典'이라고 불리는 비근하게 이용하는 경전이 몇 개인가 존재하였다.

▸ **아소카왕 관련 단편적 기사記事**

- 아소카왕이 남긴 많은 비문의 하나로 불교도에게 장려하는 '7종의 법문法門'으로서 경명經名을 열거하는 유명한 것이 있다(Calcuutta-Bairāṭ 법칙法勅). 그곳에 기록된 경명은 현재 보는 것과 같은 『○○경』이라고 하는 정연한 것은 하나도 없고, 현존의 『○○부』(아함)라고 하는 것과 같이 어떠한 그룹에 배치되어 있는 것을 알 수 있는 기술도 없다.[3]
- 역사서에서 볼 수 있는 왕 재세 시 행해진 전도사에 대한 파견 기록에 각각의 전도사 명名과 함께 그들이 전승되어 간직하고 있는 몇 개의 경전명이 열거되어 있다. 그것들은 적어도 그들이 설시說示하는 것으로서 특이할 만한 것을 들고 있다고 이해할 수 있다.

이와 같은 예나 현존하는 빨리전傳과 한역에서는 경전의 배열이라든가 내용에 있어서 상당히 서로 다른 것과 혹은 기억에 의한 전승의 과정에서 분담을 시사示唆하는 지율자持律者(Vinaya-vādin)와 지법자持法者(Dhanmma-vādin)와 같은 표현의 예도 고려한다면, 현존의 형태까지 대체로,

붓다 재세 시에 고려되지 않았던 교설에 대한 종류별 분류는

---

3 이 일곱 가지 법문(七種의 法門)의 첫째로 율(vinaya)을 들 수 있고, 이미 이 시대에는 분명 율이라는 집성을 확인할 수 있다. 한편 이 율도 포함해 법문法門(dharma-paryāya)으로 하고 있어 법의 일종으로 해석되게 된다.

> 불멸 후 제자들에 있어서 큰 관심사가 되었다. 먼저 율(Vinaya)과 법(Dharma)으로 나누어 집성되고, 특히 법은 주로 형태면에서 구분九分이나 십이분十二分으로 분류[4]되고, 그리하여 틀을 분량이라든가 주제별로 4개의 카테고리(사부四部·4아함阿含)로 재집성되었고, 후에 그 집성으로부터 제외된 것, 또는 새로 창작된 것을 소부小部(잡장雜藏)로 하여 총 5부가 되었다.

라고 하는 과정을 거쳤을 것으로 추정된다.

제4차 결집第四次結集

남방 상좌부의 독자적인 전승으로서, 제4차 결집으로 전해지는 것은 그때까지 구전口傳에 의해 전승되었던 성전을 필사한 것으로 일어난 일이다.[5]

세일론 왕 윗따가마니(Vaṭṭagāmaṇī) 시대(기원전 43년 즉위, 그해 왕위에서 쫓겨난 후 기원전 29년 복위)에 내부적으로는 교리에 대한 이해 등의 문제로 교단 내에서 이설異說이 많아지고, 사회적으로는 기근飢饉 등의 천재와 이교도와의 항쟁도 더해져 승려가 격감하였다. 그래서

---

4 이 지분支分의 성립에도 다양하게 논의되고 있지만, 가장 온당한 의미는 다음의 3단계이다. 제1단계 구분九分(九部)의 전5지前五支 숫따, 게야, 베이야카라나, 가타, 우다나 ; 제2단계 후사지後四支 이티붓타카, 자타카, 바이풀야, 아부타(담마); 제3단계 12분十二分의 나머지 3지三支 니다나, 아바다나, 우파데샤.

5 북전에서 제4차 결집이라 불리는 것은 카슈미르 지방에서 불멸 후 400년에 유부有部의 아라한阿羅漢 500명이 결집해 『대비바사론大毘婆沙論』을 저술한 것을 가리킨다.

교법의 올바른 구전口傳에 위기감이 생겨, 삼장과 주석을 서사書寫해 섬 중부 말라야(Malaya) 지방의 알로카(Aloka) 동굴사원에 보관했다고 한다.

시대배경을 고려한다면, 세일론 상좌부 내에 보수적인 대사大寺(Mahāvihāra)와 진보파인 무외산사無畏山寺(Abhyagiri vihāra)라고 하는 두 파벌이 생겨나 갈등이 깊어져 가고 있었다. 한편 인도 본토에서도 그때까지 각별히 강조되지 않았던 경전 필사의 장려를 설하는 대승경전의 출현 시기와도 겹쳐 있어 현실적으로 있었던 사건으로 해석해도 무방할 것이다. 그러나 이때 서사된 문헌은 당연히 남아 있지 않기 때문에 어떠한 삼장三藏인지를 확정하기는 어렵다. 다만 삼장과 동시에 주석서도 필사되었으며, 그것들을 원천자료로 하여 5세기에 이르러 상좌부 최대의 주석가 불음佛音(Buddhaghosa)이 주석 문헌을 찬술한 것으로 되어 있다. 그곳에 있어서 경전의 배열 등은 거의 현재의 형태와 일치하므로, 그 이후부터는 큰 변경이 발생하지 않았다고 생각된다.

2. 간본刊本으로서 집성集成

빨리성전협회聖典協會(PTS.)

스리랑카에서 동남아시아로 전해졌으며, 그들의 지역에서 크게 번성하고 현대에도 맥맥脈脈이 흐르는 남방 상좌부의 교단에서는 근대에 이르기까지 주로 필사에 의한 전승이 주류였다. 정리된 시리즈로서의 텍스트 간본刊本에 의한 편찬사업은 미얀마(버마)와 태국, 그리고 캄보디아 등 남방 상좌부의 유력한 나라들에서도 19세기 말 이후에 이루어지게 된다. 그것들은 대부분 자국自國의 서체를 이용해 간행되었으며 Oriental Editions라고 총칭되고 있다.

그에 비해 유럽 각국에서는 연구가 본격적으로 왕성하게 번창하는 시기부터 로마자에 의한 비판적인 교정 출판이 이루어지기 시작하였고, 마침내 토머스 윌리엄 리스 데이비스(Thomas William Rhys Davids)에 의한 빨리성전협회(Pali Text Society)(=PTS.)의 설립과 그의 노력에 의해 통일된 체재에 의한 텍스트 출판이 이루어졌다. PTS.는 1881년에 런던에서 설립되어, 그 다음해부터는 정기간행물(Journal)로서 동일한 타이틀로 계속하여 간행하는 축차간행逐次刊行이 시작되었다. 더욱이 사전과 문법서, 색인, 그리고 번역 등의 많은 사업이 수행되었지만, 주된 사업은 빨리어 원전의 교정 출판이었다. 그리고 그것들을 로마자에 의한 표기와 통일된 체재에 의하고, 그리고 더 나아가 각국의 연구자들로부터 동의를 얻어 판권을 협회에 귀속시키고, 영리적으로는 어렵지만 계속적인 출판과 공급을 실현시켰다. 이에 의해 협회 설립 이전에 출판되었던 텍스트(예를 들면 1877년부터 간행이 시작된 파우스뵐V. Pausböll의 『자타카』, 같은 해에 간행된 올덴베르그H. Oldenberg의 『율장』)도 빨리성전협회로부터 통일규격의 체재로 재판再版되었다. 이와 같은 노력에 의해 여타의 산스크리트, 티베트 문헌 등이 여러 자형字型과 체재에 의해 출판되어 연구에 불가결한 자료라도 때로는 절판되어 구입하기 어려운 상황에 빠지는 경우가 자주 있는 것에 대해서, 삼장을 비롯한 빨리어 문헌에 한해서는 비교적 용이하게 구입할 수 있는 것은 연구자나 학생들에 있어서 아주 큰 이익이라고

평가할 수 있다.[6]

남방불교 국가에서의 텍스트 편찬과 출판사업

앞에서도 언급한 바와 같이, 많은 국가에서는 자국의 서체書體를 이용하여 간행한 텍스트를 'Oriental Editions'라고 총칭하고 있는 상좌부를 받드는 나라들의 편찬과 출판사업이 존재한다. 그들 중의 주된 부분을 아래에서 국가별로 간략히 개관해 둔다.

▸ 스리랑카(세일론)

전설의 양상을 포함하면서도 중요한 텍스트 편찬사업의 최초라고 할 수 있는 것은 앞에서 언급한 제4차 결집으로서 전해지는 것이었다. 그 후에도 불교를 봉지奉持하는 싱하라족의 왕조 성쇠에 호응하여 불교교단도 소장消長을 반복해, 여러 차례 성전의 정비가 반복된 사실이 역사서에 의해 언급되기는 했지만, 그것들은 판본이 아닌 서사書寫에 의한 것이었다.

근대가 되어 활자판에 의한 성전의 편찬간행이 계획되고, 삼장에 대해서는 싱하라 문자에 의한 두 종류의 시리즈가 기획되어, 모두 여러 책이 간행되었지만 중단되어 버렸다.[7]

---

6 PTS. 이외에도 빨리어 출판이 기획되고, 부분적으로 출판된 것도 있다. 예를 들면 프랑스에서는 1949년에 「Canon bouddhique Pāli」로서 장부長部의 제1권이 간행되어 있지만(ed. J. Bloch, J. Filiozat, L. Renou), 속간은 확인할 수 없었다.

7 1950년대에 Sripāda Tripitaka series가, 1959년부터 1960년대에 걸쳐 Buddha Jayanti tripitaka series(빨리어의 대면對面에 싱하라어의 대역對譯을 붙임)가 간행되어

여기에는 자국의 경제적인 문제 등도 요인이 되겠지만, 우수한 연구자가 독립 전까지 종주국인 영국 런던에 본부를 둔 PTS.와 교류가 깊고, 중요한 텍스트의 교정 출판의 에디터(Editor)로서 활약하고 있었던 것도 원인이 되었을 것이다.

그에 비해 당시 PTS.에서는 아직 출판하지 않은 것이 압도적으로 많았던 주석서의 전용全容을 전 49권에 수록하여 1952년에 완성한 Simon Hewavitarne Bequest(=SHB.) 시리즈의 자료적 가치는 매우 크다. 이것은 당초 1913년에 영국령 세일론에 총독으로 부임한 찰머스(R. Chalmers)에 의해서 제창되어, 그의 퇴임 후 그의 뜻에 공감한 세일론 사업가의 일족 헤와비타르네(Hewavitarne) 가家(이 가문에서는 영국령 아래에서의 불교 부흥자로서 유명한 아나가리까 다르마팔라Anagārika Dhamapāla 사師를 배출)가 계승해, 1917년에 제1권부터 완성하기까지 35년이 소요되었던 것이었다.

▸ 미얀마(버마)

남방불교의 전설에 따라 세일론 섬에서의 성전서사聖典書寫를 제4차 결집으로 세고, 그 뒤를 계승하는 것으로서 1871년에 미얀마의 민돈(Mindon) 왕 치세하의 만달레이(Mandalay)에서 거행된 성전편찬사업을 제5차 결집(만달레이 결집)이라고 부른다. 2,400명의 장로 비구長老比丘가 참가하여 같은 해 4월 15일부터 개시하여 5개월 후인 9월 12일에 삼장三藏의 전체를 모두 독송讀誦 완료하였다. 이때 제정된

있다.

텍스트는 729매의 대리석제 판에 새겨져 결집이 진행된 지역의 언덕 기슭의 사원(쿠도도 파고다Kuthodaw Pagoda)에 질서 정연하게 나열되어 있다.

또한 남전의 부처님 탄신 2500년 사업으로서 1954년 5월부터 1956년 5월까지 거의 2년에 걸쳐 제6차 결집(chaṭṭha sangāyanā, The Sixth Great Buddhist Council)이라고 총칭되는 대규모 성전 편찬사업은 미얀마 정부의 거국적인 지원으로 이루어졌다. 이 사업에는 미얀마 불교도뿐만 아니라 남방불교를 신봉하는 세일론·태국·캄보디아·라오스라고 하는 많은 여러 국가의 저명한 승려들이 참가하여 다음과 같은 다섯 회기會期로 나누어 각각의 학식과 자료에 기초하여 독송교합讀誦校合을 행하였다.

- 1954년 5월 21일~같은 해 7월 7일, 46일간 율장의 교합校合.
- 1954년 11월 15일~1955년 1월 29일, 76일간 장부長部와 중부中部의 교합.
- 1955년 4월 28일~같은 해 5월 28일, 30일간 상응부相應部와 증지부增支部의 교합.
- 1955년 12월 16일~1956년 2월 16일, 63일간 소부小部와 『발취론發趣論』의 교합.
- 1956년 4월 23일~같은 해 5월 25일, 31일간 논장論藏의 나머지 6부.

이와 같은 경위를 거쳐 완성된 「제6차 결집판」(40책)은 판본版本에 의한 가장 엄밀한 교정판 중의 하나로 현재도 높은 자료적 가치를 자랑하고 있다. 그리고 미얀마 문자에 의한 이 「제6차 결집판」의 완성 후, 이것을 기초로 한 인도 문자(데바나가리 Devanāgarī)판이 나란다(Nālandā)판으로서 출판되고, 또한 1990년대에는 전자판의 선구적인 것으로서 CD-ROM판[8]이 보급되고 있다.

▸ 태국(시암)

전통적인 태국의 역사서 『결집사』(P. Saṅgīti-vaṃsa)에 의하면, 근대까지 결집이라고 불리는 것은 모두 합하여 9회를 꼽는다고 한다. 이들 중에서 제1회부터 제3회까지는 남방불교의 정설대로 인도에서 진행된 것이며, 이후 제4회부터 제7회까지는

- 제4회 마힌다(Mahinda) 장로長老와 천 명의 아라한에 의한 것[9]
- 제5회 성전 필사의 것
- 제6회 붓다고사에 의한 싱하라어의 담마 빨리어화
- 제7회 주석서류의 완성

이라고 하는 것을 세일론 섬 안에서 진행된 것으로 전하고 있다.

---

8 Published by Vipassana Research Institute India.(최신판最新版은 2008년).

9 태국 전승 이외에는, 이와 같은 결집 기사를 전하는 경우를 알지 못한다. 그러나 예를 들면 동일원천同一源泉이라 생각되는 Saddhammasaṅgaha에서도, 성전필사를 통상적으로는 제4로 해야 하는 것을 '제5차 결집'이라 기록하고 있는 것도 있고, 지역 한정으로 양해되고 있는 사항일 것이다.

그리고 그 후 2회에 걸쳐 태국에서 실시되어,

- 제8회 북부 치앙마이(Ching Mai)에서의 불력佛曆 2026년(기원紀元 1842년)의 것
- 제9회 라마 1세 하下에서의 불력 2331년(기원 1788)의 것
- 그리고 10번째에 상당하는 것이 불력 2437년(기원 1894)에 라마 5세의 즉위 25주년 기념행사로서의 『왕실판』이 간행되었다.

이 '왕실판(Siam Royal Edition)'이라고 불리는 것은 간행 후에 세계적인 규모로 불교학 관계 대학·도서관·종파의 본산本山에 기증되어, 일본의 빨리어 연구의 태두인 미즈노 고겐(水野弘元, 1901~2006) 박사의 평가[10]에도 있듯이, 당시 간행된 PTS.판과 비교하여 오류 오식이 적은 자료적 가치가 높은 것으로 정평이 있다. 또한 1919~1928년에 걸쳐 주석문헌과 중요한 장외藏外의 전적이 다시 1925~1928년에 삼장의 개정판改訂版이 출판되었다.

더욱이 최근 국제적인 규모로 새로운 결정판을 편찬하여 출판하려고 하는 기획이 진행되고 있는 것 같다.[11]

---

10 水野弘元, 『パーリ語文法』(山喜坊佛書林, 1955年), 213頁.

11 붓쿄대학佛敎大學 마쓰다 카즈노부松田和信 교수의 정보와 자료에 의하면, 국제적인 네트워크 하에 다계통多系通의 사본에 근거한 엄밀한 교정판校訂版이 기획(Dhammachai판)되어 있어, 그 순차적인 간행과 감성感性이 기다려지고 있다.

▸ 기타 간본刊本

상기의 3개국 이외에도 과거에 캄보디아의 크메르(Khmer) 문자판文字版이 간행되었지만, 잘 알려져 있듯이 이 나라가 장기간에 걸쳐 내란에 의한 괴멸적인 파괴에 의해 완전한 간본의 현물을 가까이에서 확인하기는 어렵다. 그러나 마이크로피시(microfiche)에 의한 소장所藏은 여러 연구기관과 도서관에 있고, 용이하게 열람이 가능한 상황이다.

参考文獻

水野弘元, 『經典はいかに傳わったか-成立と流傳の歷史-』(佼成出版社, 2004年).

前田惠學, 『原始佛教聖典の成立史研究』(山喜坊佛書林, 1964年).

塚本啓祥, 『增補改訂 初期佛教教團史の研究』(山喜坊佛書林, 1980年).

平川彰, 『インド佛教史』 上卷(春秋社, 1974年).

藤吉慈海, 『南方佛教-その過去と現在-』(平樂寺書店, 1977年).

池田正隆, 『ビルマ佛教-その歷史と儀禮·信仰-』(法藏館, 1995年).

藪內聰子, 『古代中世スリランカの王權と佛教』(山喜坊佛書林, 2009年).

森祖道, 「S.H.B. Pāli Aṭṭakathāについて」(『曹洞宗研究員研究生研究紀要』 第1號, 1969年).

永崎亮寬, 「バンコックにて刊行されているパーリ語聖典」(『パーリ學佛教文化學』 第2號, 1989年).

永崎亮寬, 「Saṅgītiyavaṃsa(結集史)について」(『宮坂宥勝博士古稀記念論文集 インド學密教學研究』I(法藏館, 1993年).

제2장 대승경전

1. 대승불교大乘佛教와 대승경전大乘經典

현재 일본에서 신행하고 있는 불교의 각 종단宗團 대부분은 대승불교라고 불리는 불교이다. 『반야경般若經』·『법화경法華經』·『화엄경華嚴經』·『무량수경無量壽經』·『아미타경阿彌陀經』·『이취경理趣經』이라고 하는 일본인들에게 친숙한 불교경전도 대승불교 내에서 탄생된 경전이다. 그러나 대승불교는 고타마 붓다(Gotama Buddha)의 교단에서 유래한 전통적인 교단불교와 제도적인 연결고리는 없다. 대승불교 경전도 전통교단이 전승한 불교의 성전(삼장)과는 다른 과정을 거쳐 성립한 것이며, 그 내용도 역사적 인물인 붓다 석존釋尊(Śākyamuni)을 크게 뛰어넘은 것이다. 일본인들은 고대 인도가 대승불교 왕국이었다는 느낌을 갖기 쉽지만, 대승경전 성립 후에도 전통교단은 인도에서 불교가 소멸되는 13세기경까지 존속하였다. 그러나 불교를 인도 역사를 관통하는 큰 종교·사상·문화의 대하로 본다면, 대승불교는 그

본류에 유입된 거대한 지류支流 가운데 하나였다. 더욱이 나가르주나(Nāgārjuna 용수龍樹, 150~250년경), 아상가(Asaṅga 무착無著, 4~5세기), 바수반두(Vasubandhu 세친世親, 4~5세기) 형제라고 하는 불교 역사에 이름을 남긴 저명한 불교 철학자들도 그 대부분은 대승불교의 사상가로서 출현한 것이었다.

대승과 소승

대승불교가 흥기한 정확한 연대는 분명하지 않지만, 서기 전후였다는 것은 확실하다. 대승(마하야나Mahāyāna)은 "큰(대大, 마하)", "탈것(승乘, 야나)"을 의미하지만, 붓다의 가르침은 예로부터 깨달음의 세계로 수행자를 실어 나르는 탈것(배[船])에 비유되어 왔다. 대승경전의 신봉자들은 자신들의 사상이야말로 지금까지의 전통교단 불교사상보다 더 뛰어난 큰 탈것이라고 자부했던 것이다. '마하야나'라고 하는 용어 사용이 언제 시작되었는지는 확실하지 않지만, 서기 179년에 서역西域 출신의 지루가참支婁迦讖(Lokakṣena)에 의해 한역된 『도행반야경道行般若經』에 '마하연摩訶衍(마하야나)'의 음사어音寫語가 보인다. 또한 대승이라는 단어와 대비적으로 사용되어, "작은 탈것"을 의미하는 '소승(히나야나Hīnayāna)'이라는 단어는 대승경전 중에서 전통적인 교단불교에 대해 모멸적으로 사용되었지만, 이 단어는 『도행반야경』에는 보이지 않고, 이것보다 시대가 내려온 5세기 초기의 구마라집鳩摩羅什(Kumārajīva, 344~413) 한역의 『반야바라밀경(소품반야경小品般若經)』이 되서야 겨우 나타난다. 따라서 대승불교가 흥기한 시대부터 대승과 소승이라고 하는 대비가 명백한 것이었는지의 여부는 의문이다. 대승경전을 창작한 사람들은 자신들의 불교를 대승이라고 칭하였겠지만, 반대로 스스로를 소승이라 칭한 불교도佛教徒, 혹은 불교교단이 역사상 존재했던 것은 아니었다.

대승불교의 기원

대승불교를 떠맡은 사람은 누구인지, 혹은 어떤 경위로 대승불교가 성립되었는지에 대해서는 현재도 학계에서 활발하게 논의가 계속되고 있지만, 그중에서 가장 널리 알려져 있는 것은 히라카와 아키라(平川彰, 1915~2002)의 설이다. 히라카와는 대승불교의 원류를 ①부파불교(전통적인 교단불교)로부터의 발전, ②불전문학佛傳文學의 영향, ③불탑신앙에서 찾았다. 우선 히라카와뿐만 아니라, 예로부터 전통적인 불교교단의 하나인 대중부 교단大衆部教團(Mahāsaṅghika)에서 대승불교가 흥기했다는 설이 있다. 대중부의 교의教義에는 깨달음을 구하고자 수행하는 보살의 이념을 설하거나, '심주본정心柱本淨 객진번뇌客塵煩惱' 설 등의, 당시 불교교단을 대표하는 설일체유부說一切有部(Sarvāstivādin)의 교의에서는 찾아볼 수 없는 대승불교와 공통된 요소를 찾아볼 수 있기 때문이다. 그러나 인도에 수많은 전통교단 중에는, 이밖에도 유사한 교의를 설하는 교단이 존재하고, 대중부의 교의가 대승과 비슷하다고는 하나, 대중부도 후대까지 인도에 존속한 것으로부터 대중부가 발전적으로 해소解消하여 대승불교가 탄생했다고는 할 수 없다. 다만 그 교의의 유사점으로부터 양자兩者에 있어서 무엇인가 관계가 있었다고 하는 것은 인정할 수 있고, 익명의 대승경전 편찬자들이 대중부를 포함한 전통교단의 교의를 자세히 알고 있었던 것은 틀림없다.

다음으로 불전문학의 영향이다. 붓다에게의 귀의와 신앙은 시대가 흐르면 흐를수록 오히려 격렬해졌고, 붓다를 찬양하는 다양한 불전문학이 탄생했다. 대중부 교단의 한 부파部派가 전하는 불전문헌인 『대사大事(Mahāvastu)』에는 '십지十地'의 설이 있고, 이것은 저명한 대승경전 중의 하나인 『십지경十地經』에서 설하는 보살십지菩薩十地 설과 관련이 있다. 또한 당시 활약했던 여러 불교 시인詩人의 작품 중에는 붓다를 찬탄하고 신앙을 강조하는 표현이 반복된다. 이들의 이른바 '찬불승讚佛乘'의 흐름은 대승불교의 불교인들에 의해 추진된 것은 아니지만, 대승불교의 흥기에 어느 정도의 역할을 다하였을 것으로 생각된다.

또한 불탑신앙의 융성隆盛이 있다. 붓다 입멸 후, 붓다의 유골遺骨(사리舍利, P. Sarīra)은 분할되어 중인도에 8기基의 불탑이 세워졌는데, 점차 불교도의 신앙을 모아서 마우리야(Maurya) 왕조의 아소카(Aśoka)왕도 각지에 불탑을 세웠다고 한다. 이것은 붓다의 유골과 그것을 봉납奉納한 불탑에 대한 신앙이다. 히라카와의 분석에서는 불탑은 본질적으로 재가신자의 것이라고 한다. 불탑은 재가신자에 의해 신앙되고, 예배되고, 지켜졌던 것이다. 이것은 출가주의의 전통적인 불교 교단의 모습과는 전혀 양상을 달리하고 있었다. 대표적인 대승경전 중의 하나인 『법화경』에는 불탑신앙의 공덕이 강조되어 있다. 또한 오래된 대승경전에서는 재가보살을 전제로 한 교의가 설해지고 있다. 더욱이 대승경전에는 보살집단이 '보살 가나(보살중菩薩衆 bodhisattva-gaṇa)'를 형성하고, 기존의 전통교단과는 별도로 존재하고 있었음을 시사하고 있다. 히라카와는 이 '보살 가나'의 기원을 불탑에 모여 불탑을 유지한 재가집단에서 구하고, 앞의 전통적 교단불교로부터의 발전 및 불전문학의 영향에 비해, 직접적으로는 재가 불교신자에 의해서 대승불교가 시작되었다고 하는 증거로 했다.

이 히라카와 아키라의 대승불교 재가 불탑 집단 기원설은 아이러니컬한 시각으로 보면, 오직 대승불교만의 입장에 서서, 세속적인 삶을 버리고 출가했을 승려조차 대처帶妻하여 가정을 가진 일본불교계에는 참으로 편리한 설이었다. 그러나 히라카와가 대승불교 기원설을 제시한 지 수십 년이 지나 많은 연구자에 의해 히라카와 설을 검증한 결과, 최근에는 그것을 긍정적으로 파악하는 연구자는 없다. 과연 불탑에 모인 것은 재가신자들뿐이었는지, 전통교단의 출가자들이야말로 대승불교를 짊어진 사람들이 아니었는지, 과연 대승불교가 인도에 진정으로 존재했는지 등등, 최근의 첨단연구들은 히라카와 설을 과거의 한 통과점으로 밀어내고 있는 듯이 보인다. 단지 말할 수 있는 것은 많은 대승경전이 인도의 어디선가 누군가에 의해서 저술되어 이 지상에 나타난 것은 확실하다. 그러나 어느 것의 대승경전도 제1차 결집(앞 장 참조)에서 성립한 붓다의 업적을 전하는 경전(수트라)이라는 체재를 취하고 있는 이상, 당연히 그 저자는 분명하지 않다. 많은 대승경전이 아마도 기원 전후부터 5세기에 걸쳐 익명의 저자들에 의해 탄생되었을 것임에 이론異論은 없다. 더욱이 최근의 연구가 시사하는 바와 같이, 그러한 익명의 저자들이 재가자가 아니라 승원, 혹은 아란야(P. araññа, 촌락 근교의 숲)에 사는 출가자였을 가능성이 높다. 다만 히라카와 설을 대체할 새로운 학설 중에서도 불교학계가 다 같이 승인하는 설은 아직 등장하지 않고 있다.

부언하면, 불교가 신봉되었다고 말하기 위해서는 승려와 교단의 운영규칙을 정한 율전(비나야)이 불가결하다. 그러나 인도에 있어서 대승적인 율사상을 설한 문헌의 존재는 알려져 있지만, 그것에 준거準據하여 구체적으로 수계의식受戒儀式이 행해진 것과 같은 대승의 율전이 대승불교 흥기시대에 존재했다고는 생각되지 않는다. 따라서 당초부터 대승불교가 전통교단과 동일한 형태를 가지고 존재했던 것은 아닐 것이다. 다만 히라카와 설이 과거의 것이 되었다고는 해도 율에 얽매인 전통적 교단불교에 대한 새로운 사상운동으로서 대승불교가 시작했다면, 무언가의 재가불교 요소를 가지면서 대승불교가 흥기한 측면이 있음을 완전히 부정할 수도 없다. 설령 경전 창작으로부터 시작된 대승불교가 사상으로서만 존재하고, 그것을 떠맡는 것도 전통교단 내의 출가자였다고 한다면, 애초에 대승의 율전 따위 필요하지 않았다고도 할 수 있다. 그러나 이는 인도에 있어서 대승불교의 실태實態를 점점 안개 저편으로 몰아 버렸다. 과연 고대 인도에 있어서 대승불교란 대체 무엇이었을까? 현재의 연구는 아직 진행 중이라고 말하지 않을 수 없다. 대승불교의 기원과 실태를 둘러싼 연구는 앞으로 더욱 발전을 이루어 나가게 될 것이다.

2. 인도의 문자와 경전서사經典書寫

불전佛典의 서사와 문자

불교성전의 전승은 구전口傳으로부터 시작되었다. 불교성전은 조직적으로 문자로 기록되었다. 즉 사본에 의한 전승이 시작되는 것은 후대의 시대이다. 예를 들면 중앙아시아 각지에서 출토된 인도어 불교사본을 보면, 경전, 혹은 율전 등의 전통적 교단문헌을 조직적으로 서사했다고 생각되는 사본에 2세기, 혹은 3세기의 쿠샨(Kushan) 왕조 시대로 거슬러 올라가는 고사본古寫本은 존재하지 않는다. 그것들이 나타난 것은 기껏해야 5, 6세기 이후의 굽타(Gupta) 왕조 시대보다 이후의 사본이다. 발견된 옛 시대의 사본은 모두 논전이라든가 주석서, 혹은 경전이라고 해도 삼장에서 발췌한 앤솔로지(anthology, 선집選集)류에 한정되어 있다. 불교에 한하지 않고, 원래 인도에 있어서 성전은 구전이 기본이었으며, 문자로 서사되는 것 자체가 예외적인 일이었다고 할 수 있다. 그러나 일단 사본을 통한 전승이 시작되자, 그 방법은 이윽고 성전 전체로 퍼져나가, 성전을 전하는 수단으로서 구전과 병행하여 이루어졌다. 더욱이 최근의 연구에서는 불교성전을 조직적으로 서사하여 전하는 방법은, 전통적인 교단문헌에서는 없고 대승경전으로부터 시작되었음이 분명해지고 있다. 전통에 따라서 구전이 후대까지 유지되었던 교단문헌과는 달리 새롭게 불교를 넓히려는 목적도 있었다고 생각되지만, 대승경전 자체 내에서 그의 성립 당초부터 활발히 경전의 서사를 권유하는 문장이 보이는 것도 확실하다.

그런데 붓다의 시대에 갠지스(Ganges, Gaṅgā) 강의 중류 지역에서는 문자의 사용은 개시開始되지 않았다. 문자인지 기호인지는 아직 명확하게 결론을 얻지 못한 인더스(Indus) 문자를 별도로 하고, 인도에 있어서 문자의 사용이 시작된 것은 마우리야 왕조의 아소카왕 치세하이다. 아소카왕은 인도 각지에 불교에 의한 통치를 선포하기 위하여 석주石柱라든가 석판石版 등에 새긴 많은 비문을 남겼는데, 이것이 인도에 남아 있는 가장 오래된 문자자료이다. 또한 아소카왕의 연대를 붓다가 입멸한 지 100년 후로 볼 것인가, 200년 후로 볼 것인가에 따라 붓다의 연대에도 100년의 차이가 생기게 된다. 간다라(Gandāra)의 아소카왕 비문 가운데 그리스어 비문이 보이는 것으로 보아 아소카왕이 북인도에 침입한 알렉산더(Alexander) 대왕(기원전 4세기)보다 뒤의 인물임은 분명하나, 그 이상의 것은 불분명하다.

아소카왕 비문 중에서 인도어로 쓰인 비문에는 두 가지 종류의 문자가 사용되고 있다. 중근동中近東의 아람(Aram) 문자의 영향을 받아 작성된 것으로서 마주보고 오른쪽(향우向右)에서 왼쪽으로 읽는 카로슈티(Kharosthi) 문자 및 왼쪽에서 오른쪽으로 읽는 인도 고유의 브라흐미(Brāhmi) 문자이다. 다만 브라흐미 문자 비문이 압도적으로 많고, 카로슈티 문자 비문은 간다라에서 발견된 비문에 한정된다. 카로슈티 문자는 기원후 수세기를 거치면서 사라지지만, 인도 고유의 브라흐미 문자는 그 이후 쿠샨 왕조와 굽타 왕조를 이어가며 변천을 거듭하여 현재 인도에서 일반적으로 사용하고 있는 데바나가리 문자에 이르고 있다. 덧붙어서 말하면, 일본에 전해진 범자梵字(실담Siddham 문, 悉曇文)는 9세기경에 북인도에서 사용된 브라흐미 문자와 다름없다. 따라서 기본적으로 인도에는 문자가 두 종류밖에 없었던 셈이다. 연구자는 편의상 굽타 문자, 쿠샨 문자, 데바나가리 문자라고 하는 명칭을 사용하지만, 그것들은 브라흐미 문자의 서체(스크립트)이다. 어쨌든 아소카왕 비문에 사용된 브라흐미 문자, 즉 마우리야 왕조의 브라흐미 문자야말로 인도 고유 문자의 원형이다.

서사용지와 형상

문화권이 다르면 책의 이미지도 다르다. 중동이나 중국 사람들에게 책이란 두루마리이고, 서양 사람들에게는 현재의 책 형태일 것이다. 인도에 있어서, 그것은 가로로 긴 단책형短冊形이었다. 고대 인도에 있어서 문헌의 서사에 사용된 용지는 야자椰子의 일종인 패트라(pattra) 나무(패트라 야자, 일본에서는 오우기야시オウギヤシ)의 잎이었다. 패트라 야자 잎을 가로로 긴 단책 모양으로 잘라 문자를 썼다. 이것을 패다라엽貝多羅葉, 줄여서 패엽貝葉이라고 한다. '패다라貝多羅'는 잎을 뜻하는 '패트라'의 음사어이다. 시대가 내려와 종이가 사용되게 되면서도 인도 문화권에서는 종이를 패엽 모양으로 잘라 사용하였다. 이것은 근대에 이르기까지 변하지 않았다. 간다라라든가, 바미안(Bāmiyān)과 같이 패엽貝葉을 구하기 어려운 지역에서는 패엽을 대신하여 자작나무 껍질(안피화雁皮樺 나무의 껍질)이, 또한 목간木簡이라든가 짐승가죽 등도 사용되었지만, 모두 패엽을 모방한 가로로 긴 단책형을 하고 있다. 중국령中國領 중앙아시아에서 출토된 대부분의 종이 사본에 대해서도 사정은 다르지 않다. 다만 최근 간다라에서 발견된 기원 1세기로 거슬러 올라가는 카로슈티 문자에 의한 간다라어의 화피樺皮 사본류는 모두 두루마리이다. 이것은 인도 문화권의 영향을 벗어나 카로슈티 문자로부터 형성된 중근동 아람 문자 문화권의 영향을 받았기 때문이다.

출토사본과 전세사본傳世寫本

현재 인도에 불교사본은 남아 있지 않다. 그것들이 발견된 것은 인도의 주변 지역이었다. 다만 사본은 네팔이나 티베트의 승원에 보존된 전세傳世사본과 중앙아시아에서 발견된 출토出土사본의 두 종류로 나누어 살펴볼 필요가 있다. 전세사본은 완전한 형태로서 남아 있는 것도 많지만, 10세기 전에 서사된 사본은 드물다. 한편 출토사본은 최근 기원 1세기로 거슬러 올라가는 고사본이 간다라에서 발견되었지만, 대부분은 단편斷片으로 하나로 합쳐진 양으로 출토되는 사본은 예외적이다. 남의 손으로 베끼는 것이므로, 사본은 오사誤寫될 운명을 피할 수 없다. 오래되면 오래될수록 가치 있는 사본이라고 할 수 있다. 비록 작은 단간斷簡이라고 할지라도 출토사본의 가치는 높다. 물론 전세사본의 가치는 다른 의미에서 높다. 근대 사본이라고 해도 인도어 텍스트 전문을 사본에서 회수할 수 있기 때문이다. 많은 대승경전과 불교철학자들의 저서를 원전으로 읽을 수 있는 것도 네팔과 티베트에 수많은 전세사본이 잠들어 있었기 때문이다.

그렇다면 출토사본에 대해 현존하는 최고의 전세사본은 무엇일까? 일찍이 그것은 일본에 보존되어 있다고 하였다. 호류지法隆寺에 전해져, 현재는 도쿄국립박물관東京國立博物館의 호류지보물관法隆寺寶物館에 소장되어 있는 『반야심경般若心經』과 『불정존승다라니佛頂尊勝陀羅尼』, 그리고 인도의 알파벳을 연사連寫한 2엽二葉의 사본이 그것이다. 그러나 그것들은 최고의 전세사본이 아닌 것으로 밝혀졌다. 어떠한 식물에 쓰여는 있지만, 패트라 야자수 잎으로 보이지 않을뿐더러, 문자도 치졸稚拙해 전문적인 서사생書寫生이 쓴 것은 아니다. 인도에서는 사본제작은 전문 서사생의 일이었다. 글씨체로 판단해도 9세기를 거슬러 올라가는 것은 있을 수 없다. 분명히 말해서 이것은 인도 유래의 사본이 아니다. 다만 쓰여 있는 텍스트 자체는 진짜이다. 아마도 중국이나 일본에서 패엽을 모방하여 만든 것일 것이다.

이에 대해, 그다지 알려지지 않았지만, 일본에는 진짜 패엽사본이 여럿 전해지고 있다. 예를 들면 대승경전은 아니지만, 교토京都의 백만편 지온지百萬遍知恩寺나 오사카大阪의 시텐노지四天王寺 등에 1엽씩 전해진 『세간시설론世間施設論』의 패엽사본 단간이 그것이다. 이것은 전문가가 서사한 아름다운 브라흐미 문자로 쓰여 있다. 아마도 7세기에서 8세기 북인도에서 서사한 것으로, 중앙아시아를 거쳐 중국에 전해지고, 당나라에 유학한 일본의 승려에 의해 청래請來된 것일 것이다. 이것이 현존하는 가장 오래된 전세사본일 가능성은 있다. 단 네팔과 티베트에 보존된 전세사본류 중에도 예외적으로 오래된 사본은 있다. 카트만두(Kathmandu)의 왕실도서관(현재의 국립공문서관)에 전해진 대승경전의 『십지경十地經』 사본은 훌륭한 굽타 조기朝期의 동방계東方系 브라흐미 문자(네팔에서는 리차비Licchavi 문자라고 한다)로 패엽에 서사된 7세기로 거슬러 올라가는 사본임에는 틀림없다.

더욱이 최근 들어, 현재는 라싸(Lhasa)의 티베트 박물관에 소장되어 있는 사본군寫本群 가운데, 이 『십지경』 사본과 완전히 동일한 서체와 포맷에 의한 용수龍樹(Nāgārjuna)의 『중론中論』과 그것에 대한 붓다빨리타(Buddhapalita, 佛護) 주석서의 패엽사본 단간이 발견되었다. 양자는 동일한 서사생書寫生에 의해 서사되었다고 볼 수밖에 없을 만큼 흡사하다. 그러나 현재 알려진 사본으로부터 판단하면, 7세기에서 8세기가 전세사본의 한계이다. 그것에 비해 대다수가 비록 단간에 불과하지만, 중앙아시아 출토사본의 연대는 압도적으로 오래됨을 자랑한다.

3. 대승경전 사본의 여러 가지 상相

대승경전 편찬은 수세기에 걸쳐 계속되었기 때문인지, 동남아시아 불교교단이 전승하는 빨리어 성전처럼 모든 대승경전을 망라하여 조직화하는 작업은 인도에서는 이루어지지 않았다. 후에 49점의 대승경전을 모은 『보적경寶積經』과 17점을 모은 『대집경大集經』과 같이 복수의 대승경전을 모아 총서叢書라고 한 예도 보이지만, 대승경전을 망라한, 이른바 대장경화한 문헌은 존재하지 않는다. 또한 구전과 사본에 의해 개별로 전승된 대승경전이였지만, 인도에서는 불교가 13세기경에 소멸되었기 때문에 중국이나 일본처럼 목판에 새기지도 않았다. 다만 중앙아시아에서는 대승경전은 아니지만, 예외적으로 종이에 목판으로 인경印經된 인도어 불전의 단간이 독일 탐험대에 의해 발견되었다. 고대부터 이어지는 불교가 소멸한 현재의 인도에 불교사본은 남아 있지 않지만, 네팔이나 티베트에 보존되고, 혹은 중앙아시아 각지에서 발견된 사본류의 대부분은 대승경전 사본이다.

네팔과 티베트의 전세사본

네팔에 불교사본이 보존되어 있다는 것을 최초로 전한 것은 영국의사 호지슨(B. H. Hodgson, 1800~1894)이었다. 호지슨은 카트만두 주재 중에 산스크리트어로 쓰인 대승경전 사본 88점을 수집하여 유럽에 보냈다. 프랑스의 외제네 뷔르노프(Eugène Burnouf, 1801~1852)가 그중의 『법화경』 사본을 해설하여 1852년에 프랑스어 번역본을 출판한다. 이것이 인도어 불교연구의 출발점이 된다. 그 후 많은 대승경전 사본이 네팔 각지로부터 나오게 되지만, 『법화경』·『팔천송반야경八千頌般若經』·『이만오천송반야경二萬五千頌般若經』·『삼매왕경三昧王經』·『금광명경金光明經』·『십지경十地經』·『화엄경입법계품華嚴經入法界品』·『무량수경無量壽經』·『능가경楞伽經』 등의 저명한 대승경전은 모두 네팔에 보존된 사본에서 세계의 연구자에 의해 교정 텍스트가 출판되어, 현재는 간단히 산스크리트어 원전에서 읽을 수 있게 된 상황이 되었다.

또한 중국의 티베트 자치구에도 많은 불교사본이 보존되고 있는 것으로 전해지고 있지만, 그 실태는 오랫동안 알려지지 않았다. 그것이 최근 10여 년 정도 사이에 불교사본에 관한 정보가 공개되어, 일부에서는 중국 외의 연구기관과 공동연구가 시작되게 되었다. 최근 공개된 목록류로부터 추정하면, 라싸의 포탈라(Potala) 궁과 티베트 박물관에 약 2,000점의 산스크리트어 불교사본이 보존되어 있다. 그 대부분은 대승경전이며, 이미 중국 내외의 연구자들에 의해, 대승경전으로는 『유마경維摩經』·『지광명장엄경智光明莊嚴經』·『이취경理趣經』·『전유경轉有經』 등이 교정·출판되었다.

중앙아시아의 출토사본

1890년에 인도 주둔 영국군 대위 해밀턴 바우어(Hamilton Bower, 1858~1940)가 중국령 쿠차(Kucha, 龜玆)에서 패엽형貝葉形의 자작나무 껍질(화피樺皮)에 브라흐미 문자로 서사書寫된 수십 엽葉의 사본을 현지인으로부터 입수하였다. 바우어 대위는 살인범을 쫓아 인도에서 쿠차로 향하고 있었다고 한다. 이것이 중앙아시아에 있어서 최초의 불교사본 발견이다.

바우어의 발견 사본은 현재 옥스퍼드(Oxford) 대학교에 보관되어 있지만, 훼른레(A. F. R. Hoernle, 1841~1918)에 의해 사진을 첨부한 3권의 크고 두꺼운 책으로 출판되어 있다. 처음에는 4세기 후반에 서사된 사본이라고 하였으나, 이 연대는 현재 부정되고 있다. 실제의 서사 연대는 6세기부터 7세기까지 내려온다. 사본의 내용은 뜻밖에도 『공작명왕경孔雀明王經』 등의 복수밀교 문헌들이었다.

바우어의 사본 입수가 그 단서가 되어 19세기 말 이후 중앙아시아에 발을 내디딘 각국의 탐험대에 의해 실크로드에 흩어져 있는 유적에서 다양한 언어로 쓰인 불교사본이 발견되게 된다. 탐험대에 의해 중앙아시아에서 가져온 출토사본은 산스크리트어를 중심으로 한 인도어 문헌으로 한정해도 방대한 양에 이른다. 각국의 탐험대가 가지고 돌아온 출토사본을 개관하면, 타클라마칸(Taklamakan) 사막을 사이에 두고 북쪽의 쿠차, 투르판(Tulufan)이라고 하는 지역(천산남로天山南路)에서는 설일체유부說一切有部 등의 교단불교가 번성하고, 고탄(Khotan, 호탄)을 중심으로 하는 남쪽의 지역(서역남도西域南道)에서는 대승불교가 번성한 것을 알 수 있다. 고탄 지역에서는 『법화경』·『반야경』·『대승열반경』·『수능엄삼매경』 등의 많은 대승경전 원전이 발견되었다. 다만 거의 전체가 남아 있는 『법화경』이나 『대보적경』 「가섭품」의 페트로브스키(N. Th. Petrowski) 사본과 같은 예외는 있지만, 대부분은 종이사본의 단간류이다. 중앙아시아에 있어서 탐험 시대는

20세기 전반에 끝났지만, 그 후 실크로드(Silkroad)의 각지, 예를 들어 파키스탄의 길기트(Gilgit)나 아프가니스탄(Afghanistan)의 바미안(Bamyan), 파키스탄(Pakistan)과 아프가니스탄에 걸친 간다라에서는 현재에 이르기까지 사본 발견이 계속되고 있다.

이하, 주목할 만한 발견에 대해서 대승경전을 중심으로 소개해 두고자 한다.

▸길기트 사본의 대승경전

1931년에 카슈미르(Kashmir)의 길기트에서 지역의 양치기에 의해 우연히 대량의 사본이 발견되었다. 자작나무 껍질(화피樺皮)과 일부는 종이에 서사된 약 3,000엽의 불교사본이었다. 8세기 전후에 서사된 사본으로 보이지만, 사본의 언어는 산스크리트어로서 많은 대승경전과 설일체유부 교단의 율전律典 등이 포함되어 있었다. 처음에는 불탑에 봉안된 사본으로 여겨졌으나, 최근의 연구에 의하면 승려의 처소에 놓여 있던 사본이었다. 사본은 잠시 카슈미르 주 정부의 관리 하에 있었지만, 인도·파키스탄 사이의 국경분쟁을 거쳐 인도 측과 파키스탄 측으로 분할되어, 일부는 산일散逸한 것으로 보인다. 길기트는 현재 잠정 휴전선인 파키스탄 쪽에 위치해 있다. 협의狹義로는 이때 발견된 사본을 '길기트 사본'이라고 부르는데, 광의廣義로는 길기트로 특정되지는 않더라도, 그 후 카슈미르 지역에서 발견된 사본류도 길기트 사본이라고 불리고 있다. 길기트 사본에 포함된 대승경전으로는 『금강반야경』·『일만팔천송반야경』·『이만오천송반야경二萬五千頌般若經』·『법화경』·『약사왕경』·『삼매왕경』·『보성다라니경寶星陀羅尼

經』, 그 외는 밀교계 경전 등이 알려져 있다. 현재 불교연구에 길기트 사본이 끼친 영향은 크다. 더구나 길기트를 중심으로 한 카슈미르 지역으로부터는 대승경전은 아니지만, 『장아함경長阿含經』의 수백 엽으로 이루어진 거대한 자작나무 사본(樺皮寫本) 등과 같은 모양의 사본의 발견이 현재도 계속되고 있다.

▸바미안 사본의 대승경전

길기트 사본을 끝으로 중앙아시아에서 대규모 사본 발견은 더 이상 바랄 수 없다고 누구나 생각했지만, 1990년대에 이르러 상황은 극적으로 변화한다. 방대한 양의 바미안 및 간다라 출토사본이 세계 고미술 시장에 나타난 것이다. 그 대부분은 일본을 포함한 구미歐美의 수집가나 연구기관에 넘겨졌다. 물론 사본의 대량 출현의 배경에는 옛 소비에트의 아프가니스탄 개입에서 아프간 전쟁에 이르는 현지의 혼란과 황폐가 있었던 것은 분명하다. 그러나 아이러니컬하게도, 그것이 불교연구에 기여하는 새로운 큰 발견을 낳기도 하였다. 바미안 발견의 사본에는 브라흐미 문자로서 산스크리트어 불전이, 혹은 카로슈티 문자로 간다라어 불전이 서사되었고, 서체도 다양하고 풍부하였다. 아마도 3세기부터 8세기에 이르는 장기간에 걸쳐 서사된 사본류일 것이다. 용지用紙는 패엽과 화피를 사용하고, 짐승가죽 사본도 소수 포함된다. 아직 정확한 점수點數는 알 수 없지만, 대략적인 추정으로는 작은 단편斷片까지 포함하면 전체 수는 1만 점에 이른다. 출토지에 대해서는 바미안 계곡 동부에 위치한 자르가란(Zargaran) 지구의 붕괴한 석굴터에서 출토되었을 가능성이 높다. 이 중에서 카로슈티 문자사본이 가장 오래된 시대의 사본인 것은 확실하지만, 그 가운데에는 『현겁경賢劫經』·『보살장경菩薩藏經』·『집일체복덕삼매경集一切福德三昧經』이라는 대승경전의 단간斷簡이 포함되어 있다. 모두 3세기경에 서사된 패엽사본의 단간들이다. 브라흐미 문자사본에는 여래장如來藏·불성사상佛性思想을 설한 『승만경勝鬘經』, 여기에 『아자세왕경阿闍世王經』, 구마라집 번역으로 알려진 『제법무행경諸法無行經』 등, 다른 문헌에서 인용한 것을 제외하고는 원전이 알려지지 않은 대승경전들이 포함되어 있었다. 또한 쿠샤나 왕조기王朝期의 브라흐미 문자로 쓰인 3세기 후반으로 거슬러 올라가는 『팔천송반야경』의 단간, 그밖에도 『무량수경』·『법화경』·『금강반야경』·『보살장경菩薩藏經』·『약사왕경藥師王經』·『월상여경月上女經』·『보성다라니경寶星陀羅尼經』·『월등삼매경月燈三昧經』 등의 단간도 발견되었다. 이들은 모두 길기트 사본보다 오래되었다. 이 중에서 『무량수경』의 단간은 6세기부터 7세기의 브라흐미 문자로 서사된 화피사본(樺皮寫)으로서, 12세기 이후의 네팔에서 발견된 사본과는 전혀 다른 버전(Version)의 『무량수경』이었다.

▸ **간다라 사본의 대승경전**

바미안 사본의 발견과 같은 1990년대에 간다라에서 카로슈티 문자로 쓰인 간다라어 불교사본이 다수 발견되었다. 발견 장소는 간다라의 여러 지역으로 추정되고 있다. 패엽이 아니고, 모두 화피에 쓰인 두루마리로 탄소 14에 의한 연대측정 결과 모두 기원 1세기로 거슬러 올라가는 사본이라고 하는 것이 판명되었다. 즉 이들 자작나무 껍질(화피樺皮)의 두루마리가 현시점에서는 현존하는 가장 오래된 불교사본이라는 것이 된다. 런던의 대영도서관이나 개인 수집가 등의 복수의 기관이나 개인이 나눠 인수하였기 때문에, 현시점에서 전체적인 이미지를 파악하기는 어렵다. 적어도 80권 정도의 자작나무 껍질(화피)의 두루마리가 발견된 것으로 보인다. 그 가운데에는 펼치면 2m에 가까운 길이의 두루마리도 있다. 내용은 전통적인 교단문헌이 많지만, 대승경전도 포함되어 있다. 현시점에서 같은 것으로 인정할 수 있는 것은 『팔천송반야경』과 『반주삼매경般舟三昧經』뿐이지만, 그밖에도 아촉불阿閦佛과 묘희세계妙喜世界를 언급하는 장문의 대승경전도 발견되었다. 내용은 『아촉불국경阿閦佛國經』과 유사하나, 그것과는 다른 미지未知의 대승경전이다. 한역에 대응하는 문헌은 없다. 이외에도 대승경전 같은 문헌이 수 점數點이 있으며, 나아가 다라니를 설한 경전까지 포함된다. 『팔천송반야경』의 가장 오래된 한역은 『도행반야경道行般若經』이지만, 발견된 두루마리 문장은 그것보다도 훨씬 짧다. 과연 이것이 반야경의 원형이라고 해도 좋은 것인지, 혹은 그 배후에 또 다른 오래된 버전이 존재하는 것인지, 흥미가 끊이지 않는다. 출토사본을 통해 간다라 지역의 정황은 다소 밝혀졌어도, 안타깝게도 불교가 탄생한 갠지스 강 중류지역의 기원 1세기 전후 사정이 어떠했는지, 우리들은 온전히 불명확한 상황이다. 어쨌든 이들 자작나무 껍질(화피)의 두루마리가 현존하는 최고의 대승경전 사본임에는 틀림없다. 인도에 있어서 성전의 문자화는 패엽에서 시작되었지만, 서방문화권의 영향을 받은 간다라에서 발견된 자작나무 껍질(화피)에 쓰인 두루마리가 인도문화권에 남아 있는 현존 최고의 사본이었다는 것은 의외이다. 또한 한역경전의 분석을 통하여, 연구자는 이제까지 초기에 한역된 대승경전의 언어를 간다라어라고 추정하였지만, 그 직접적인 증거가 최근 몇 년 사이에 속속 발표되었다. 앞으로 이들의 새로운 사본류는 대승불교와 대승경전 성립의 경위를 해명하는 연구에 중요한 재료를 제공하게 될 것으로 생각된다.

▸**스리랑카의 대승경전**

중앙아시아에서 벗어나지만, 1982년이 되어 스리랑카의 아누라다프라(Anuradhapura) 유적에서 『이만오천송반야경二萬五千頌般若經』의 산스크리트어 사본이 발견되었다. 사본이라 해도 그것은 패엽이나 화피樺皮가 아니라 거대한 황금의 패엽형貝葉形 박판薄板에 9세기경의 남방계 브라흐미 문자로 새겨진 사본이었다. 발견된 것은 경전 앞부분의 7엽뿐이었지만, 만약 『이만오천송반야경』의 전체를 새긴 사본이었다면 아마도 수백 매 분량의 황금을 필요로 했을 것이다. 이것은 개인이나 한 사원에서 할 수 있는 것이 아니다. 국가사업으로서 진행되었음이 분명하다. 스리랑카에서는 이밖에도 『대보적경大寶積經』「가섭품迦葉品」을 동판銅板에 새긴 단편 등도 출토되었다. 즉 당시 스리랑카는 대승불교국가였을 가능성이 높다. 스리랑카에서 대승불교가 어떻게 전개되었는지 그 실태는 분명하지 않지만, 그 후 스리랑카에서 대승불교는 구축되고, 전통적인 교단불교가 부활해 현재에 이르고 있다.

参考文獻

平川彰,『初期大乘佛教の研究』(春秋社, 1968年); 平川彰,『平川彰著作集』第3~4卷(春秋社, 1989~1990年)에 재수록.

グレゴリー・ショペン 著, 小谷信千代 譯,『大乘佛教興起時代インドの僧院生活』(春秋社, 2000年).

『大乘佛教とは何か シリーズ大乘佛教 1』(春秋社, 2011年).

『大乘佛教の誕生 シリーズ大乘佛教 2』(春秋社, 2011年).

松田和信,「中央アジアの佛教寫本」『文明・文化の交差點』新アジア佛教史 5(佼成出版社, 2010年), 119~158頁.

제3장 티베트 대장경

1. 티베트 불교의 역사와 제종파諸宗派

6세기 중반 무렵 티베트 전역에 패권을 성립시킨 얄룽(Yar lung) 왕가의 왕 쏭짼감뽀(Srong bstan sgam po, 재위 593~638, 648~649)는 중국의 사천四川 방면과 티베트 캄(Khams) 지방의 세력도 합병하여, 7세기에는 관위冠位 12계十二階 제도를 두어 티베트의 전체 영토를 이 법률제도에 편입하는 데 성공하였다. 쏭짼감뽀 왕은 다시 대당국大唐國에 사신을 보내 공주의 강가降嫁를 요청하였다. 토욕혼吐谷渾의 공방 끝에 비로소 왕자 궁쏭궁짼(Gung srong gung btsan)의 왕비로서 유명한 문성공주文成公主를 맞았다. 당唐과는 그 후로도 공방이 계속되었지만, 평화의 길도 모색되어, 그 움직임 가운데 새로운 공주인 금성공주金城公主를 8세기에 맞이하게 되었다. 금성공주는 독실한 불교신자였다고 전해진다. 이 시기에 중국 정중사계淨衆寺系의 선종이 티베트로 전해진다. 이윽고 8세기 중엽에 즉위한 티쏭데짼(Khri srong lde brtsan, 재위

755~797) 왕 무렵이 되면, 불교를 국교로 삼기로 결심한 왕에 의해서 인도계의 불교도 전래되어 나란다 승원僧院의 장로 샨따락시따(Śānta-rakṣita)나 후에 고파밀교古派密敎의 시조始祖로 추앙받는 빠드마삼바바(Padmasaṃbhava)가 초빙되었다. 8세기 말에는 쌈예(bSam yas) 승원이 창건되고, 티베트 승려가 구족계를 받아 승가僧伽(Saṅgha, 승단僧團)가 발족되었다고 전해진다. 그리고 돈황의 함락 이후, 돈황에 있던 선승 마하연摩訶衍(Mahāyana, 생몰 연대 미상)이 티베트 본토에 초대되어 한때 중국계의 선禪 가르침이 퍼졌지만, 그들이 설하는 무념무상無念無想은 한 면으로는 반세속反世俗의 윤리라는 측면을 가지고 있었으므로, 왕은 인도에서 학승 카말라쉬라(Karmalaśīla, 생몰 연대 미상)를 초대하여 마하연의 가르침을 논파하게 했던 것이다(쌈예 종론宗論). 다음 왕은 티쭉데짼(Khri gtsug lde btsan) 왕으로 일명 랠빠짼(Ral pa can, 유발有髮 승려)으로도 불린다. 그 이름과 같이, 이 왕도 불교 보호에 힘썼다. 온찬드의 대승원大僧院을 건설했다고 전해지지만, 국가의 경제는 점차 쇠퇴해 간 것 같다. 다음으로 왕위에 계승한 다르마(Dharma, 재위 841~842) 왕을 끝으로, 이 토번吐蕃의 통일국가는 분열의 길을 걷게 된다. 즉 같은 해에 태어난 다르마 왕의 두 왕자 외쑹('Od srung)과 윰땐(Yum brtan)을 각각 독자적으로 옹립한 원적怨敵 체뽕(Tshes pong) 씨와 나남(sNa nams) 씨의 다툼이 이 분열을 일으킨 것이다.

토번왕국의 분열부터 달라이 라마(Dalai Lama) 정권이 확립되는 1642년까지 오랜 기간 동안 티베트에는 전국을 통일한 정권은 존재하지 않았다. 외쑹 왕계 세력은 10세기에는 서西 티베트로 이동해 구게

(Guge) 지방에 작은 왕국을 세우게 된다. 이 세력은 오늘날의 갈리 (Ghali) 지구 전역, 즉 라닥(Ladakh) 방면으로까지 힘을 뻗쳐 경제적으로도 안정을 보인 후에 다시 불교를 보호하였다. 린첸상뽀(Rin chen bzang po)의 유학이나 토딩(Mtho lding) 승원의 창건, 그리고 아티샤 (Atīśa, 982~1054)의 초청 등 다양한 보호정책을 실시했던 것이다. 이윽고 계율부흥운동이나 승단 창설 등의 움직임은 서 티베트뿐만 아니라 중앙 티베트에도 확대되어 갔다.

11세기 말이 되면 다양한 씨족氏族이 이들 승단의 시주자가 되어, 그에 얽힌 이권을 얻으려 하였다. 고대에 있어서는 국가를 통일시키는 하나의 규범으로서 핵심을 외래의 불교라는 종교에서 찾았던 것에 대해, 이 무렵에는 지주집단地主集團이 경제적인 지반地盤의 하나로서 불교교단과 관계하여 그것을 재흥再興으로 이끌어 간 것이다. 이 같은 움직임 속에서 특정의 지주교단을 시주자로 한, 이른바 종파宗派가 성립하게 된다.

대표적인 종파는 티베트에 초청된 인도의 학승 아티샤에서 발단한 까담(bKa' gdams)파派와 그 후계 종파後繼宗派로서의 겔룩(dGe lugs)파, 그리고 쾬('Khon) 씨의 쾬촉갤뽀(dKon mchog rgyal po, 1034~1102)가 재가의 밀교도량密敎道場으로 창건한 사캬(Sa skya)사寺를 본거지로 삼아 융성한 사캬파, 인도에 유학해 마이트리빠(Maitrīpa)와 나로빠 (Nāropa)에서 전한 무상유가無上瑜伽 탄트라의 여러 가지를 배워서 티베트에 전한 말빠(Mar pa, 1012~1097)와 그 제자 미라래빠(Mi la ras pa, 1040~1123)의 맥을 잇는 까규(bKa' brgyud)파, 그리고 고대에 번역된 탄트라에 의거한다는 의미에서 '고파古派'로 이름한 종파가 닝마(rNying ma)파이다. 닝마파의 교의를 실제로 정리한 것은 롱첸빠(kLong chen pa, 1308~1363)이다.

여러 종파 중에서도 최종적으로 가장 융성한 종파는 겔룩파이며, 개조開祖로 추앙받는 분은 저명한 쫑카빠 롭상닥빠(bTsong kha pa bLo bzang grags pa, 1357~1419)이다. 겔룩파는 당초에는 간댄(dGa' ldan)파, 혹은 게댄(dGe ldan)파, 심지어 신新까담(bKa' gdams)파라고도 불렸고, 나중에는 중국에서 황모파黃帽派라고도 불렸다. 전술한 바와 같이 달라이 라마 정권을 기반으로 강대한 교단으로 발전하였다.

2. 깐귤(불설부佛說部)과 땐귤(논소부論疏部)

이른바 '티베트 대장경'이라는 호칭이 타당한가 하는 데는 여러 가지 설이 존재한다. 깐귤(bKa' 'gyur, 불설부佛說部)과 땐귤(bsTan 'gyur, 논소부論疏部)의 개판開板이 동시에 간행된 것은 초기에는 없었고, 엄밀한 의미에서는 총칭이 존재하지 않는다. '티베트 대장경'이라는 호칭을 티베트인은 하지 않는 것이다.

티베트어 불교문헌 번역은 토번吐蕃 왕조 전성기에 성행하였다. 번역용어의 통일은 티데쏭쩬(Khri lde srong btsan, 776~815) 왕 때 결정되었다. 우선 산스크리트어로 규정된 여러 가지 에티몰로지(어의해석語義解釋)가 인도승인 지나미뜨라(Jinamitra)와 수렌드라보디(Surendrabodhi), 그리고 다나실라(Dānaśīla) 등의 빤디따(Paṇḍita)의 지도 아래에서 정리되고 검토되어 『이권본역어석二卷本譯語釋(Madhyavyutpatti)』 등의 역어안譯語案이 검토된 후에 『번역명의대집翻譯名義大集(Mahāvyutpatti)』이 편찬되어 번역용어가 통일되었다. 이미 시역試譯되었던 것에 대해서는 다시 번역용어를 개정하여 이들 번역사업을 감독하는 '대교열번역관大校閱翻譯官'이라는 관명도 전하고 있다. 대교열번역관의 호칭이 붙여진 인물로는 다르마타실라(Dharmataśīila)와 예쎄데(Ye shes sde) 등이 있다. 그리고 티쭉데짼(Khri gtsug lde brtsan, 815~836)왕 때에는 최초기 번역경론 목록인 『팡탕마('Phang thang ma)』 목록과 『댄깔마(lDan dkar ma)』 목록(824년)이 편찬되었다. 거기에는 경전經典과 논전論典도 함께 수록되어 혼재하여 리스트업되어 있다. 뒤에서도 서술하겠지만, 최초의 사본 '대장경'인 구舊 날탕(sNar thang) 사본은 양자가 혼재해 있었던 것 같지만, 결국 깐귤(불설부)의 서사 간행은 특히 공덕이 높다고 여겨져, 그 취급은 땐귤(논소부)이나 티베트 찬술의 문헌과는 명확히 구별되어 간 것이다.

깐귤(불설부) 및 땐귤(논소부)에 수록된 전적은 원칙적으로는 티베트인에 의한 찬술문헌은 포함되지 않는다. 중국이나 일본의 대장경에 화한찬술和漢撰述 문헌이 포함된 것과는 크게 다른 특징이라고 할 수 있다. 어디까지나 번역불전이라는 위치 부여인 것이다.

깐귤(불설부佛說部)

현재 깐귤의 사본으로 현존이 확인되는 것 가운데, 그 내용이나 계보 등의 상세한 내용이 거의 판명된 것은 다음의 제본諸本이다.

- 울란바토르 사본 깐귤(1671년의 필사?)
- 푹닥 사본 깐귤(1700년경의 필사)

- 런던 사본 깐귤(1712년의 필사)
- 톡 궁 사본 깐귤(1729년의 필사)
- 가와구치 에카이(川口慧海) 사師가 가져온 사본 깐귤(1858~1878년의 필사)

울란바토르 사본이나 런던 사본, 그리고 똑 궁宮(sTog Palace) 사본의 원본은 모두 갠쩨(Gyal rtse)의 뺄콜쵀데(dPal 'khor chos sde) 승원에 있던 템빵마(Them spangs ma) 사본이라고 불리는 것을 기한으로 하는 복사인 것을 알 수 있다. 서사된 연대는 내려오지만, 같은 2차 복사본이 도요문고東洋文庫에 소장되어 있는 가와구치 에카이(川口慧海, 1866~1945) 사師가 가져온 사본 깐귤이다.

원래 이 템빵마 사본 깐귤은 구 날탕(sNar thang) 사본 깐귤을 원본으로 서사된 것이라는 전승이 있다. 그렇다면 구 날탕 사본 깐귤의 재복사라고 할 수 있을까. 구 날탕 사본 깐귤이 모든 깐귤의 원본으로 추정되어 왔다.

구 날탕 사본 깐귤이라 일컫는 것은 14세기 초 활약한 날탕 승원의 학승 위빠로쌜(dBus pa blo gsal, 생몰 연대 미상)의 노력으로 수집된 사본 집성이었다. 위빠로쌜은 같은 스승에게서 수학한 침잠빼양(mChims 'jam dpal dbyangs)의 권유로 번역경론전翻譯經論典의 사본을 국내 여러 지방에서 수집해, 날탕 승원의 문수당文殊堂에 안치한 것이다. 이것이 구 날탕 사본 깐귤이다. 그 구 날탕 사본 깐귤을 바탕으로 또 한 종류의 사본이 후세에 중요한 영향을 준 사본 깐귤이 존재했던 것 같다.

챌빠게외로되(Tshal pa dGe ba'i blo gros, 생몰 연대 미상)에 의해 챌궁탕(Tshal gung thang) 승원에 비치된 챌빠 사본 깐귤이라 불리는 것이다.

또한 이들과는 전혀 다른 계보에 속하는 것이 아닌가 생각되는 것 중 하나가 푹닥(Phug brag) 사본 깐귤이다. 서 티베트 푹닥 승원에 보존되어 있던 이 푹닥 사본 깐귤의 현존 사본 세트는 1696년에서 1706년 사이에 서사된 것으로 추정되지만, 원본에 대해서는 분명하지 않다.

푹닥 사본과 근사한 특징을 보이는 사본 깐귤로서 주목받는 것은 인도 북부의 따왕(rTa dbang) 승원에 보존되어 있던 따왕 사본 깐귤이다. 이외 '지방 깐귤'이라 칭해지는 사본군, 즉 라훌(Lahul) 사본·따보(Tabo) 사본·파탄 사본 등의 세트 일부가 마이크로필름으로 연구자에게 제공된 후, 몇 가지 경전에 대해 연구가 이루어졌는데, 모든 텍스트에서도 흥미로운 베리언트(variant, 이문異文)가 발견되었다. 다양한 추정이 가능하지만, 아직도 계보는 분명치 않다. 템빵마 사본계에 가까운 경전도 있고, 챌빠(Tshal pa) 사본계에 가까운 것도 있고, 심지어는 돈황사본에 가까운 것도 있어, 모든 사본이나 판본 중에서 가장 오래된 계보가 그것들 가운데 잔존하는 것은 아닐까, 라고도 생각되고 있다.

그런데 15세기가 지나자 '판본版本'이라 불리는 목판인쇄물이 중국에서 만들어지게 된다. 이른바 '북경판 대장경北京版大藏經'이라고 총칭되는 것이 이것인데, 다른 시기에 편집 출판된 것을 일괄하여 '북경판北京版'이라고 부를 뿐으로 실제로는 깐귤(경부經部)만으로도, 영락판永樂版·만력판萬曆版·강희판康熙版·건륭판의 4종류가 있다.

챌빠(Tshal pa) 사본 깐귤 계통으로부터의 복사를 사용하여, 명나라 영락제가 1410년에 개판開板한 것이 영락판 깐귤이다. 1605년에는 만력판이 같은 판목을 사용하여 복각판復刻版을 간행한다. 이것이 만력판 깐귤이다. 청나라 강희제는 새로운 판에 새겨 1692년에 그 사업이 완성된다. 이것이 강희판이라고 불리는 것인데, 이 판은 여러 차례 손질을 더하면서 복각覆刻된다. 강희제에 의해 1700년과 1717~1720년 두 차례에 걸쳐 복각이 이루어졌고, 그리고 1737년에는 건륭제에 의해 건륭판이 간행되었는데, 이것도 정확히 말하면 강희판의 복각이다. 즉 1737년판의 대부분은 1692년판으로, 일부를 매목埋木하고, 일부는 판목째 새로 만든 것이다. 1717~1720년 복각판은 오타니대학大谷大學에 소장되어 있고, 영인북경판影印北京版으로 출판되었다. 1737년의 건륭판 깐귤은 프랑스 국회도서관에 소장되어 있다.

이와 같은 중국의 개판사업에 자극을 받아 티베트 본토에서도 깐귤 개판의 움직임이 있었다.

- 리탕판 깐귤(1608~1621년)
- 쪼네판 깐귤(1721~1731년)
- 날탕판 깐귤(1730~1732년)
- 델게판 깐귤(1729~1733년)

등이다. 챌빠(Tshal pa) 사본 깐귤을 바탕으로 궤쇤누뺄('Gos gzhon nu dpal, 1392~1481) 등이 교정 가필하여 총규(瓊結) 지방의 칭와딱체('Phying ba stag rtse) 성城에 보존되어 있던, 이른바 칭와딱체 사본 깐귤을 원본으로 하여 중국 운남雲南 지방 장사탐('Jang sa tham) 왕이 시주자가 되어 개판한 것이 리탕(Li thang)판 깐귤이다. 또한 마찬가지로 쎌빠계의 깐귤과 북경판을 교합校合을 하여 1730~1732년에 개판된 것은 아닐까 생각되는 것이 날탕판이다. 이 날탕판은 7세 달라이 라마(1708~1757)의 칙명으로 티베트의 왕 뽀하내(Pho lha nas, 1689~1747)가 시주를 하여 개판한 것이다. 판목이 새겨진 것은 짱(gTsang) 지방의 쎌깔종(Shel dkar rdzong)이었다고 한다.

날탕판의 원본이 된 것은 구 날탕 사본 깐귤이다, 라고 하는 설說도 있지만, 칭와딱체 사본 깐귤의 계통에 가까운 것을 원본으로 하여 개판한 것이다, 라고 하는 연구자도 있어, 설은 일정하지 않다. 또한 전술한 리탕판 깐귤을 바탕으로 개판하여 딱빠쌔둡(Grags pa bshad sgrub)이 목록을 정비한 쪼네(Co ne)판 깐귤이 1721~1731년에 개판되었다. 이것들이 이른바 첼빠 사본계의 깐귤이다. 단, 날탕판은 템빵마 사본으로부터의 카피, 즉 쎌깔(Shel dkar) 사본이 기본으로 한 것도 합하여 원본으로 하고 있다, 라고 하는 설도 있다.

델게(sDe dge)판 깐귤은 시뚜최기중내(Si tu Chos kyi byung gnas, 1700~1774)를 감수자로 1729~1732년에 개판했으나, 원본에는 첼빠 사본계의 리탕판을 사용하고, 그것을 바탕으로 하면서 템빵마 사본으로부터의 카피인 로종(Lho dzong) 사본 깐귤도 교합校合하여 교정校訂되었다고 알려져 있다. 또한 델게판에는 최소 3차례 개정 개각改訂改刻이 있었던 것으로 알려져 있다. 매목埋木에 의한 수정 흔적이 다수 발견되기 때문이다.

개판되어 보급되었던 이들의 여러 판본들을 원본으로 하여, 20세기에 들어와서 새롭게 개판된 깐귤이 여러 종류가 있다. 우르가(Urga)판과 라싸(Lha sa)판이다.

우르가판은 1908~1910년에 몽골 울란바토르에서 델게판과 북경판北京版을 토대로 하여 개판되었으며, 라싸판은 13세 달라이 라마(1876~1933)의 발원에 의해 1934년 라싸에서 개판되었다. 우르가판의 개판에 있어서는 주된 원본을 델게판 깐귤을 채택하고, 그 페이지와 행行의 할당법도 그대로 답습하고 있다. 라싸판의 원본은 델게판과 날탕판이고, 개판 시 교정작업에서는 『장문사전藏文辭典』의 편집자로서도 유명한 격서곡찰格西曲札=게쎄 최끼닥빠(dGe bses Chos kyi grags pa, 1897~1972)가 활약하였다. 이외 깐귤의 개판으로는 암도(Amdo) 지방의 라갸(Rwa rgya)판, 캄(Khams) 델게(gDe ge) 지방의 와라(Wa ra)판, 캄 참도 지방의 참도(Cha mdo)판 등의 존재는 알려져 있지만, 이들은 오늘날에도 용이하게는 참조할 수 없다.

땐귤(論疏部)

현재 남은 땐귤(논소부)의 골격을 최초로 구축한 것은 14세기 초에 활약한 학승 부뙨린첸둡(Bu ston rin chen grub, 1290~1364)이다. 위빠로쌜의 노력에 의해 수집된 구 날탕판 사본 깐귤에는 땐귤(논소부)의 전적도 첨가된 것 같은데, 그것을 바탕으로 하여 부톤이 재차 수집·교정을 한 땐귤이 샤루(Shwa lu)사寺에 봉납되었다. 이 샤루 사본 땐귤을 바탕으로 5세 달라이 라마(1617~1682)의 섭정이었던 쌍개갸초(Sangs rgyas rgya mtsho, 1653~1705)가 재차 교정한 것이 있었다고 한다. 그것을 원본으로 하여 최초의 판본이 중국에서 개판되었다.

- 옹정판雍正版 땐귤(1724년)

이른바 '북경판 대장경北京版大藏經'이라 호칭되고, 일본에서 사진 복제 출판된 것 중의 논소부가 이것이다. 중국의 출판에 자극받아 티베트에서도 땐귤의 개판이 이뤄진다.

- 데게판 땐귤(1737~1744년)
- 날탕판 땐귤(1741~1742년)
- 쪼네판 땐귤(1753~1773년)

데게판 땐귤은 깐귤 간행의 시주자인 땐빠체링(bsTan pa tshe ring)의 아들 퓐촉(phun tshogs)이라고 불리는 자(생몰 연대 미상)가 시주를 하여 슈첸출팀린첸(Zhu chen Tshul khrims rin chen, 1697~1774)의 감수로 1742년 일단 완성하고, 뒤에 증권增卷되어 1744년에 완성되었다. 데게판 땐귤의 원본은 샤루 사본의 땐귤인 것으로 생각된다. 이와 거의 같은 시기에 구 날탕 사본 땐귤을 바탕으로 하여 풀쪽아왕잠빠(Phur lcog Ngag dbang byams pa)가 목록을 만들어 날탕판 땐귤이 개판된다. 쪼네판 땐귤은 잠양새빠('Jam dbyangs bzhad pa) 2세의 직메왕뽀('Jigs med dbang po)의 목록과 함께 1773년에 완성된다. 날탕판 땐귤은 7세 달라이 라마(1708~1757)의 칙명으로 당시 티베트의 왕 뽀하내가 시주를 하여 개판했는데, 같은 무렵, 그 뽀하내는 간댄(dGaḥ ldan) 승원에서 금니金泥로 사경한 금사金寫 깐귤과 땐귤을 봉납하였다.

3. 깐귤·땐귤의 내용구성

깐귤(불설부) 및 땐귤(논소부)에 수록된 전적典籍에는 원칙적으로 티베트인에 의해 찬술된 문헌은 포함되지 않는다. 중국이나 일본의 대장경에 화한찬술和漢撰述 문헌이 포함된 것과는 크게 다른 특징이라고 할 수 있다. 어디까지나 번역불전이라는 의미일 뿐이다. 우선 깐귤(불설부)의 대략적인 내용 구분에 대해 판본에 한하여 뽑아 보자.

- 北京永樂·萬曆版(秘密部·般若部·華嚴部·寶積部·諸經部·戒律部·目錄部)
- 北京康熙·乾隆版(秘密部·般若部·寶積部·華嚴部·諸經部·戒律部·目錄部)
- 리탕版(戒律部·般若部·諸經部·華嚴部·寶積部·十萬但特羅部·古但特羅部·陀羅尼集·無垢光時輪部·目錄部)
- 쪼네版(秘密部·諸經部·十萬般若部·二萬般若部·八千般若部·般若諸部·一萬發船般若部·一萬般若部·寶積部·華嚴部·戒律部·目錄部)
- 날탕版(戒律部·般若部·華嚴部·寶積部·諸經部·涅槃部·無上秘密部·瑜伽秘密部·修秘密部·作秘密部·目錄部)
- 델게版(戒律部·般若部·華嚴部·寶積部·諸經部·十萬但特羅部·古但特羅部·時輪經疏部·陀羅尼集·目錄部)
- 우르가版(戒律部·十萬般若部·二萬般若部·一萬八千般若部·一萬般若部·八千般若部·般若諸部·華嚴部·寶積部·諸經部·十萬但特羅部·特羅部·陀羅尼集·無垢光時輪部·目錄部)

- 라싸版(戒律部・十萬般若部・二萬般若部・八千般若部・一萬八千般若部・一萬般若部・般若諸部・寶積部・華嚴部・諸經部・涅槃部・秘密部・目錄部)

이처럼 각 판본들의 내용 배열은 각양각색이지만 크게 2분하면, 계율부戒律部부터 시작되는 것과 비밀부秘密部부터 시작되는 것으로 나눌 수 있다. 계율부부터 시작되는 것의 기본적인 배열은 삼전사분교판三轉四分教判, 혹은 삼시교판三時教判이라고 불리는 것에 기인한 것이다. 즉 석존 일대의 설법을 3시三時로 나누고, 계율을 제1전법륜第一轉法輪, 반야를 제2전법륜, 화엄과 보적을 제3전법륜으로 하여, 대승제경을 제4로 배열한 것이다. 비밀부의 분류나 배치에는 간행에 관여한 종파의 사상이 크게 영향을 준 것이다.

다음으로 땐귤 판본들의 구성은 크게 다른 점은 없다. 데게판 땐귤의 말미에 아티샤 소부집小部集이 추가되어 있지만, 이것은 어디까지나 번역문헌으로 간주되어 땐귤(논소부)에 편입된 것일 것이다. 다만 구성은 같아도 판본들에 수록된 문헌의 이동은 상당히 존재하므로 주의가 필요하다.

- 雍正版 땐귤・날탕版 땐귤・금사金寫 땐귤(讚頌部・秘密疏部・般若經疏部・中觀疏部・諸經疏部・唯識部・阿毘達磨部・律疏部・本生部・書翰部・因明部・聲明部・医方明部・工巧明部・修身部・雜部・目錄部)
- 데게版 땐귤(讚頌部・秘密疏部・般若經疏部・中觀疏部・經疏部・唯識部・阿毘達磨部・律疏部・本生部・書翰部・因明部・聲明部・医方明部・

工巧明部·修身部·雜部·아티샤小部集·目錄部)

그런데 깐귤과 땐귤의 내용구성에 대해 보충적으로 설명해 두고자 하는 것은 각 판본에 부속되어 있는 목록부와 실제 수록 경론전經論典이 완전히 일치하지는 않는다는 것이다. 깐귤이나 땐귤의 목록을 최초로 체계적으로 정비한 것은 전술한 것과 같이 『불교사』의 저자로 유명한 부뙨린첸둡(Bu ton Rin chen grub)이다. 오버밀러(E. Obermiller)의 영역英譯으로 유명한 「Buton's History of Buddhism」도 경전목록의 서문 부분의 영역이었고, 붓다나 그의 교단이 경론전經論典을 어떤 순서로 설하였는가 하는 관점에서 불교사였던 것이다. 후반의 경전목록 부분에 대해서는 니시오카소슈西岡祖秀 씨가 번호를 붙여 발표하였다. 부톤의 경전목록은 각지各地의 궁전이나 승원이 소지하던 소장목록所藏目錄과는 형태를 다르게 하고 있다.

최초의 번역 경론 목록으로서 유명한 것은 『댄깔마(lDan kar ma) 목록』이다. 댄깔마 목록은 라루(Lalou)에 의한 교정과 요시무라슈키芳村修基 씨에 의한 교정이 있으며, 양자가 붙인 경전 번호는 미묘하게 어긋나 있기 때문에 주의가 필요하다. 이 책은 댄깔 궁전에 소장되어 있던 번역경론전飜譯經論典의 목록으로서 일찍부터 주목받아 출판되었다. 2003년이 되어서 댄깔마와 함께 오래된 경록經錄인 『팡탕마('Phang thang ma) 목록』도 출판되었다. 이들의 경록에는 아주 뚜렷하게 경전과 논전을 나눠야겠다는 생각은 보이지 않고 번역 도중의 것까지 기록되어 있음은 특기할 만하다. 그런데 이것들의 오래된 경록을 바탕으로 수집된 구 날탕 사본 깐귤 및 땐귤을 정밀 조사하여 저술된 부톤의 분류에서 주목될 만한 것은 아비달마(abhidharma) 문헌의 취급이다. 일부 논서가 경전으로서 취급되던 것을 부톤은 논서論書로서 취급하여 다시 구분하였다. 사본계寫本系의 깐귤에서는 경전으로서 수록되는 것이 판본에서는 논부論部에 수록되어 있는 것은 부톤의 분류에 따르는 것이다.

4. 돈황문헌敦煌文獻 중의 티베트역 경론전經論典

돈황에서 발견된 불교문헌 중에는 티베트어로 된 것도 많이 포함되어 있다. 극히 일부분을 제외하고 이것들의 대부분은 발견한 탐험가에 의해 유럽으로 반출되어, 런던이나 파리에 보존되어 있다. 각각 돈황에서 가져온 인물의 이름을 붙여 스타인(Marc Aurel Stein) 본, 펠리오(Paul Pelliot) 본이라고 불리며, 푸생(Poussin)에 의한 카탈로그라든가 라루의 카탈로그를 통해 그 개요를 알 수 있다. 『해심밀경解深密經』·『능가경楞伽經』·『성유식론成唯識論』·『중론무외주中論無畏註』·『입보리행론入菩提行論』 등의 중요 경론전이 돈황사본에는 포함되어 있으며, 그중에는 현존 대장경판본과 다른 번역도 찾을 수 있다. 또한 판본대장경에는 수록되지 않은 것도 존재한다고 보고되었다.

또한 티베트 본토에서는 후세에 전하지 못한 선禪 문헌이 많이 남아 있는 것도 큰 특징이다. 더불어 토번시대의 티베트 본토에서는 번역이 금지되었던 무상유가無上瑜伽 탄트라인 『비밀집회秘密集會』의 일부도 발견되었다.

参考文獻

御牧克己,「チベット語佛典概觀」(長野泰彦·立川武藏 編,『チベットの言語と文化』, 冬樹社, 1987年, 277~314頁).

今枝由郎,「チベット大藏經の編集と開版」(『岩波講座 東洋思想 第11卷 チベット佛教』, 1989年, 325~350頁).

Harrison, Paul.「In Search of the Source of Tibetan Kanjur. A reconnaissance Report. In Tibetan Studies, Proceedings on the 6th Seminar of the International Association for Tibetan Studies」, Fagernes, 1992, vol.1, pp.295~317.

Eimer, Helmut.「Ein Jahrzehnt Studien zur Überlieferung des tibetischen Kanjur」, Wiener Studien zur Tibetologie und Buddhismuskunde 28, Wien, 1992.

Eimer, Helmut ed.,「Transmission of the Tibetan Canon. Papers Presented at a Panel of the 7th Seminar of the International Association for Tibetan Studies」, Graz 1995. Österreichischen Akademie Der Wissenschaften. Wien. 1997.

The Tempangma Manuscript of the Kangyur, The Peking Edition of the Kangyur, held at the National Library of Mongolia, Digitally published and distributed by Degital Preservation Society, Tokyo, 2010.

Eimer, Helmut,「A Catalogue of the Kanjur Fragment from Bathang Kept in the Newark Museum」, Wiener Studien zur Tibetologie und Buddhismuskunde 75, Wien 2012.

辛嶋靜志,「論《甘珠爾》系統及其對藏漢譯佛經文獻學研的重要性」(『中國藏學』 no. 3, 中國藏學研究中心, 北京, 2014年, pp.31~37)

付記

본고 기술의 대부분은 아사쿠라서점朝倉書店에서 2014년에 출판된 『불교의 사전佛教の事典』(末木文美士·下田正弘·堀內伸二編)에 필자가 사전事典 항목으로 분담 집필한 제1장 2『교전教典』의 제3절『티베트의 교전チベットの教典』의 기술과 중복된다. 여러 가지 사정으로 본서의 출판이 크게 지연되어 출판 여부가 불투명했기 때문에 이와 같이 되었다. 탈고 자체는 본서에 수록된 것이 빠르다. 본고에 기술된 시점 이후의 연구의 진전에 관해서는 린센서점臨川書店에서 출판되는 교토대 인문연구소京都大人文研究所의 연구 성과, 『티베트의 역사와 사회チベットの歴史と社會』(池田巧·岩尾一史 編)에 수록된 「티베트 불전의 제상チベット佛典の諸相」에 약간 서술하였다. 이 부분의 것을 포함하여 참조하기 바란다.

三 | 중국

中國

제1장 사본寫本의 시대

1. 불교 전래 – 중국으로

중국에 언제쯤 불교가 전래되었는가 하면, 그것은 기원 1세기의 영평永平 10년(67)으로 알려져 있다. 그해 3년 전, 영평 7년에 후한後漢 명제明帝(재위 57~75)가 꿈에서 금인金人을 보았다고 하여, 진경秦景 등의 18명이 구법을 위해 서역 인도에 파견되었다. 그리고 영평 10년에 이르러 진경 등은 인도승 가섭마등迦葉摩騰(Kāśyapa mātaṅga)과 축법란竺法蘭(Dharmaratna)을 동반하여 낙양洛陽으로 돌아옴으로 인하여, 백마사가 창건되었으며, 그곳에서 두 사람의 공역共譯인 『사십이장경四十二章經』 1권이 번역되었다고 전해지고 있다. 이것이 중국에서 한역된 최초의 경전이라고 하는 것이 되지만, 이 불교전래와 경전번역의 일화는 모두 전설의 영역을 벗어나지 못하는 것이 아닐까, 라고 생각된다.

진위 여부를 떠나 한역된 경전은 그때까지 가로쓰기 범문梵文이었던 것이 세로쓰기 한문으로 바뀌었다. 그 중국으로부터 불교가 전래된 한반도나 일본에서는 같은 한자문화권이었기 때문에 중국의 사경을 내용적으로나 형태적으로도 그대로 받아들여, 서사書寫하는 것에 의해 새로운 텍스트를 얻게 되었다.

사본에서 판본으로의 이행移行시기라고 하면, 인쇄 경전이 당나라 시대에 출현한다고는 하나, 일체경一切經(대장경大藏經)과 같은 많은 양의 경전인쇄라고 하면, 북송北宋시대, 10세기의 개보장開寶藏을 기다리지 않으면 안 되었다. 당연한 일이지만, 그때까지는 사본의 독무대였다.

2. 한역경전의 탄생에서 일체경으로

중국에서는 번역승飜譯僧이 중국을 방문할 때마다 한역경전이 탄생하고, 증가하게 되었다. 극히 초기 번역승의 번역으로는 2세기 중반에 안식국安息國 출신의 안세고安世高가 『안반수의경安般守意經』이라는 경전을 비롯한 34부 40권의 경전을 번역하였고, 이어서 월씨국月氏國 출신의 지루가참支婁迦讖이 『도행반야경道行般若經』 10권 등의 14부 27권의 경전을 번역하였다.

그 뒤를 잇는 중요한 번역승은 축법호竺法護와 구마라집鳩摩羅什의 2명이다. 축법호는 서진西晉시대인 3세기 후반에서 4세기 극히 초기에 활약하여 『광찬반야경光讚般若經』 10권과 『정법화경正法華經』 10권 등의 154부 309권의 경전을 번역한 것으로 알려져 있다. 축법호 자신은 돈황 사람이지만, 그의 선조는 지루가참과 같은 월씨국 출신이었으므로, 돈황보살 또는 월씨보살이라고도 칭한 고승이었다.

축법호로부터 약 100년 뒤인 홍시弘始 3년(401), 중국 역경사상 현장玄奘 삼장과 쌍벽을 이루는 구마라집—구자국龜玆國(쿠챠)인—이 후진의 요흥姚興에 의해 장안으로 초청되었다. 구마라집은 『대품반야경』 27권, 『금강반야경』 1권, 『법화경』 7권(중국·한국에서는 주로 7권본), 『아미타경』 1권 등의 대승경전과 『대품반야경』의 주석서로도 알려진 『대지도론大智度論』 100권 등의 35부 294권을 번역한 것으로 알려져 있다. 이것들은 모두 대표적인 대승경전이며, 그 번역은 시적인 정취(시취詩趣)가 풍부한 명번역으로 알려져 현재까지 무려 1,600년에 걸쳐서 계속 읽혀지고 있는 것이 많다.

이와 같이 점차적으로 한역경전이 증가함에 따라 중국에 전래된 경전의 전체 상황을 파악할 수 있도록 경전목록經典目錄이 편찬되게 되었다. 다만 인도에서는 불교가 체계적으로 발전하고, 이에 따라 경전류도 점차 성립된 반면, 중국에서는 체계적으로 경전이 번역된 것이 아니라, 어떤 의미에서는 무질서하게 경전이 번역된 것이다. 그 점에 있어서는 고생하면서 정리한 것은 틀림없다.

이와 같은 경전목록의 편찬은 구마라집보다 이전, 4세기에 활약한 도안道安(312~385)이 그동안의 한역경전을 수집, 분류 정리한 『종리중경목록綜理衆經目錄』(현존하지 않으며, 승우僧祐의 『출삼장기집出三藏紀集』에 인용)으로부터 시작된다. 이 도안은, 모든 불교인은 그 이름 앞에 '석釋' 자를 써야 한다고 하여, 스스로 석도안釋道安이라고 불렀다고 한다. 승우(445~518)가 정리한 『출삼장기집』 중에는 도안의 『종리중경목록』을 교정 증보增補한 2,000여 부 4,500여 권의 경전이 수록되어 있다.

수많은 경전을 체계적으로 집성한 것을 일체경一切經, 또는 대장경大藏經이라고 부르고 있지만, 여기에는 경·율·론의 삼장뿐만 아니라 중국의 고승들이 저술한 중국찬술撰述의 주석서류 등도 포함되어 있다. 그런 의미에서는 불교전적의 집대성이라고 해도 좋을 것이다.

그 일체경이라는 단어는 언제부터 사용되었을까. 이를 고사경古寫經의 유품에서 보면, 런던 대영도서관 소장인 북위 태화北魏太和 3년(479)의 기년紀年이 있는 『잡아비담심경雜阿毘曇心經』 권제6(S.996)의 오서奧書 일절一節에

> 낙주자사樂州刺史, 창려왕昌麗王 풍진국馮晋國, 은우恩遇를 앙감仰感해 십 부의 일체경을 찬사撰寫한다. 하나하나의 경은 1,464권이 된다.

가 있다. 이에 따르면, 낙주자사(낙양洛陽의 주지사州知事)로 문명태후文明太后의 오빠 풍희馮熙(자字, 진국晋國)가 황제의 은혜를 느껴 10부의 일체경을 서사했다고 하며, 그 일체경 1부는 1,464권이었다는 것을 알 수 있다. 이 숫자가 체계적으로 경전을 집성한 것인가 어떤가는 분명하지 않지만, 어찌되었든, 낙주 부근에서 입수할 수 있는 경전의 총수總數로서의 일체경의 권수를 기록한 것으로 볼 수 있을 것이다. 어느 쪽이든 일체경의 권수를 기록한 가장 오래된 사경일 것이고, 1행行의 글자 수가 17자字로 채워져 있는 사경으로서 가장 오래된 유례遺例로 보인다.

이것에 뒤를 이은 사경으로는 일본에 전해진 사경으로 교토 지온인知恩院의 제75세世이었던 우가이데츠죠養鸕徹定(1814~1891)의 수집품으로 유명한 서위 대통西魏大統 16년(550)의 오서奧書가 있는 『보살처태경菩薩處胎經』을 들지 않으면 안 된다. 그 오서 중에 '대위국내일체승장大魏國內一切乘藏'이라고 적혀 있어, 일체경의 유품으로 확인할 수 있는 전래 사경으로서는 세계 최고의 유품이라고 해도 좋다.

말할 필요도 없이 일체경 등과 같은 책의 분량이 많은 경전을 서사하는 것은, 텍스트가 되는 친본親本의 준비나 붓, 먹, 종이 등을 공급하는 재력, 경전을 두루마리로 만드는 장황裝潢(종이를 염색하고, 종이를 이어 두루마리로 만드는 일)이나 실제로 경문을 서사하는 사람 등의 일손도 필요하기 때문에 도저히 일반서민이 할 수 있는 일은 아니고 황제와 황족을 비롯한, 이른바 국가적 규모의 사업 또는 고위직高位職의 신분이 높은 사람의 재정적인 보시에 의해 진행되었다.

예를 들면 당나라 총장 원년總章元年(668)에 성립되었다는 『법원주림法苑珠林』 전 100권의 「전기편傳記篇」에는 남조 제南朝齊의 고종 명제高宗明帝와 북위北魏 태조 도무제太祖道武帝가 각각 일체경을 서사하게 한 것과 진陳나라 고조 무제高祖武帝와 고종 선제高宗宣帝는 각각 12장藏, 세조 문제世祖文帝는 50장이나 되는 일체경을 서사하게 한 것 등이 기록되어 있다. 또한 북제北齊 효소제孝昭帝는 12장 38,047권(1장은 약 3,170여 권), 수隋나라 고조 문제高祖文帝는 46장 132,086권(1장은 약 2,870권)을 서사하게 하고, 더욱이 양제煬帝는 612장이나 되는 일체경을 수리하였다는 기사도 보인다. 비록 중국적인 숫자의 표현이 있더라도, 실로 수많은 일체경의 서사사업이 역대 황제들에 의해 진행되었음을 알 수 있다.

이런 흐름 속에서 정관貞觀 19년(645) 1월, 16년여의 고난의 기나긴 여행 끝에 현장 삼장玄奘三藏(602, 또는 600~664)이 장안長安에 도착하였다. 태종太宗이 맞이한 현장은 귀국 직후부터 역경譯經에 종사하여 입적하기까지 20년여 동안에 『대반야경』 600권, 『유가사지론瑜伽師地論』 100권 등의 76부 1,347권이나 되는 불전을 번역했던 것이다. 이 가운데 『대반야경』 600권은 경전 중에서 최대의 분량을 자랑하며, 1부 600권을 서사하는 데 필요한 종이의 매수는 약 10,500매, 한자의 자수는 약 500만 자라고 전해지고 있다. 또한 가장 대중적인 경전으로 알려져, 한 장(枚)으로 서사할 수 있는 『반야심경般若心經』도 현장이 번역한 것이다.

현장의 번역은 한역경전의 수를 비약적으로 증가시켰을 뿐만 아니라 중국의 역경사상이나 각 종파의 교학에 끼친 영향도 가장 컸다고 해도 좋다. 그리고 번역에 관해서는, 현장 번역은 '신역新譯', 구마라집 등의 번역은 '구역舊譯'이라고 불리게 되었다.

이들 현장의 '신역'은 바로 정태靜泰가 인덕麟德 연간(664~666)에 편찬한 『대당동경대경애사일체경론목大唐東京大敬愛寺一切經論目』(중경목록衆經目錄, 정태록靜泰錄이라고 불린다.)이라고 하는 경전목록에 채록採錄되고, 구역 경론 741부 2,731권에 현장 번역의 경론 중 75부 1,335권이 편입되어, 전체에서 816부 4,066권의 경론이 채록되었다.

개원開元 18년(730)에 이르러 지승智昇이 『개원석교록開元釋教錄』 20권을 편찬하여 의정義淨이 번역한 『근본설일체유부비나야根本說一切有部毘奈耶』 50권 등을 입장入藏(일체경에 편입되는 것)시켜 전체 1장

5,048권이라는 후세의 일체경의 기준을 확립하였다. 그 내용은

大乘經	515部	2,173卷
大乘律	26部	54卷
大乘論	97部	518卷
計	638部	2,745卷
小乘經	240部	618卷
小乘律	54部	446卷
小乘論	36部	698卷
計	330部	1,762卷
賢聖集	108部	541卷
總計	1,076部	5,048卷

이며, 이것은 후대에 일체경의 구성을 결정했다고 해도 무방하다.

덧붙여서 1장 5,048권을 서사하는 데 필요한 종이의 매수는 약 85,000매로서 1권 평균 16매부터 17매가 된다. 일본 나라奈良시대의 사경소寫經所에서는 일체경 서사 등의 시기에는 장황사裝潢師가 사경용의 용지(요지料紙)를 20매 1권으로 이은 것도 합리적인 숫자인 것이다. 더욱이 20매를 1권으로 만들어 서사할 수 있도록 하는 순서는 '계繼·타打·계界'의 순서로 진행되었다. 먼저 용지를 잇고, 다음으로 용지의 표면을 다듬잇돌(砧砧狀狀)로 쳐서 평평하고 매끈매끈(평활平滑)한 표면으로 하고, 그 다음에 종횡縱橫의 계선界線을 긋고 나서 본문을 서사하는 것이다.

1매의 가로 크기를 50cm라고 하면, 1장藏분의 85,000매를 가로로 이어가면 그 길이는 거의 마라톤과 같은 거리가 된다. 1매의 문자 수를 당 시대의 규격으로 계산한다면, 1행 17자로, 1매에 서사한 행수는 28행, 그것이 전체로 약 85,000매이므로, 총 문자 수는 약 4천만 자가 된다.

『개원석교록』으로부터 70년 후인 정원貞元 16년(800), 이번에는 덕종德宗의 칙명에 의해 서명사西明寺 사문 원조圓照가 『정원신정석교목록貞元新定釋敎目錄』, 이른바 『정원록』 30권을 편찬하였다. 여기에는 반야般若의 번역인 『화엄경』 40권과 금강지金剛智·불공不空이 번역한 밀교경전 등의 137부 343권이 추가되어 1,258부 5,390권이 입장되어 있다(입장의 권수에는 이동異同이 있다.). 이 『정원록』이 편찬된 이후 예를 들면 일본 헤이안平安시대에 서사된 일체경 등은 대부분 이 『정원록』에 의해 서사된 것이다.

어찌되었든 일체경이 서사될 때에는 원칙적으로는 『개원록』, 혹은 『정원록』에 기초하여 5천여 권이 서사되었다고 생각해도 좋다.

3. 사본의 일체경 - 일체경에서 대장경大藏經으로

유감스럽게도 중국에서는 방대한 수의 사경이 이미 없어져 버린 데다 일체경의 유품이라고 확인할 수 있는 오서奧書를 가진 사본은 극히 드문 상황이었다. 그런 가운데 20세기 초에 돈황 천불동千佛洞에서 돈황사본이 발견되고, 앞에서 서술한 태화太和 3년(479)의 서사오서書寫奧書를 가진 『잡아비담심론雜阿毘曇心論』 권제6(S.996)이나 수나라 황후 독고獨孤 씨가 개황開皇 9년(589)에 발원한 『불설심심대회향경佛說甚深大迴向經』(S.2154) 등의 일체경 유품이 확인된 것은 중요한 일이었다. 그의 『불설심심대회향경』에는 '대수개황구년사월팔일 황후위법계중생 경조일체경 유통공양大隋開皇九年四月八日 皇后爲法界衆生 敬造一切經 流通供養'이라는 오서가 있다.

그러나 이러한 상황에서도 사람으로부터 사람으로 전해진 전래유품이라면, 지온인知恩院에 소장된 『보살처태경菩薩處胎經』과 『대루탄경大樓炭經』 권3(모두 국보)을 들지 않으면 안 된다.

『보살처태경』은 전체 5첩帖 중에서 제1첩과 제5첩을 제외한 3첩에 중국 서위 대통西魏大統 16년(550)의 오서가 있으며, 도오호陶仵虎 등의 30명이 도란사陶蘭寺를 찾아 발원한 일체경 유권遺卷인 것을 알 수 있다. 북조풍北朝風의 성향이 담긴 강하고 날카로운(경예勁銳) 글씨체의 본첩本帖은 발원문 중에 '대위국내일체승장大魏國內一切乘藏'이라는 표현이 보이는 희귀한 유품이다. 또한 제1첩의 오서에 '금봉산사일체경내金峰山寺一切經內'라고 하는 것이 있는 것으로부터, 이것들은 원래 요시노吉野(일본 나라현奈良縣 지명)의 금봉산사金峰山寺의 일체경이었음을 알 수 있다.

『대루탄경』 권제3은 오서에 '함형사년장무군공소경절위부형국공, 경조일체경咸亨四年章武郡公蘇慶節爲父邢國公, 敬造一切經'이라고 되어 있는 것으로 보아, 당 시대의 함형咸亨 4년(673)에 장무군공章武郡公 소경절蘇慶節이 돌아가신 아버지의 천도薦度를 위해 발원한 일체경의 한 권임을 알 수 있다. 소경절의 아버지는 소정방蘇定方이라 하며, 소정방은 일본·백제연합군(日本·百濟連合軍)과 나·당연합군(唐·新羅

連合軍) 사이에 벌어진 백마강白馬江 전투에서 당나라 수군을 이끌었던 인물로, 『구당서舊唐書』 권83에는 이 부자의 전기가 수록되어 있다. 본 첩은 서사연대가 분명한 당 시대의 사경 중에서, 그 발원자發願者가 정사正史에 보이는 것이라든가, 후대에 전하는 유품인 것에 있어서, 그 희구성과 중요성을 찾을 수 있다. 서도사적書道史的으로 보아도 평온하고 힘찬 필선筆線의 단정한 글씨체는 당 시대를 대표하는 육필肉筆 사본이라고 해도 틀림없다.

이 양자의 사이에 들어가는 것이 쇼소인正倉院 성어장聖語藏에 전해지는 『현겁경賢劫經』이다. 이 권제1의 권말에는 수나라 대업大業 6년(610) 2월 8일, 부풍군扶風郡 옹현雍縣 삼선향민三線鄕民들의 발원에 의해 경군京郡 장안현長安縣 나한도량羅漢道場에서 서사되었다는 내용의 오서奧書가 있고, 그중에는 '경조일체경敬造一切經'이라고 쓰여 있다.

7세기를 정점으로 하는 당 시대의 사경도 8세기를 맞이하면 점차 쇠퇴해지고, 글자 모양이나 용지의 질 등에 있어서도 쇠퇴가 두드러진다. 또한 무종武宗에 의한 불교탄압은 '회창會昌의 폐불'(842~845)이 되어, 중국불교 자체가 쇠퇴 일로를 맞게 되었고, 그 후 이른바 오대십국五代十國 시대의 유품은 거의 남아 있지 않다.

그리고 북송北宋시대에 들어서부터는 점차 인쇄기술이 번성하게 되어 판본시대로 이행移行해 가게 되었다. 그런 가운데 최근 주목받는 것이 북송시대의 사본대장경의 유품이다. 현재 확인되고 있는 확실한 북송시대의 사본대장경에는

(1) 해염금속산광혜선원대장경海塩金粟山廣惠禪院大藏經
(2) 화정현칙사해혜전륜대장경華亭縣勅賜海惠轉輪大藏經
(3) 곤산현경덕사대장경昆山縣景德寺大藏經
(4) 수주해염현법희사전륜대장경秀州海塩縣法喜寺轉輪大藏經
(5) 강녕부구용현숭명사대장경江寧府句容縣崇明寺大藏經

의 다섯 종류가 있다. 덧붙여서 이 시기에 '일체경'에서 '대장경'이라는 호칭을 사용하게 되었다고 생각된다.

먼저 해염금속산광혜선원대장경은 제목 앞에 '해염금속산광혜선원海鹽金粟山廣惠禪院'이 있는 것으로 보아 절강성浙江省 해염현의 금속산 광혜선원에서 서사된 것임을 알 수 있다. 그 유품은 26점 전후가 중국 국가도서관 등에 나뉘어 소장되어 있으며, 일본 국내의 것으로는 교토국립박물관 모리야守屋 컬렉션의 『내전수함음소內典隨函音疏』 권 제307이 잘 알려져 있다.

모리야본의 장정裝訂은 권자본卷子本이고, 권수卷首에 소장 사원에 이어 천자문과 종이 매수가 '등 일십일지登 一十一紙'라고 기록되어 있으며, 주색朱色의 계선界線을 사용하여 획이 굵은 활자(육태肉太)의 필선筆線자체로 본문이 서사되어 있다. 한 장(枚)의 크기도 세로 31.4cm, 가로 60.5cm 전후로 되어 있으며, 전체적으로 큼직한 크기의 권자본이 완성되었다. 이것들은 바로 북송시대의 사경 경향과 특징이라고 해도 좋다.

게다가 흥미로운 것은 이 사본은 음의音義라는 내용 때문에 할주割注 형식의 글자 배치로 되어 있지만, 1행의 글자 배치를 보면 14자로 되어 있다는 점이다. 물론 일반적인 '금속산대장경'은 1행 17자의 서사로 되어 있다. 더욱이 윤기가 나고 광택이 있는 용지는 '금속산대장경'으로 알려져 송宋시대를 대표하는 명지名紙로 중용重用되었던 것이다.

둘째는 화정현華亭縣(강소성江蘇省 송강현松江縣) 해혜원海惠院의 대장경이다. 『법원주림法苑珠林』 권제65(상해도서관) 권수卷首에는 '화정현칙사해혜원전륜대장 배이십일지華亭縣勅賜海惠院轉輪大藏 陪二十一紙'라고 되어 있고, 권말卷末에는 사경 열위列位부터 북송시대 치평治平원년(1064)에 수영守英이라는 승려에 의해 권진勸進되었음을 알 수 있고, 그 서사는 같은 해 4월 15일부터 시작했다는 것이 기록되어 있다. 또한 교증校証을 정엄사精嚴寺 사문 초안楚顔이 하고, '조장단월주造藏檀越主'가 발해渤海의 오연량吳延亮과 오연유吳延宥(형제 추정)인 것 등도 기록되어 있다. 또한 권말에는, '서혜옹수徐惠翁秀/진의사묵陳義士墨'이라는 묵인墨印이 찍혀 있다.

그 결과, 권수가 결실缺失되어 있는 교토국립박물관 모리야守屋 컬렉션의 『부법장전付法藏傳』 권제6 잔권이, 이 「화정현칙사해혜원전륜대장」이라는 것을 알 수 있게 되었다. 현재 그 유품으로서는 중국에 3점, 일본 국내의 유품은 모리야본守屋本 1점뿐으로서 총 4점이 알려져 있다.

세 번째는 곤산현昆山縣(강소성江蘇省) 경덕사景德寺 대장경이며, 그 유품으로는 천진박물관天津博物館 소장의 『마하반야바라밀경摩訶般若波羅蜜經』 권제34의 1권만 알려져 있다. 권수卷首에는 '곤산현경덕사대장 하 일십이지昆山縣景德寺大藏 河 一十二紙'라고 되어 있고, 권말

에는

皇宋治平四年歲次丁未閏三月初六日起首寫

句當寫大藏經幷建經樓首座沙門 子珍

이라고 하여 치평治平 4년(1067)에 서사가 시작되었음을 알 수 있다.

넷째는 수주秀州(절강성浙江省) 해염현海塩縣 법희사法喜寺의 대장경이며, 권수에 '수주해염현법희사전륜대장秀州海塩縣法喜寺轉輪大藏'이라고 있는 것이다. 현재는 중국 국가도서관 소장의 『대반야경大般若經』 권제89의 1권만 알려져 있으며, 권말의 사경 열위列位에는 '대송희녕십년세차정사십일월이십육일기수구당사조대장사자사문사공지大宋熙寧十年歲次丁巳十一月二十六日起首句當寫造大藏賜紫沙門思恭誌'라고 기록되어 있다. 이것에 의해 북송시대의 희녕熙寧 10년(1077)에 서사가 시작되었음을 알 수 있다.

마지막은 강소성江蘇省 구용현句容縣 숭명사崇明寺에서 서사된 것으로 3점이 확인되었다. 장정은 반면半面 6행(1절折 12행)의 절본장折本裝으로 되어 있다. 계선은 가로세로 모두 주홍색으로 그어져 있지만, 접힌 부분에는 세로줄이 그어져 있지 않은 것으로 보아, 당초부터 반면 6행(1절 12행)의 절본장으로 서사되었음을 알 수 있다. 첩수帖首의 수제首題 아래에는 '구용경장선사句容經藏禪寺/두서비로법보斗書毘盧法寶'의 주색 방인朱方印이 찍혀 있다. 또한 앞에서 언급한 4종류의 종이색이 황벽색黃檗色인 것에 비해 백색으로 된 점에 차이가 보인다.

숭명사 대장경의 일본 국내 유일의 유품으로는 북송 현우玄祐 5년

(1090)의 서사 오서奧書를 가진 것으로 교토국립박물관 모리야守屋 컬렉션의 『대반야경大般若經』 권제502가 있다. 그 한 장의 크기는 세로 31.3cm 가로 55cm 전후이며, 한 장에 2절반 분折半分으로 30행이 서사되어 있으며, 당초의 것으로 보이는 판표지板表紙도 부속付屬된 귀중한 1첩이다.

북송시대의 사본대장경에는 권수에 소장사원, 천자문, 종이 매수 등이 기록되어 있고, 권말에는 사경의 열위가 기록되어 있는 것이 기본 형식이며, 획이 굵은 활자(육태肉太)의 필선筆線의 글자 모습과 주홍색의 계선이 그어져 있는 등, 공통적인 서사 형식이 보인다.

이들 5종류의 대장경 유례遺例는 사경의 유품이 적은 북송시대에 사본의 일체경에서 판본의 대장경으로 이행하는 시기의 중요한 자료임과 동시에 장정裝訂의 역사상에 있어서도 권자본卷子本에서 절본折本으로의 이행기에 위치하는 귀중한 유품이 된다.

이 시기를 거쳐 사본의 일체경이 판본의 대장경으로 넘어가게 된다.

参考文獻

賴富本宏·赤尾榮慶 共著,『寫經の鑑賞基礎知識』(至文堂, 1994年).

梶浦晋,「宋代の寫經の形式と字樣 -大藏經を中心に-」(『シンポジウム 古典籍の形態·圖像と本文』(國文學硏究資料館, 2011).

年特別展覽會圖錄,『守屋コレクション寄贈50周年記念 古寫經 -聖なる文字の世界-』(京都國立博物館, 2004年).

特別展觀圖錄,『特別展聞 第一○○會大藏會記念 佛法東漸 -佛教の典籍と美術-』(京都國立博物館, 京都佛教各宗學校連合會, 2015年).

제2장 경전목록의 편찬과 한역대장경

1. 한역대장경의 성립 - 후한~동진·남북조시대

동아시아에 전래·유통된 불교전적은 현재에 이르기까지 '일체경一切經'이나 '대장경大藏經'으로 총칭되며, 거기에는 사원명이 붙거나, 왕조명이나 시대명이 붙여지는 경우가 종종 있지만, 혼용되기도 한다. 현재 가장 널리 보급되어, 법보法寶이자 학술 연구의 역사·자료로서 이용되고 있는 『대정신수대장경大正新脩大藏經』은 총계 3,035부 11,970권이 수록되어 있지만, 그 『목록』의 모두冒頭에 있는 다카쿠스 쥰지로高楠順次郎·와타나베카이교쿠渡邊海旭 씨의 양 도감都監의 「대정신수대장경간행취지大正新脩大藏經刊行趣旨」(1923년)에 '대정신수일체경大正新脩一切經'이라는 표현이 보이고, 이어서 간행회의 「재간의 취지再刊の趣旨」(1960년)에도 「일체경一切經」이 있는 것과 같이 일체경과 대장경은 같은 취지의 표현으로 극히 자연스럽게 사용되고 있다. 한편 '한역대장경'이라고 표현될 때의 대장경이라는 단어에는,

이른바 입장록入藏錄에서 유래한 역사적 배경이 포함되고, 그곳에는 의미하는 바가 엄밀하게 규정된다. 경전목록(이하 『경록經錄』)의 역사와 그의 중요한 구성요소로서의 입장록 성립과정을 시야視野에 넣어, 이하 한역 초창기 후한後漢·삼국三國시대부터 순차적으로 소개한다.

불전의 한역은 불교의 중국 전래와 함께 일찍이 후한시대 말에는 진행되었지만, 당초에는 인도에서의 성립 순서도 대·소승의 구별도 없었고, 또한 동본이역同本異譯이나 경전의 양이 많은 경전으로부터 일부 내용만을 별도로 분리한 것인지 아닌지의 확인도 이루어지지 않았으며, 혹은 번역에 부수한 번역자명이나 번역 장소, 또는 시기·기간 등의 정보도, 번역자 개개인의 기록은 이루어졌다고 해도 계통을 세워서 보존되는 일도 없고, 시대의 추이와 함께 차츰차츰 사라져 갔다. 이러한 기록의 심한 부족을 인식하고, 번역 불전마다의 기록을 종합화하는 효시嚆矢가 전진前秦·도안道安(312~385)에 의한 『경록經錄』에 의해 이루어졌다. 그 본체는 남조南朝 양梁나라의 승우僧祐(445~518)가 편집한 『출삼장기집出三藏記集』 권1~5의 목록 부분에 그 기초로서 이용되어 현존하고 있으며, 승우 자신은 『경록經錄』, 혹은 『안록安錄』, 『도안구록道安舊錄』이라고만 적고 있다. 이것을 『종리중경목록綜理衆經目錄』이라고 종합목록과 같이 표기하는 것은 수隋·비장방費長房의 『역대삼보기歷代三寶紀』(이하, 『삼보기』로 약칭)이며, 그의 권제8·전후이진부요세록前後二秦苻姚世錄의 전진前秦·도안道安 저술목록에 1권이라고 있는 것이다. 『출삼장기집』에는 승우 자신이 수집한 『신집록新集錄』에 대해 『신집안공록新集安公錄』이라 표기하여 도안록道安錄에 기초한 것을 명기하고 있으며, 그것은 권3의 고이경록古異經錄·실역록失譯錄·양토이경록涼土異經錄·관중이경록關中異經錄, 권5의 의경록疑經錄·주경급잡경지록注經及雜經志錄의 부분에 해당하는 것이 이른바 『종리중경목록』이다. 이 '중경衆經을 종리綜理한다.'라는 명칭은 다소 지나친 칭찬의 경향이 있지만, 전대前代 북주北周 무제武帝의 종교 폐훼宗教廢毁 정책의 뒤를 이은 수隋 문제文帝의 치세라는 불교 부흥기에 있어서 도안의 목록에 대한 존경과 신뢰를 할 수 있는 명명命名일 것이다. 도안 이전의 경전 번역에 관한 목록은 경전 번역자 개개인의 역경 목록이 주였고, 도안록에서 처음으로 번역의 근近·고古, 번역자명의 유·무, 번역지飜譯地의 기록 정리가 이루어져, 경록으로서의 총체적 정리의 방향을 제시하였다.

도안의 시대는 남쪽에 한족 왕조의 동진(317~420)이 건강建康(남경南京)을 수도로 삼고, 북쪽에 오호십육국五胡十六國이 흥망을 거듭하는 난세亂世(302~439)의 전반기에 해당하지만, 5세기 중반에 가까운 439년 선비족鮮卑族인 위魏나라에 의해 화북華北이 통일되자, 이미 동진東晋을 빼앗아 건국한 한족 유씨劉氏의 송나라와 대립하는 남북조시대가 되었고, 589년에 수 문제에 의해 통일되기까지, 중국은 동진·오호십육국시대 이래 270년 동안 분열의 시대를 지속하였다. 그러나 한편으로는 이 분열 할거割據의 시대에야말로, 불전한역의 성행에 수반하여, 그것들을 대장경으로서 정리하는 명확한 방향성을 제시하였다. 그의 일례로서 남북조의 초기를 이루었던 송대에 있어서 처음으로 불전을 대大·소승小乘으로 나누었던 경록이 편찬되었다. 남조 송대의 『중경별록衆經別錄』 2권이다. 앞에서 서술한 수나라의 『삼보기』의 최종권에는, 그 편찬에 이용된 6종류의 경록이 『중경별록衆經別錄』·『출삼장기집出三藏記集』·『위세중경목록魏世衆經目錄』·『제세중경목록齊世衆經目錄』·『양세중경목록梁世衆經目錄』·『대수중경목록大隋衆經目錄』으로 표기되어, 각각의 구성이 수록된 부部·권수卷數와 함께 기록되어 경록사 연구에 중요한 자료가 되고 있다. 그 첫머리의 『중경별록』이 2권인 이외는 모두 단권이다. 또한 『중경별록』 이하의 경록에는 시대·편자가 함께 명기되어 있는 데 비해, 『중경별록』만은 주注에 "작자는 미상이고, 송나라 때에 저술한 것 같다(未詳作者似宋時述)."라고 하여, 불분명한 점이 있지만, 경전을 대·소승으로 나눈 위에 의경록疑經錄을 두고, 다시 율록律錄·수록數錄·논록論錄을 세우는 등, 도안의 『경록』을 일보 나아가 불전정리의 길을 제시하고 있다.

남조의 제齊나라에서 양梁나라에 걸쳐 병란 등에 의한 피해가 장서藏書에도 미쳤으나, 양나라 초대 황제 무제(재위 502~549)의 치세가 되면, 양조梁朝의 안정과 무제의 불교신앙에 의해 남조 불교사상 최성기가 이루어지고, 한역불전의 정리와 정비도 크게 진전하였다. 또한 남북조시대 이전에 있어서 번역에 따른 한역대장경의 성립의 역사에 관해서도 양대梁代에 저술되고 현존하는 기록에 의해 알려진 경우가 많다. 그의 대표적인 예가 승우의 『출삼장기집』이다. 이것은 수나라 『삼보기』가 근거로 삼은 6종류의 경록 중의 두 번째에 해당한다. 그곳에는 '남조 제齊 명제明帝 건무년建武年(494~498) 율사 승우가 찬撰하다.'라고 주기注記가 있지만, 양무제의 천감天監 14년(515) 무렵까지는 완성되었던 것이다. 정확히 같은 해에 무제의 칙명에 의해 승우가 『화림불전중경목록華林佛殿衆經目錄』 4권을 편찬하였다(『삼보기』 권15). 또한 이 다음해인 천감 15년(516)에는 마찬가지로 무제의 칙명에 의해 보창寶唱이 『경율이상經律異相』 50권을, 같은 해에 황태자 소강蕭綱의 아래에서 서면徐勉 등이 『화림편략華林遍略』 620권을 편성하고(『양서梁書』 권50·문학하文學下, 『수서隋書』 경적지經籍志 3. 이하 『수지隋志』 3과 같이 약기略記), 17년(518)에는 통칭 『양세중경목록梁世衆經目錄』이 보창에 의해 편찬되었다. 『경율이상』은 삼국시대에 시작된 도서의 새로운 편찬형식인 '유서類書'의 일환으로서 불교적 세계관을 언어·사상별事象別로 유별類別하여 편찬하는 형식을 갖는다. 『경율이상』은 수미首尾를 완전히 갖춘 현존하는 최고의 유서로서 귀중한 자료이지만, 그 성립 배경에 양무제의 치세와 불교 전성기의 출현, 불전의 증대에 따른 수집과 정리의 기운이 있었다. 당 고종高宗 때에 편찬된 『수지隋志』 1의 경부經部 기록에 의하면, 궁중의 문덕전文德殿에 불전 이외의 중국 고유의 서적이 분류 수집되었고, 불전은 건강성建康城 내의 광대한 원지苑地인 화림원華林園에 모아졌다. 마찬가지로 『수지』 4의 집부集部의 끝에 별기別記된 '불경佛經' 항에 의하면, 양나라 무제는 크게 불법을 존숭하여, 여기에 5,400권의 '석씨釋氏의 교전을 총집하고', 사문 보창이 '경목록'을 찬술하였다고 한다. 화림원은, 예를 들어 구마라집 번역의 『미륵하생성불경彌勒下生成佛經』에서 말하는 미륵불에 의한 화림원 용화수龍華樹 아래에서의 설법, 이른바 용화삼회龍華三會에서 따온 명명이다. 당 도선道宣의 『속고승전續高僧傳』 권1·보창전에는 '(보창에게) 칙勅하여 화림원의 보운경장寶雲經藏을 관장하게 하고, 빠진 것을 구하고 찾아 모두 구족하게 하였다.'라고 되어 있는 것처럼, 무제의 활용에 제공됨과 동시에 『경율이상』 등의 편찬에도 이용되었다. 또한 경장의 설치는 화림원에만 국한되지 않고, 승우의 지주사원止住寺院이었던 종산鐘山 정림사定林寺에서도 이루어졌다. 양 혜교慧皎의 『고승전』 권11·명률편明律篇 승우전僧祐傳에 의하면 '경장을 세워, 권축卷軸을 수교搜校하였다.'라고 하고, 『고승전』의 말미에도,

> 처음 승우가 경장에 모아 이미 완성되자 사람을 시켜 요사要事를 초찬抄撰하게 하고, 삼장기(『출삼장기집』)·법원기法苑記(『법원잡록원시집法苑雜錄原始集』)·세계기世界記·석가보釋迦譜 및 홍명집弘明集 등을 만들었다. 모두 세상을 위해 행해진다.

라고 하는 것과 같이 『출삼장기집』 이하, 『법원기』·『세계기』를 제외하고 현존하는 이들 서적은 승우의 가까이에 있었던 경장, 즉 정림사 경장을 이용하여 편찬된 것으로 보인다. 이 것은 예를 들면 『양서梁書』 권50·문학하文學下의 유협전劉勰傳에 남제南齊 대의 일로서 '지금의 정림사 경장은 유협劉勰이 정한 것이다.'라고 전하듯이 승우의 훈도薰陶를 받은 유협의 관여가 있었다. 유협(465~520)은 중국 최초의 문학이론서인 『문심조룡文心雕龍』의 저자로서 중국문화사에 있어서 이름은 높지만, 전승에 의하면 최말년에 출가 개명하여 혜지慧地라고 하듯이 남제시대 무렵부터 정림사 승우 아래에서 배웠다. 이상과 같이 양나라 수도 건강建康의 궁중과 건강 성동城東의 정림사에 경장이 설치되어 있었던 것을 확인할 수 있다. 그러나 남조의 경록에 대한 기록에서는 아직 '대장경'의 명칭은 보이지 않는다.

한편 북조北朝는 북위北魏의 동서분열로 인하여 동위東魏·북제北

齊·서위西魏·북주北周로 변천되었고, 남조의 양梁·진陳과 함께 남북조 말의 삼국시대를 가져왔다. 이와 같은 난세였지만, 『삼보기三寶記』에 기록된 북조의 두 종류, 즉 북위 말에서 동위시대에 걸쳐 이확李廓에 의해 만들어진 『위세중경목록魏世衆經目錄』은 대승의 경·론과 소승의 경·율·론으로 나누고, 율을 소승으로 하여 대·소승의 구별이 이뤄진 데 비해, 북제의 법상法上에 의한 『제세중경목록齊世衆經目錄』(이하 『법상록法上錄』)은 그것에서 일보 나아가 율을 소승으로 별출別出하지 않고, 수다라修多羅·비니毘尼·아비담阿毘曇, 즉 경·율·론의 삼장 구별을 우선으로 구성하여 이어지는 수대의 경록의 선례를 이루고 있다. 사료상으로는 북주의 왕포王褒에 의해 무제(재위 560~578) 보정保定 3년(563)에 작성된 「주경장원문周經藏願文」과 북제 위수魏收의 「제삼부일체경장원문齊三部一切經藏願文」이 있으며, 경장經藏이라는 말의 용례로서 주목된다(『광홍명집廣弘明集』 권22·법의편法義篇에 수록). 특히 왕포는 남조 양梁의 제3대 원제元帝를 섬긴 후, 북주의 전신인 서위西魏에 의해 원제의 수도 강릉江陵(호북성 강릉湖北省江陵)이 함락 점령되자 서위의 강제 이주책에 의해 도읍인 장안長安에 납치된 당대 일류의 귀족·문화인이었다. 그 원문에는 '세재소양 용집천정歲在昭陽 龍集天井', 즉 북주 무제 초기, 계미세癸未歲 보정 3년(563)의 기년紀年이 있는데, '받들어 일체경장을 만들고, 생멸의 가르침에서 시작하여, 열반의 설에까지 이른다.'라고 되어 있다. 이와 같이 북주北州와 북제北齊 양조에서도 서서히 대장경의 정비가 이루어졌지만, 북주 무제武帝의 불교와 도교를 함께 폐훼하고 부국강병을 도모하는 종교정책이 건덕建德 3년(574), 우선 북주 영역 내에 실시되고, 이어서 부국강병책의 첫 번째 목적인 이웃나라 북제에 대한 토벌점령이 건덕建德 6년(574)에 실현되어, 여기에서도 불·도 양교의 폐지가 실행되었다. 이에 앞서 남조 양梁의 도읍 건강은 북제로부터의 망명 장군 후경侯景에 의한 반란(548~552)에 따라 도읍의 기능을 상실하고, 집성된 불교전적도 많이 없어졌으며, 강릉江陵으로 간신히 피난한 동진東晉 이래의 양조의 문물도 대부분 소실되었으며, 북주 무제에 의한 불교·도교를 모두 폐훼하는 종교정책의 실시에 의해 심대한 피해를 가져오게 된 것이다.

대장경사의 전개과정에 있어서 이 시대가 주목되는 현상으로서, 각 사원에 있어서 경장의 설치가 있었다. 앞에서 기술한 남조 양의 정림사定林寺의 경장과 『삼보기三寶記』 권9·진대록陳代錄 수보리須菩提의 항項에도 사료로서 「일승사장중경목록一乘寺藏衆經目錄」이라는 이름이 있어 소수이지만 사원으로의 보급의 흔적을 엿볼 수 있다. 이러한 수장불전收藏佛典의 증대와 함께 중국의 전통문화, 특히 서적분류의 분야에 있어서 큰 변화가 나타나고 있다. 그 일례로 양 완효서阮孝緖의 『칠록』의 기록이 있다. 중국 목록학의 조형祖型은 전한前漢 말부터 신新에 걸쳐 유향(劉向, 전前77~전前6)·흠歆 부자에 의해 편찬된 『별록別錄』·『칠략七略』이지만, 이에 따라 전체를 7부로 나누는 분류법이 전통이 되어 수대까지 이어졌다. 그러나 일찍이 삼국시대 이후가 되면 전체를 경經·자子·사史·집集의 4부로 분류하는 법식法式이 나타났고, 동진東晉시대에 이르러 사서史書의 증대 정세에 따라, 경·사·자·집의 차례로 고쳐져 널리 행해졌으며, 양梁대에서도 궁중장서목록은 4부 분류에 따라 작성되었고, 이 방법은 당나라 초기에 정착되었다. 이와 같은 목록학상目錄學上의 진전과 함께 한편에서는 불전의 증대와 그것에 자극된 도교와 관련된 전적의 확대는 목록의 작성자에 있어서도 무시할 수 없는 동향이 되어 남조 송宋 왕검王儉의 『칠지七志』에 7부 분류 외에 도·불 2교의 교전이 부록付錄되고, 양나라의 완효서의 『칠록』에서는 서명에 있는 것과 같이 전통에 따라 7부 분류를 표방했지만, 실태實態는 전체를 내편오록內篇五錄·외편이록外篇二錄으로 나누고, 내편은 중국전통의 유교 이하의 서적군을 5부로 나누어, 외편으로 새롭게 도경록道經錄·불교록佛教錄의 2부를 두었으며, 부部·권수卷數에서는 불교가 도교를 압도하였다. 이런 정세 가운데 경장에도 변화가 나타나, 전법륜장轉法輪藏, 이른바 윤장輪藏이 양대의 거사 부흡傅翕에 의해 고안되었다는 설화가 후세에 이르러 특히 남송 대 이후에 널리 행해지게 되었으며, 그 전통은 현재 일본에도 미쳐, 부흡 부자의 상像이 대사원大寺院의 경장에 설치되어 있다.

2. 한역입장록漢譯入藏錄의 성립 - 수시대隋時代

수나라 초대 문제文帝(재위 581~604)가 북주를 빼앗아 즉위한 개황開皇 원년(581) 당시는 남북조 최말기에 해당하며, 남조에서는 양梁을 대신하여 진나라가 마지막 왕조가 되었지만, 그 지배 영역은 동진·남조 이래의 사천四川·호북湖北의 양 지방을 포함해 장강 북안北岸의 거의 전역을 상실하였고, 그 광대한 지역을 뒤덮은 북주 무제에 의한 엄격한 종교 폐훼정책의 여진이 꺼지지 않았던 시기였다. 북에는 호족胡族, 남에는 한족漢族이라는 형태가 길게 이어진 남북조시대(439~589)에 대장경 편성의 큰 틀은 형성되었지만, 남북조 말기에 이어진 전란 속에서 많은 불교전적이 상실되었다. 그러한 상황 속에서 이어진 수에 의한 남조 진陳의 토멸討滅(개황開皇 9년, 589년)과 중국 통일, 불교 부흥의 기운 속에서, 그 편성 사상에 획기를 이룬 저작이 세상에 나왔다. 법경法經·언종彥琮을 각각 수반으로 하는 2종류의 『중경목록』과 비장방費長房의 『역대삼보기』이다. 수나라에 있어 불교사 관계 저술의 유존遺存 예는 이 세 가지 예뿐이지만, 이 편자編者 3명에게는 공통사항이 있다. 문제文帝는 건국 후 얼마 되지 않아 수에 의한 통치를 원활하게 하기 위해, 전대前代와 달리 종교보호정책을 채택하고, 신도新都 장안 대흥성大興城의 중앙을 남북으로 달리는 주작대가朱雀大街를 사이에 두고, 동쪽으로 대흥선사大興善寺, 서쪽으로 현도관玄都觀이라는 불교·도교의 중심을 이루는 시설을 조영하였고, 특히 대흥선사에는 불전번역을 주무로 하는 번경소飜經所와 번경중翻經衆을 두었고, 그것은 20명의 번경대덕翻經大德과 그 외의 번경사문·번경학사로 구성되어 있었다. 법경法經은 번경대덕 20명의 사실상 대표자, 언종彥琮은 대덕의 일원이며, 비장방은 재속在俗의 번경학사로서 오직 번역 현장에 있으면서 번역문을 필기하는 필수筆受의 임무를 맡았다. 개황 14년(594) 7월 14일, 법경을 대표로 하여 황제 문제文帝에게 제출된 『중경목록』(이하 『법경록』)과 인수仁壽 2년(602), 번경중翻經衆의 대덕·사문·학사 등에 의해 편찬된 『중경목록』(이하 『인수록』)은, 함께 문제의 칙명이 번경소에 내려져서 편찬된 것이다. 특히 『법경록』의 편찬은 국책의 일환으로서의 성격을 띠고 있었다. 개황 9년(589)의 중국 재통일 후 불과 5년이라는 수나라 초기 당시 남북조 말 삼국의 난세에 따라 막대한 손해를 입은 서적의 재정비는 새로운 통일국가의 군림자로서의 문제의 매우 중요한 과제였다. 중국 전통문화의 수호자인 황제상皇帝像을 추진하는 임무를 띠고 문교정책文教政策의 중심에 있었던 우홍牛弘이 직접 법경 등에 칙명을 전달하고 있는 것이 그 사실을 말해준다. 그 『법경록』 권7·중경총록衆經總錄에 수록된 목록의 완성을 문제에게 보고하는 상표문上表文에는 우선 그 모두에 다음과 같이 말한다.

> 대흥선사 번경중翻經衆 사문 법경 등은 공경히 황제 대단월께 아룁니다. 지난 5월 10일, 태상경 우홍太常卿牛弘이 조칙을 받들어 중경목록을 편찬토록 하였습니다. 법경 등은 삼가 곧 수찬하였습니다. 중경을 모두 계산하건대 2,257부 5,310권이며, 모두 7권이 됩니다. 별록別錄은 6권, 총록總錄은 1권입니다. 선사繕寫를 비로소 마쳤기에 이에 삼가 받들어 올립니다.

이어 한위漢魏·서진대西晉代의 개략槪略을 서술한 후, 동진대에 들어와서 화북華北·오호五胡시대의 전진과 후진을 합하여 '경률을 대략 갖추었다.'라고 칭하고, 『논어』 위령공편衛靈公篇의 '사람이 능히 도를 넓힌다.'에 기초하여 '법은 사람에 의하여 넓혀지고, 현명한 사람은 나날이 많다.'라고 하고, 그중에서도 도안道安에 의한 번역경전의 연구와 정리, 『중경목록』의 창안을 특필하고, 그로부터 개황 14년의 지금에 이르기까지의 200여 년간에, 10수가數家의 경록 제작자가 나타난 가운데 양나라 승우의 『출삼장기집』을 근래 볼만한 저작으로 인정하면서도

『출삼장기집』 이외의 경록은 말할 것도 없고, 『출삼장기집』에도 경록으로서의 편성의 미완비가 인정된다고 하였다. 게다가 남북조 말의 '삼국'시대를 거친 현재, 전대前代의 불교전적 전부를 보고 이동異同을 조사할 수 없는 이상, 지금은 단지 당분간 '제가諸家의 목록'에 의해 대강大綱을 제시하는 것으로 하여, 전체를 대·소승, 경·율·론의 6종의 『장록藏錄』과 그것 이외의 3록의, 총 9록으로 분류하고, 6록 각각을 일역一譯·이역異譯·실역失譯·별생別生·의혹疑惑·위망僞妄의 6분分으로 나누고, 경·율·론 이외의 논저에 대해서는 서역西域·차방此方의 둘로 분류하여, 다음과 같이 구성하고 있다.

- 大乘修多羅藏錄第一 六分 衆經 - 譯分·異譯分·失譯分·別生分·疑惑分·僞妄分
- 小乘修多羅藏錄第二 六分 衆經 - 譯分·異譯分·失譯分·別生分·疑惑分·僞妄分
- 大乘毘尼藏錄第三 六分 衆經 - 譯分·異譯分·失譯分·別生分·疑惑分·僞妄分
- 小乘毘尼藏錄第四 六分 衆經 - 譯分·異譯分·失譯分·別生分·疑惑分·僞妄分
- 大乘阿毘曇藏錄第五 六分 衆經 - 譯分·異譯分·失譯分·別生分·疑惑分·僞妄分
- 小乘阿毘曇藏錄第六 六分 衆經 - 譯分·異譯分·失譯分·別生分·疑惑分·僞妄分
- 佛滅度後抄錄集第七 二分 西域聖賢抄集分·此方諸德抄集分

- 佛滅度後傳記錄第八 二分 西域聖賢傳記分·此方諸德傳記分
- 佛滅度後著述錄第九 二分 西域聖賢著述分·此方諸德著述分

이처럼 세목細目의 6분에서는 경·율·론이라 칭하면서, 6록에서는 수다라修多羅·비니毘尼·아비담阿毘曇과 산스크리트어의 음사를 사용하고 있으며, 이것은 앞에서 서술한 북제北齊의 『법상록法上錄』의 명명과 같다. 비장방이 찬술한 『삼보기』 권15의 기록에 따르면, 『법상록』은 잡록雜錄 1·수다라록修多羅錄 2·비니록毘尼錄 3·아비담론록阿毘曇論錄 4·별록別錄 5·중경초록衆經抄錄 6·집록集錄 7·인작록人作錄 8로 분류하였으며, 그 내용은 '모두 8권, 경율론 진위 787부 2,334권'이었다고 한다. 『법경록』은 경·율·론의 삼장을 중심으로 진위 구분이 이루어졌으며, 법상法上의 『중경목록』이 기초가 되었고, 불과 2개월여의 단기간에 편성되어 『법경록』 권7·중경총록에는 '구록합이천이백오십칠부오천삼백일십권九錄合二千二百五十七部五千三百一十卷'이 기록되어, 부수는 대략 3배 가까이, 권수는 2배 이상의 목록이 되었다. 『법경록』의 4년 후에 완성·상진上進된 『삼보기』 권15에, 소의所依의 경전목록 6종류의 하나로 꼽히듯이 『법상록』은 수나라 경록의 선례가 된 것이지만, 그러나 『법경록』 권7·중경총록에는 도안·승우의 이름은 있어도 법상의 이름은 없다. 서위·북주를 직접적인 배경으로 출발한 수조隋朝를 섬긴 번경대덕으로서 중국의 정통을 잇는 남조 양梁 왕조의 승우와 나란히 서위·북주의 적대국인 동위·북제의 법상의 이름을 적는 것은 꺼려졌을 것이다. 『법경록』은 현유불전現有佛典의 분류 정리와 보존을 주안으로 하여 2개월이라는 단기간에 편찬되었지만,

불전과 번역자명의 유무의 판단을 기본으로 하여, 파생派生과 초약抄約에 따른 폐해, 산스크리트어 원전 유무의 엄격한 구별 등에 있어서 뒤를 잇는 경록의 기준을 명확하게 제시한 것이다.

『법경록』에 이어 개황 17년(597)에 저술된 책이 비장방의 『삼보기』이다. 『삼보기』 전 15권은 석존 탄생부터 수 개황 17년까지를 취급한 불교사 연표이다. 『제년帝年』 3권, 후한부터 개황 17년까지의 불전의 번역·저술 자취를 조대朝代별로 편년사編年史로서 정리한 『대록代錄』 9권, 대·소승의 『입장록入藏錄』 2권, 총목록 1권으로 구성되어 있으며, 수대에 이르는 중국 왕조의 정통은 한족 우위를 주제로 하면서 남북조 말 삼국시대에 있어서는 남조 양梁에서 서위西魏·북주北周·수隋로 계승된다고 하는 독특한 정통사관을 보이고 수·개황 시대에 이르는 불교사를 정리하고 있다. 『제년』, 『대록』을 잇는 『입장록』은 따라서 수 문제의 불교정책 내부를 찬양하고 그 치세를 익찬翼贊하는 『삼보기』의 중요한 일부로서의 움직임을 갖는다. 『삼보기』의 명칭은 내제內題로서의 「역대기歷代紀」에 의한 것으로, 외제外題에는 「개황삼보록開皇三寶錄」이라고 하듯이 불전번역사를 주제로 한 사서史書이면서 경록적 성격을 강하게 띠고 있다. '입장록'의 명칭이 처음 명시된 것과 함께 그것을 한 책의 구성요소로 한 것은 『삼보기』를 효시로 하며, 대장경의 역사상 중요한 위치를 가진다. 그 구성은 권13·14를 각각 대·소승 입장목록으로 하고, 또한 대승록大乘錄을 보살장菩薩藏, 소승록을 성문장聲聞藏이라고 이름하고, 『법경록』과 같이 수다라修多羅·비니毘尼·아비담阿毘曇으로 나누고, 삼장 각각을 유역실역有譯失譯으로 분류하여 기록하였다. 『법경록』은 현유現有의 불전 총수를 단기간에 정리해, 현재의 불교교단의 중국문화에서 차지하는 역량의 정도를 보였지만, 그것에 이어 북주의 폐불에 의한 환속승으로 번경중翻經衆의 일원인 번경학사의 신분을 가진 비장방에 의해 수 왕조의 정통성을 전면에 내세우는 사서 『삼보기』 중에 「입장록」이 편성·상정上呈되어 문제文帝의 명에 의해 천하에 반포되었다. 『삼보기』의 「입장록」은 『법경록』의 대·소승, 경·율·론의 6록을 범위로 하고, 그것 외의 3록, 즉 불멸도佛滅度 후의 초록집抄錄集·전기록傳記錄·저술록著述錄이 생략되어 대·소승, 경·율·론만의 입장목록이 되었다. 이 불교대장경이라는 것은 '대행보살국왕大行菩薩國王'이라고 칭하는 전륜성왕과 견줄 수 있는 문제文帝(『삼보기』 권12)에 의해 보호받는 대상임을 명확히 주장하는 것이고, 그러한 의도가 비장방에게 있었던 것을 보여주는 것이라 생각된다.

『인수록仁壽錄』은 번경대덕飜經大德 언종彦琮을 수반首班으로서 『법경록』의 8년 후, 중도中途에 『삼보기』의 성립을 사이에 두고 인수 2년(602)에 이들 선행先行 두 문헌을 계승하여 오로지 입장록으로서 편찬되었다. 그 서문에 의하면, 관할 부서를 통해 대흥선사大興善寺 번경중飜經衆인 번경대덕·사문·학사 등에게 현유現有 불전을 조사하여 '경장經藏'을 정하도록 칙명이 내려졌다고 하며, 그 편찬 원칙은 인도 전래의 범본에서 번역된 것을 서사해야 할 불전으로서 기록하고, 엄밀하게 입장入藏·불입장不入藏을 규정하는 목록으로 삼은 것이었다. 번역되어 중국세계에 제공될 때의 형태로부터 우선 번역자가 단일이면 단본單本, 복수이면 중본重本으로 각각을 대·소승, 경·율·론으로 구분하고(다만 소승은 경만), 나아가 인도 서역 전래의 원본을 가진 저작을 현성집전賢聖集傳이라고 하고, 여기에는 선행하는 『법경록』의 불멸도후찬집록·전기록·저술록에 있었던 「차방제덕此方諸德」의 부분은 『삼보기』를 따르지 않고, 이상의 3분류에 수록된 불전 688부 2,533권을 입장으로 하고, 대부大部의 경전에서 요점을 발췌하여 별도의 경전처럼 유포된 '별생別生'경과 번역을 거치지 않은 인조人造의 '의위疑僞' 경전에 대해서는, 명칭은 기록한 뒤 '초사抄寫'해서는 안 된다고 규정하여, 사실상 금서목록禁書目錄이 되었다. 여기의 '별생'에 대해서는 서문 중에 있어서 『법경록』의 차방제덕초집此方諸德抄集에 수록된 『법보집法寶集』·『정주자淨住子』, 차방제덕전기此方諸德傳記에 기록된 『고승전高僧傳』을 특히 대표적인 예로 들어 입장록의 원칙, 즉 범본에서 번역되었는지 아닌지의 관점에서 불입장으로 삼고 있다. 다만 권3·별생의 말미에 『법보집』에서 『석가보釋迦譜』까지의 7부에 대해서는 「별집초別集抄」로서 기록에 남아 있고, 또한 '구록舊錄에 항목이 있고 경본은 없는 것' 402부 747권을 결본으로서 장래의 수책搜策에 맡기고 있어, 경률론 삼장에 대한 한층 더 수호(護持)의 의도를 밝히고 있다. 이상과 같이 『법경록』·『인수록』은 목록으로서, 『삼보기』는 사서史書로서 편찬되었지만, 현재의 서명상에 칙찬勅撰의 표시는 되어 있지 않지만, 실질적으로는 완성·상정 후 모두 칙찬 취급을 받고 있고, 대장경으로서 입장된 불교전적의 사회적 위치는 한층 향상을 보인 것이라 생각된다. 이상의 『법경록』을 포함한 수대 3종의 입장록을 일람하면, 어느 것이나 그들의 대승경전 모두冒頭에는 60권 『화엄경』(동진東晋·불타발타라佛陀跋陀羅 역)이 두어졌고, 소승경전에서는 『정법염처경正法念處經』(동위東魏·구담반야류지瞿曇般若流

支 역)이 최초를 차지하고 있어, 이 순위는 일정했음을 알 수 있다.

대장경 편찬 역사에 있어서 수조隋朝는 이와 같은 중요한 위치를 점하지만, 또한 경전 보존에도 크게 기여하였다. 당 초기의 호법승護法僧 법림法琳(572~640)의 『변정론弁正論』 권3·4 십대봉불편十代奉佛篇 상·하는 진晉·남북조南北朝·수隋나라를 거쳐 당 고조 태종의 정관 6년(632)까지의 황제 및 제왕 신하들의 봉불의 자취를 구체적인 숫자와 함께 기록한다. 경전의 서사 중 으뜸가는 것으로서 일체경의 서사가 있으니, 가장 오래는 남제南齊·명제明帝(재위 494~498)에 '일체경을 베낀다.'이고, 또 진나라 무제(재위 557~559)에 '일체경 12장藏을 베낀다.'라고 한 것을 비롯하여, 이어지는 문제文帝(동同 559~566)에 '오십장五十藏', 선제宣帝(동 568~582)에서도 '십이장十二藏'의 일체경의 서사가 있었다고 기록되었고, 진陳의 문인 관료로서 저명한 강총江總(519~594)은 '일체경 1장 3,752권을 베꼈다.'라고 하였다. 북조에서는 북위의 북해왕北海王 원상元詳 등 2명이 '일체경 12장을 베꼈다.'라고 되어 있고, 북제의 효소제孝昭帝(재위 560~561)가 '일체경 3천여 권(을 베꼈다.)'라고 한다. 이와 같은 숫자의 출처는 모두 불명확하지만, 이들 서사 경전은 북주 무제에 의한 불교 폐훼정책에 의해 대부분 산일된 것으로 생각된다. 그것을 엿볼 수 있는 기록으로서, 수나라의 문제·양제에 의한 수복사업의 기록이 있다. 법림은 『변정론』에서 문제·양제 시대의 불전 서사사업에 대해서 다음과 같이 남기고 있다.

> 문제는 대략 경론 46장 132,086권을 서사하고, 고경故經 3,853부를 수리(修治)하였다.

> 양제는 진陳을 평정한 뒤, 양주揚州에서, 고경故經을 장보裝補하고, 아울러 신본新本을 서사한 바, 합계 612장·29,173부, 903,580권이다.

이밖에 불상 수복修復 기록도 있어, 문제文帝에게는 151만 체萬體 남짓, 양제에게도 10만 체 수복의 숫자가 남아 있다. 이들의 기록이 북주 무제의 불교 폐훼정책에 의한 피해를 배경으로 하는 사업이었음은 상상하기 어렵지 않다. 특히 양제(양광楊廣)가 진왕晉王 시대에 양주(강소江蘇)에서 신구경론新舊經論의 서사수선書寫修繕을 하였다는 기록은 양광이 진왕으로서 남조 진陳 토멸討滅의 총사령관에 임명되어 강남에 갔고, 진 토멸 후에는 양주총관楊州總管으로서 천하통일의 최전선을 담당하고, 그 무렵 양주에 불교·도교 모두 네 도량道場을 두었고, 강남 진무鎭撫의 거점으로 한 것과 부합하며, 그러한 네 도량은 뒤에 양광이 황태자가 되고, 이어서 제위에 즉위한 것과 함께 낙양에 설치되었다. 그 진왕시대의 기술이 아닐까 하는 『보대경장원문寶臺經藏願文』(『광홍명집』 권22 수록)에는 진조 평정平定의 전란 속에서 『영상존경靈像尊經』이 산일된 것을 안타깝게 여겨, 새로이 '보대寶臺의 사장四藏을 장차 십만 축十萬軸으로 한다.'라는 장경 서사書寫를 실시하고, 보대의 정장正藏은 수중에 두어 보관하고, 그 외는 낙양의 혜일慧日·법운法雲의 양 도량, 장안의 일엄日嚴·홍선弘善의 두 절에 두었다고 한다. 낙양 혜일도량은 승사僧寺·법운도량은 니사尼寺(비구니 절)로 하고, 장안의 홍선사弘善寺는 문제의 황후 독고獨孤 씨에 의해 그의 아버지, 즉 양제의 조부인 독고신獨孤信을 위해 개황 3년(583)에 건립되고, 일엄사日嚴寺는 양제가 황태자 시대인 인수 원년(601)에 장안의 거점으로서 건립하여 강남의 명승名僧을 초치한 사원이다.

이와 같은 대규모 불상·경전에 대한 보호사업이 추진되면서, 다른 한편으로는 실태적으로 위경전僞經典 폐훼정책이 실시되었음을 알 수 있는 사료史料가 있다. 당 도선道宣의 최초기 저서이자, 또한 율학의 주저主著인 『사분율산번보궐행사초四分律刪繁補闕行事鈔』(정관貞觀 3년[629]~4년[630] 초고)의 모두冒頭·권상1의 제10에 '세상 중의 위설僞說을 밝히려 한다.'라 하여, 『제불하생경諸佛下生經』 이하 『제위경提謂經』까지 26부의 경론을 들어 다음과 같이 서술하였다.

> 이들과 같은 인조 경론, 모두 540여 권이 대대로 점출漸出하였다. 문의文意가 천국淺局하여 대부분은 세정世情에 의부한다. 수조隋朝가 오래도록 이미 분제焚除해도, 우총愚叢은 오히려 스스로 남용하였다(如是等人造經論總有五百四十餘卷 代代漸出 文義淺局多附世情 隋朝久已焚除 愚叢猶自濫用).

또한 말년 인덕麟德 원년(664)에 저술한 『대당내전록大唐內典錄』 권10·역대 「소출의위경론록歷代所出疑僞經論錄」의 말미에도

> 위의 여러 가지 위경론僞經論은 인간의 경장經藏에 왕왕 그것이 있다. 그 책이 오히려 많다. 다시 기록되기를 기다린다(右諸僞經論人間經藏往往有之 其本尙多 待見更錄).

라고, 수대의 폐훼를 통해 아직도 민간에 유포되고 있는 실태를 기술하고 있다. 이것 또한 대장경론 편성사編成史 상上의 한 사실이다.

그러한 모습을 내포하면서도 당 고종高宗 때에 편찬된 『수서隋書』의 「경적지經籍志」에서는 그 말미 「불경佛經」의 조에 수 문제에 의한 극진한 불교정책의 결과 '천하의 사람이 바람을 따라 나부끼고, 서로 다투어 경모하며, 민간의 불경이 육경六經보다 많게는 수백 배이다.'라고 그 성황盛況을 기록하기에 이르렀다.

3. 한역불전목록과 대장경의 확립 - 당시대 전기

수 양제의 실정失政도 있어서 수대 말기에는 중국 전역에 신구 세력이 할거割據하는 대란이 일어났고, 당나라 때도 그 초기에 해당하는 고조高祖(재위 618~626) 때에는 아직도 그 난세 중이어서 불교에 대해 매우 엄한 자세를 보이고, 겨우 평온한 정세를 가져온 태종太宗(재위 626~649)의 치세에 있어서도, 그 대종교對宗教 정책은 도교를 우선시하고 불교를 그 하위에 두는 것이었다. 따라서 도교 측에서 거듭되는 공격에 대처하기 위해 불교 측에서도 호법護法운동이 전개되었고, 그 선두에 선 대표적인 인물이 법림法林, 그리고 도선道宣이었다. 당대唐代의 제도를 알 수 있는 근본 사료인 『당육전唐六典』(현종玄宗 개원開元 27년〔739〕 완성)에는 사원·승니僧尼 수數 모두 숫자상으로는 불교가 도교를 능가하지만, 혁명에 불교를 이용한 측천무후則天武后의 전권專權시기를 제외하면, 정책 제도상으로는 항상 도교가 우위의 시대였다.

이러한 당 시대는 안사安史의 난(755~763)을 경계로 하여 전후로 나눠지고, 대장경 편성의 과정에서도 입장록을 포함한 경록의 성질이 이를 전후로 크게 변모하였다. 당대에 있어서 입장록 편찬의 경위를 알기 위해서는, 전기前期에 대해서는 정태靜泰의 『대당동경대경애사일체경목록大唐東京大敬愛寺一切經目錄』(이하 『정태록』으로 약칭)·도선의 『대당내전록』(이하 『내전록』)·명전明佺의 『대주간정중경목록大周刊定衆經目錄』(이하 『무주록』)·지승智昇의 『개원석교록開元釋教錄』(이하 『개원록』)이 있고, 후기에는 원조圓照의 『정원신정석교목록貞元新定釋教目錄』(이하 『정원록』)이 현존하고, 이상의 5종이 기본사료가 되고 있다. 이들의 성립 연차를 보이면 다음과 같다.

- 『大唐東京大敬愛寺一切經目錄』(大正藏 『衆經目錄』) 5卷 靜泰撰 高宗 龍朔 3年(663) 成立.
- 『大唐內典錄』 10卷 道宣撰 高宗 麟德元年(龍朔 4年[664]).
- 『大周刊定衆經目錄』 15卷 明佺等撰 武則天·天冊萬歲元年(695) 成立.
- 『開元釋教錄』 20卷 智昇撰 玄宗·開元 18年(730) 成立.
- 『貞元新定釋教目錄』 30卷 圓照撰 德宗 貞元 16年(800) 成立.

이 현존 5종 이외에 정매靖邁의 『고금역경도기古今譯經圖記』 4권이 있지만, 이것은 「대자은사 번경원의 당堂」(지승智昇 『속고금역경도기續古今譯經圖紀』 서序)에 묘사된 역대 번역삼장의 화상畫像에 부쳐진 역경의 기록이고, 입장록을 가지고 있지 않다. 또한 지승에 의해 『역경도기

譯經圖記』는 비장방의 오류를 포함하여 『삼보기』에 의해 간단하게 기록(略記)된 것으로 비판받고 있다(『개원록』 권10·「叙列古今諸家目錄」).

그밖에 『내전록』이나 『개원록』에 의하면, 태종의 정관貞觀 초에 현완玄琬의 『중경목록衆經目錄』 5권이 있고, 작자 미상의 『입장록』도 있었다. 그러나 현완의 경록은 수隋의 『중경목록』을 이용하여 그것 이후의 신역을 추가한 것으로 보이며, 그 점에서는 『정태록靜泰錄』도 마찬가지다. 『정태록』에 의하면, 정관 9년(635)과 11년 모두 4월에 태종 및 황태자 이치李治의 명에 의해 일체경의 서사가 이루어졌고, 그러한 움직임을 거쳐 이 두 권의 입장목入藏目이 편성되었다. 『정태록』은 『법경록』을 겉으로 내세우면서도 실제로는 『인수록』에 의존하는 형태를 취하고 있다. 이것은 『인수록』이 『법경록』에 기초한 입장록 주체의 목록이었기 때문일 것이다. 이처럼 수나라에서 당나라에 걸쳐 입장록의 정비가 진행되었고, 특히 당나라 초기에 있어서는 수나라 때의 경록에서 본(範)을 얻어 행해졌음을 살펴 볼 수 있다.

당대에는 대사원大寺院 별로 편찬된 경록, 이른바 사원록寺院錄도 많이 있었지만, 거의 동시에 이루어졌다고 해도 좋다. 『정태록』·『내전록』도 태종에 의해 낙양에 세워진 경애사敬愛寺와 고종에 의해 당시 효경태자孝敬太子 이홍李弘(측천무후 소생所生)의 질병치유를 위해 장안長安에 세워진 서명사西明寺가 각각 소장한 장경藏經을 저본으로 하였다. 입장록에만 머무르지 않는 한역불전에 대한 다면多面에 걸친 조사와 분류 정리의 성과인 경록을 염두에 두고, 지승은 전기前記의 「서열고금제가목록叙列古今諸家目錄」의 『정태록』 항에서, 이들 관립사원官立寺院에 속하는 대사원을 제외하고, 각각의 사원명을 붙인 경록에 대해서는, 사원의 실용實用에 제공되는 성질상 이들 사원록은 널리 일반에 통용되는 것은 아니라는 비판을 가하고 있다.

『정태록』과 『내전록』은 거의 동시에 편찬을 마쳤다고는 해도 그 내용·체재는 크게 다르다. 『정태록』은 동진대東晉代, 즉 전진前秦 도안의 경록 창시創始에 이어, 북제北齊 법상法上의 『중경목록』을 들어 보이고, 수대와는 다른 대응을 보였으며, 또한 특기할 만한 것으로서 입장전적 각각의 권수 아래에 지수紙數를 명기하고 있는 것과 같이, 그 내용은 경록의 실용에 고안되어 가장목록架藏目錄으로서의 기능에 특화되어 있다. 이에 대해 『내전록』은 수나라의 삼서三書를 바탕으로 하면서 나아가 중국에 불교가 전해진 이래, 당나라 고조·태종·고종 3대까지의 내전, 즉 불전과 관련된 현상을, 이른바 경록의 틀을 넘어 종합적으로 기록하였다. 「내전록」의 전체는 다음과 같이 구성되어 있다.

歷代衆經傳譯所從錄第一(卷1~5)

歷代翻本單重人代存亡錄第二 - 一(卷6)

歷代翻本單重人代存亡錄第二 - 二(卷7)

歷代衆經見入藏錄第三(卷8)

歷代衆經擧要轉讀錄第四(卷9)

歷代衆經有目闕本錄第五(오직 序만)

歷代道俗述作注解錄第六

歷代諸經支流陳化錄第七(序 및 오직 槪說만)

歷代所出疑僞經論錄第八

歷代所出衆經錄目第九

歷代衆經應感興敬錄第十(以上 卷10)

위 가운데에서 권6·7에는 대·소승의 경·율·론·현성집전賢聖集傳 및 권9·거요전독록擧要轉讀錄 소재所載의 모든 불전에 지수紙數가 기재되어 있고, 권8의 입장록에 대해서 말하면, 10권 1질帙을 원칙으로 한 위에 질수帙數의 적당한 정리로 경장 중의 배가 위치配架位置가 기재되어 있어서 보존과 이용의 양면에 주의가 이루어지고 있다. 또한 『내전록』의 중심이 되는 「역대중경전역소종록歷代衆經傳譯所從錄」 전 5권에 대해서는 후한부터 수대까지 각 대록의 서문 부분이 『삼보기』를 모방하고 있는 것에 그 특색이 있는 한편, 수대隋代 2종류의 『중경목록』과 『삼보기』·『내전록』 이후의 당대 제경록諸經錄과 상이한 특징도 갖고 있다. 특히 권9·거요전독록擧要轉讀錄 제4와 권10·응감흥경록應感興敬錄 제10은 그 표기 자체에 독특한 것이 있다. 불전의 독송과 그 기이한 조짐(奇瑞)으로서의 감응을 경전목록의 구성요소로 위치 짓고 있는 것이 다른 경록에는 없는 『내전록』의 특징이고, 그것은 또한 『내전록』과 같은 해 인덕麟德 원년에 편찬이 끝난 도선의 『집신주삼보감통록集神州三寶感通錄』이나 동문同門의 도세道世에 의한 『법원주림法苑珠林』의 편성과도 밀접하게 관련되어 있다.

『무주록武周錄』은 『내전록』보다 늦은 31년 후인, 측천무후 즉위(천수天授 원년[690]) 후 6년인 천책만세天冊萬歲 원년(695)에 낙양 불수기사佛授記寺의 명전明佺을 필두자筆頭者로서 편찬되었다. 이 경록의 특징은 각 권의 모두에 '대당천후大唐天后가 불수기사의 사문 명전 등에게 편찬하게 하였다.'라고 한 것과 같이 경록의 칙찬勅撰을 주장하고 있는 것이다. 여기에서 말하는 '대당천후'는 고종 함형咸亨 5년(674), 고종을 천황, 무황후를 천후로 칭한 이른바 이성二聖 시대의 도래를 상징하는 말로, 입후立后(영휘永徽 6년[655]) 이래 무씨武氏의 당조唐朝 찬탈의 한 획기劃期를 이룬다. 이후 홍황弘皇 원년(683)에 고종이 서거하자, 황태후로서 전권을 행사하고, 마침내 천수天授 원년(690) 주조周朝의 황제에 오른다. 그런데 『무주록武周錄』 말권末卷을 보면, 그곳에 천책만세 원년(695) 10월 26일의 기년紀年을 가진 명전 이하 70명에 이르는 편찬 협력자의 열명록列名錄이 남아 있다. 이 해는 즉위 후 6년, 무후武后 몰년沒年(신룡神龍 원년[705])의 10년 전에 해당되고, 무주조武周朝의 한창인 때이다. 대당천후라고 하는 것은 다음에 소개할 지승의 『개원록』에 자주 나타나는 표현이고, 현종 직계의 조모祖母에 해당하는 무씨가 주조周朝의 황제였음을 부정할 수 없는 이상, 그 이전 고종조의 천후의 칭호를 사용함으로써, 무주조의 황제인 무武측천을 조부祖父 고종의 황후로서 현종조玄宗朝에 자리매김할 수 있는 것이다. 『무주록』 전全 15권의 전체는 경록의 기본에 기초하여, 대·소승의 경·율·론 각각을 번역자의 단單·복複으로 분류하고, 현성집전賢聖集傳의 범어원본 및 별생別生·의위疑僞·결본缺本 확인과 입장록에 의해 구성되어 있다. 권13·14가 입장록으로 되어 있고, 최종권인 권15는 위경목록僞經目錄이며, 특히 『인수록』에 의한 것임을 명기하고 있다. 또한 대·소승의 입장록뿐만 아니라 지수紙數를 기록한 것도 마찬가지이지만, 지수의 명기가 되지 않은 것도 많아, 그 기준은 명확하지 않다.

『개원록』 전 20권은 현종 개원 18년(730)에 완성된 대장경 편성사상 최선最善의 종합목록이다. 전 20권을 총록과 별록의 각 10권으로 나누어 개요만을 적으면 다음과 같이 정리된 편성이 된다.

總錄		
總括群經錄上之一～九		『開元錄』卷1～9
總括群經錄上之十·叙列古今諸家目錄		『開元錄』卷10
別錄		
有譯有本錄第一	(大乘)菩薩三藏錄第一	『開元錄』卷11·12
	(小乘)聲聞三藏錄第二	『開元錄』卷13
	聖賢傳記錄第三	『開元錄』卷13
有譯無本錄第二	缺本 大乘經律論	『開元錄』卷14
	缺本 小乘經律論·賢聖集傳	『開元錄』卷15
支派別行錄第三	別生 大乘經律論	
	別生 小乘經律論·賢聖集傳	『開元錄』卷16
刪略繁重錄第四	新括(新收)別生經他	
補缺拾遺錄第五	舊譯大乘·小乘	
	新譯大乘·小乘·賢聖集傳	『開元錄』卷17
疑惑再詳錄第六		
僞妄亂眞錄第七		『開元錄』卷18
大乘入藏錄上	大乘 經律論	『開元錄』卷19
小乘入藏錄下	小乘 經律論·賢聖集傳	『開元錄』卷20

위와 같이 총록 10권 중 9권이 총괄군경록으로 충당되고, 후한後漢으로부터 당 현종의 개원시대까지의, 『삼보기』의 대록代錄 형식을 습용襲用한 번역사로 되어 있고, 권10의 「서열고금제가목록敍列古今諸家目錄」에서는 명칭만 전하고 있는 것이나, 기록상에 편목구성이 분명한 것일지라도 실현할 수 없는 경록, 남조南朝 송宋의 『중경목록』, 북위北魏 이확李廓의 『중경목록』·『출삼장기집』, 수隋의 『법경록』·『삼보기』·『인수록』, 당唐의 『정태록』·『내전록』·『무주록』에 대해 각각 '찬록자왈撰錄者曰'로서 정확한 조사에 기초한 엄격한 비판을 가하고 있다. 예를 들면 『삼보기』에는 10가지의 오류를, 『내전록』에 대해서는 8가지의 오류와 8가지 이해 부족에 의한 오해를 지적하는 등이다.

후반 부분의 별록 10권은 지금까지 각 시대의 경록이 쌓아온 실적을 기초로 하여 분류 정리되었으며, 말권末卷의 대·소승 입장록에는 『내전록』과 같이 배가配架 위치의 지시조차 없지만, 지수紙數·질수帙數는 빠짐없이 기입되었고, 여기에 총계 1,076부 5,048권 480질의 수치가 명시되어 입장록의 완성을 보았다. 『개원록』 이후는 이 부권수部卷數를 기준으로서 신역을 포함한 신수新收 불전이 부가되었다. 또한 삼장 이외의 현성집전에 대해서도 『내전록』까지는 중국찬술의 전적으로서는 구체적인 명칭을 기록하지 않은 「입장목록 1권·중경목록 5권」과 『내전록』 10권의 3점으로 한정되고, 그 외는 범어원전에서 유래하는 것을 수록한다는 원칙이 견지되고 있었지만, 『개원록』에서는 예를 들면 『대정신수대장경大正新修大藏經』의 사전부史傳部·사휘부事彙部·목록부目錄部에 수록된 부류의 전적이 열거되어 입장록의 폭이 한꺼번에 넓어졌다.

또한 이상에서 서술한 당대唐代의 각 경록에 있어서는 각각 입장록의 모두에 어떠한 경전을 둘 것인가에 대해서 수대의 입장록과 비교해 보면, 그곳에 답습과 개혁의 흔적을 간파할 수 있다. 가장 성립 연차가 빠른 『정태록』과 『내전록』은 앞에서 서술한 수대 입장록과 마찬가지로, 대승경·소승경 첫머리에 60권 『화엄경』과 『정법염처경』을 함께 두었지만, 『정태록』이 다음으로 북량北涼 담무참曇無讖 역 『열반경』 40권에 이어 현장 역 『대반야경』 600권, 구마라집鳩摩羅什 역 『마하반야바라밀경』 40권 및 『대방등대집경大方等大集經』 30권으로 한 것에 비해 『내전록』은 60권 『화엄경』의 뒤에 『대방등대집경』 58권을 두고, 이어서 40권 『열반경』의 뒤에 『대위덕다라니경大威德陀羅尼經』·『대보살장경大菩薩藏經』으로 잇고, 그 뒤에 구마라집 역 『마하반야바라밀경』을 두었다. 『내전록』은 권5·황조전역경록皇朝傳譯經錄의 현장록玄奘錄에 600권 『대반야경大般若經』을 명기하는데도 불구하고, 이처럼 입장록에 기록하지 않은 그 이유는 분명하지 않지만, 경전 번역사상 획기를 이루는 현장 역장譯場에 참여하면서도 구래舊來의 입장록의 전통과 틈새에 위치한 편자編者 도선道宣의 자세의 발로일 것이다. 이들에 대해서 『무주록』과 『개원록』은 소승경의 『정법염처경』에 대해서는 같지만, 대승경에 대해서는 『무주록』이 60권 『화엄경』을 모두로 하고, 이후 다수의 경전을 사이에 배치시키면서 『대반야경』·『대방등대집경』·40권 『열반경』의 순서로 하여, 선행 경록의 기재를 답습하는 자세를 보인 것에 대해서 『개원록』은 우선 현장 역 『대반야경』을 모두에 두고, 그 뒤에 『대방등대집경』, 60권과 80권의 양兩 『화엄경』을 배치하고, 40권 『열반경』이 이어 기록되어 있다. 여기에 『개원록』에 의한 입장록의 기재 순서의 혁신이 이뤄졌고, 이후에는 근세의 청淸 관판 대장경官版大藏經에 이르기까지 현장 역『대반야경』을 입장록의 제1위에 두는 것이 관례가 되어 유지되었다.

4. 경록經錄의 속수續修와 흠정화欽定化

중국에 있어서 대장경의 역사는 한 면으로는 흠정欽定대장경으로 가는 길이라고 해도 좋다. 이미 일찍이 남북조시대의 북위北魏나 남조의 양梁에서는 이확李廓과 보창寶唱에 의해 황제의 칙명에 의한 중경목록 편찬이 이루어졌다. 그러나 후세의 입장목록으로 이어지는 목록으로는 동위東魏 북제北齊의 이확, 법상法上의 목록이 거론되고, 이들이 수隋 개황 14년(594)에 칙명에 따라 법경法經 등이 편찬한『중경목록』, 이른바『법경록』의 배경을 이루어 명확한 입장록의 선정選定에 이른 것이다. 이러한 동향의 배경으로서『변정론』십대봉불편十代奉佛篇의 기록이 시사하고 있듯이 당시 일체경 서사의 공덕이 왕성히 주창된 것을 생각할 수 있을 것이다.

법경 등에 의한『중경목록』의 편찬은 정확히 수조隋朝에 의한 문교정책의 일환으로 전개되어, 수대隋代에 있어서 서사사업書寫事業에는, 이것 혹은 이것에 이어서『중경목록』(언종등봉칙찬彦琮等奉勅撰)에 의해 그의 기준이 부여되었을 것으로 생각된다.

『삼보기』의 입장록은 3년 전에 칙찬勅撰된『법경록』의 영향을 받아 그 일부로서 편성된 것이다. 또한 비장방은 입장의 범위를 결정하는 의미로 명확하게 '대승록입장목大乘錄入藏目'·'소승록입장목小乘錄入

藏目'이라는 명칭을 사용하여 별출別出하고 있어, 선행하는 『법경록』에 이러한 명명命名이 없는 것과 대조를 이루고 있다. 그러나 『법경록』이나 『언종록』이 칙찬이라는 점에서 분명하지만, 『삼보기』의 입장록에도 황제의 칙허勅許 아래 존재하는 대장경이라는 뜻이 담겨 있어, 그것은 당대의 『내전록』·『개원록』 등에 영향을 주어 북송 이후 흠정欽定의 인쇄대장경의 연원을 이룬 것이다. 『삼보기』는 비장방의 사찬私撰 사서史書이지만, 그것이 상정上呈되자 전국에 유포시키라는 칙명이 내려졌다고 『속고승전』에 기록되어 있다. 『삼보기』가 지금 전해지고 있는 것은, 이때의 칙허가 배경이 되어 당대에 입장되었기 때문이다.

당대에는 칙허 없이는 입장되지 않았으니, 예를 들면 당대 굴지의 밀교 승려 불공不空이 대력大曆 6년(771), 현종玄宗·숙종肅宗·대종代宗의 3조朝에서 번역한 경론 77부 101권의 입장록에의 추가 입장을 청했을 때, 대종으로부터

> 그 번역된 경전은 마땅히 나라 안팎에 선포하고, 일체경 목록에 편입하라.

라는 칙허가 내려졌다. 불공은 더욱이, 이 '은허恩許'에 대해 정중한 사사謝辭를 서술하였지만, 이러한 상표上表는 모두 '특진시홍려경特進試鴻臚卿'이라는 속관명俗官名을 띠고 행해졌다(『불공삼장표제집不空三藏表制集』 권3). 이처럼 입장을 청하고 있는 것도, 입장 여부가 그 책의 가치를 좌우하기 때문이었다.

현종 개원 18년(730)의 『개원록』 성립 후 70년이 지난 덕종德宗

정원 16년(800)에 서명사西明寺 원조圓照에 의해 『정원록』이 완성 상정되었다. 전全 30권으로서 분량은 많지만, 후한 명제 영평 10년(67)의 불교전래부터 정원 16년(800)까지 734년간을 범위로 하면서 실질적인 구성·문장 및 수록 불전 등의 지수紙數를 포함하여 대부분은 『개원록』을 모방하고 있어 친히 서문에 『개원록』 이후, 70년간에 있어서 40권 『화엄경』 등의 신역경전에 관한 기록에 대해서 언급하고, 현종에 이은 숙종·대종 시대의 밀교경전 번역을 추가하고 있는 것이 실태이다. 그 구성의 대체적인 요점은 다음과 같다.

總錄 特承恩旨錄 新譯華嚴經·三朝翻譯經律論·大佛名經
總集群經錄(『開元錄』 總括群經錄)
別錄 分乘藏差殊錄(『開元錄』 別分乘藏錄)
一·有譯有本 二·有譯無本 三·支流別行 四·刪略繁重
五·拾遺補缺 六·疑惑再詳 七·僞邪亂正
入藏錄 大乘入藏錄 經·律·論
小乘入藏錄 經·律·論 賢聖集傳

『개원록』과 『정원록』은 이처럼 대동소이하다고 해도 좋지만, 두드러진 차이는 특승은지록特承恩旨錄으로 상징되는 황제의 칙허를 둘러싼 주상奏上과 비답批答의 기록이다. 예를 들어 제1권 모두의 '특별히 은지恩旨를 받은 목록'을 보면, 40권 『화엄경』에 대해서 현종·숙종·대종의 3조에서 번역되면서 「개원목록」(『개원록』의 입장록)에 기재되어 있지 않았던 다수의 경전과 함께 칙허에 의한 입장이 이루어지고,

그 후는 이것을 전례로서 담당 불승佛僧에 의한 칙허의 청원, 관할하는 관료의 결재를 거친 문서 행정의 형식을 가지고 칙허의 하부下付가 행해졌으며, 이어서 천하의 제사諸寺는 이 목록에 의해 경전의 서사를 실시하여 '일체경장'에 넣었다고 기록되어 있다. 여기에 상징적으로 기록되어 있는 바와 같이 불법의 유포는 사람에 의한다고는 하면서 실태로서는 황제 칙허 하에서의 유포로 결정되었던 것과 함께, 나아가 『개원록』과 그 입장록을 기준으로 통일된 대장경이 쇠퇴하면서도 대제국으로서의 위용을 유지한 당唐 왕조의 아래 전국적인 규모로 경장經藏에 정비되어 간 것이다.

한편 당대 후반에는 인쇄대장경으로의 서광曙光이라 할 수 있는 경전도 확인되고 있어 사경에 의한 대장경과는 차원이 다른 사태가 이미 출현하고 있었다.

5. 한역경전의 공개와 보존 - 석각경전의 발생과 전개

한역대장경의 역사 중에서 근년에 급격히 연구가 진행되고 있는 분야에 석각경전石刻經典의 존재가 있다. 경전을 돌에 새겨 공개 보존하는 행위는 이미 일찍 유교경전의 석각에서 찾아볼 수 있다. 후한 말 영제靈帝 희평석경熹平石經(예서일서체隸書一書體 희평熹平 4년〔175〕~광화光和 6년〔183〕), 삼국 위말魏末 폐제廢帝(제왕齊王)의 정시석각正始石刻(고문古文·전篆·예隷의 3서체 정시正始 원년〔240〕~9년〔248〕)은 단편斷片만 남아 있지만, 당 문제文帝 시대의 개성석각開成石刻(해서체楷書體)은 대화大和 7년(833)~개성開成 2년(837)의 사이에 이뤄져 거의 남아 있다. 이후 오대십국의 후촉後蜀, 북송·남송을 거쳐 청나라 건륭乾隆 석경까지 경전의 각조刻造가 계속되었다. 이들은 수도의 태학太學에 세워져 있었던 것과 같이 정확한 텍스트의 공개와 교육이 목적이고, 인쇄기술이 발전한 북송 이후에는 상징적인 의미를 지닌다. 이것에 대해 불교의 경우 자연의 마애磨崖와 인공의 동굴을 이용한 석각경전에 대해서는 공개와 포교에 역점을 두었다. 우선 남북조南北朝 말 북제北齊 시대에 그 전개의 시초가 인정되고, 그러한 공개의 최초 예로서 하남성河南省 안양安陽 서방西方의 소남해小南海 석굴을 들 수 있다. 그곳에는 11종류의 경전이 절략節略하여 새겨졌고, 그 가운데 굴 상방上方에 북제 폐제廢帝 건명 원년乾明元年(560)의 기년紀年을 갖는 「방법사루석반경기方法師鏤石班經記」가 있고, '바야흐로 새겨 금언金言을 기록하여, 말계末季에 널리 유포하고자 한다', '마침내 돌에 새긴 경전을 구분하여, 이것을 불후不朽히 전한다.'라고 기록되어 있다. 이 석굴은 비록 소규모이지만, 북제 제실帝室의 지원 아래 조영造營된 하북성河北省 한단邯鄲 서남쪽의 북향당산北響堂山 석굴에 현존하는 「당옹각경기唐邕刻經記」(북제 후왕北齊後王 무평武平 3년(572))에도 '생각건대, 견포絹布는 해짐이 있고, 간책簡策은 오래가지 않고, 금첩金牒은 구하기 어렵고, 피지皮紙는 마멸되기 쉽다.'라고 하고, '고산鼓山석굴의 장소에서, 유마힐경維摩詰經 1부, 승만경 1부, 패경孛經 1부, 미륵성불경 1부를 서사한다.'라고 하였다. 이들은 모두 돌에 새긴 경전으로 다른 서사 재료와는 다른 영속성을 추구한 문장이다. 한편 마찬가지로 북제시대에는 말법사상에 기초한 석각이 나타나 유교경전의 석각과 일선一線을 긋고 있다. 1995년이 되어 존재가 공표된 산동성山東省 동평현東平縣

홍정산洪頂山의 산령山嶺에 남은 「안공지비安公之碑」(풍문구비風門口碑)의 제기題記에 '(釋迦雙)林後一千六百廿年林後一千六百廿年', 대자大字 「대공왕불大空王佛」의 제기에 '釋迦雙林後一千六百廿三年'이 있고, 똑같이 홍정산에 남은 「사문석법홍제기沙門釋法洪題記」에 '大齊河淸三年'의 기년紀年이 남아 있는 것으로부터, 이것에 의해 마애각경의 기간이 무성제武成帝 하청河淸 3년(564)을 하한下限으로 하는 것이 판명되었고, 부처님 입열반入涅槃 후 1620년, 1623년이라는 것은 각각 북제 문선제文宣帝의 천보天保 4년(553), 7년(556)에 해당되며, 현재가 정법正法 500년·상법像法 천 년을 넘어 이미 말법에 들어갔다고 주장한다. 이는 또한 중국에 있어서 말법사상末法思想의 구체적인 선명宣明을 이룬 남악혜사南岳慧思의 『입서원문立誓願文』에서 말하는 산출기준과 일치하는 것으로서 주목된다. 경전이나 불명佛名을 각석刻石하는 홍법의 사업 유적은 지금도 구舊 북제北齊 영역의 삼탑三塔이나 하남河南·하북河北에 많이 흩어져 있지만, 북주 무제에 의해 건덕建德 6년(577)에 북제가 멸망되고, 동시에 불교·도교를 폐훼廢毁하는 종교정책이 북주 영역에 이어서 구 북제 영역에도 실시되자 좌절되어, 불교에 있어서 말법 그 자체의 현실을 가져왔다. 폐불정책 그 자체는 이듬해 6월에 무제가 병으로 죽고, 그 후의 혼란과 주수周隋 혁명의 진행 속에서 정제靜帝의 대상大象 2년(580)에 불·도 양교의 부흥 조칙詔勅이 발표되어 수습되었고, 다음의 수대에 있어서 이전에 보다 더욱 석각경전 조영사업이 지역과 규모면에 있어서 모두 확대되었다. 그 대표적인 예가 수나라 때 굴지의 고승 영우靈祐(518~605)에 의해 수隋 개황 9년(589)에 만들어진 하남성河南省 보산寶山의 대주성굴大住聖窟과 정완靜琬(?~639)의 발원으로 시작되는 하북성河北省 방산房山 운거사雲居寺의 석각경전이다. 이 두 석굴의 조영에는 말법 법멸法滅에 대처하는 의식意識이 공유되어 있다. 예를 들면 보산 대주성굴 벽면에는 『대집경大集經』 월장분법멸진품月藏分法滅盡品이나 이른바 오오백년설五五百年說의 글(文), 또는 불명佛名 등이 새겨져 있고, 굴내의 지주支柱에는 석존 입멸 후의 인도에 있어서 불교의 전승을 나타내는 마하가섭摩訶迦葉 이하 24조사祖師의 부조浮彫가 남겨져 있고, 이들은 인도에서 발전한 석존의 가르침이 중국으로 확실히 전래되긴 했지만, 말법을 설한 경전에 의하면 멸망으로의 계제階梯는 지금 바로 진행되고 있다는 위기의식의 발로이고, 그것은 이어서 정완에 의해, 방산의 석경산石經山 제5동(뇌음동雷音洞) 외벽에 남겨져 있었던 정관 2년(628)의 제각題刻 잔석殘石에 다음과 같이 표명되어 있다(결자의 보정은 『房山石經題記彙編』, 書目文獻出版社, 1987年에 의함).

> 석가여래의 정법正法·상법像法은 대략 1,500여 년, 지금 정관貞觀 2년에 이르러, 말법에 잠긴 것은 75년이다. 불일佛日은 이미 사라지고, 명야冥夜가 바야흐로 깊다. 고목瞽目의 군생群生이 이로부터 인도引導됨을 잃었다. 정완靜琬이 정법正法을 지키기 위해 나의 문도·지식 및 호시好施의 단월檀越을 이끌고, 이 산정에 나아가 화엄경 등 12부를 새긴다. 바라건대 광겁曠劫에 창생蒼生을 제도하고, 일체의 도속道俗이 함께 정각正覺에 오르기를.

정완이 기도企圖한 석경 각조刻彫 계획에 있어서는 이처럼 말법의 시대에 접어든 지금, 장래에 전해야 할 경전은 지금까지의 북제 수대의 석경처럼 간략하게 공개되는 것이 아니라, 전체 경전의 각 전문全文을 석판에 새겨 동굴에 봉장封藏하여, 법멸의 도래에 대비하려는 다른 차원의 사업이었다. 따라서 위의 제기題記에서 말하는 '화엄경 등 12부'라고 하는 것은 『화엄경』을 포함한 12개 경전을 말하는 것이 아니고 경전의 성질과 내용에 따라 총칭되는 12부경, 즉 일체경을 가리키는 것으로 생각된다. 그 일체경 각조刻彫의 기준은 수대에 칙명에 의해 반포된 3종류의 입장록이고, 그 영향은 당 태종의 정관貞觀시대에 미쳤다고 생각되며, 모두冒頭의 가장 처음에 공통적으로 놓인 60권 『화엄경』이 먼저 각석刻石의 대상이 되었을 것이다. 또한 현종의 개원 28년(740)의 기년紀年을 가진 왕수태王守泰 「운거사석경산정석부도雲居寺石經山頂石浮圖(금선공주탑金仙公主塔) 후기後記」에는 개원 18년(730), 현종의 여동생인 금선장金仙長 공주에 의해 오빠 현종에게 '대당신구역경大唐新舊譯經 4천여 권'의 하사와 사령寺領의 기진寄進을 소원하여 재가되어 개원開元대장경의 송부送付의 임무를 맡은 것이 '송경경숭복사사문 지승送經京崇福寺沙門 智昇'이다. 개원 18년은 『개원록』의 완성 상진上進의 해이고, 그곳에는 전술한 것과 같이 현장 역의 『대반야경』 600권이 입장록의 선두에 놓여 있었다.

정완의 전장全藏 각석이라는 전대미문의 발원은 그 제자들에 의해 심화 확대되었고, 더욱이 시대가 내려가면 운거사雲居寺의 불승佛僧에 의해 정완의 제기에서 말하는 '호시好施의 단월', 즉 상인商人에 의한 다종다양한 '행行'이라 불리는 동업자 조합이 보시에 힘쓰는 문신도門信徒의 조직이 되어 추진되었다. 이처럼 당대 후반이 되면, 절도사節度使

와 같은 지방할거 세력의 귀의·지원에도 의존하는 한편, 공권력의 대척점에 있는 민간출자자의 조직화가 도모되어, 호법사업이 계속되었다. 특히 현장에 의해 당 고종의 현경顯慶 5년(660)부터 용삭龍朔 3년(663)에 걸쳐 번역된 『대반야경』 600권의 석각이 현종의 천보天寶 원년(742)에 개시되자, 이 대사업은 당조의 멸망(907년) 후 938년이 되어 운거사 일대를 포함한 이른바 연운燕雲 16주州가 거란에 할양割讓되어 요조遼朝의 시정 하施政下에 들어가고 나서도 왕조의 보호 하에 전대前代보다 더욱 열심히 계속되어 요遼 흥종興宗의 중희重熙 10년(1041)에 완성되었다. 그 사이 실로 300년이 경과하였다. 이 요나라 석경은 세로로 긴(縱長) 비형碑形인 당나라 석경에 비해, 가로로 긴(橫長) 판목형版木形으로 운거사 탑 아래 석실에 매납되었고, 여진女眞의 금조金朝에서도 계속 봉장封藏되어, 석굴 제1동第一洞에서 제9동까지 합계 4,559석石·탑塔 아래 10,061석과 합하여 총계 14,620석이 보존되어 지금에 이르고 있다. 이것들은 현재 전점全點이 채탁採拓 영인되어 금판장경金版藏經을 저본으로 하는 『중화대장경中華大藏經』의 대교본對校本으로 이용되고 있다.

参考文獻

大內文雄,『南北朝隋唐期 佛教史研究』(法藏館, 2013年).

氣賀澤保規 編,『中國佛教石經の研究 -房山雲居寺石經を中心に-』(京都大學學術出版會, 1996年).

제3장 판본대장경版本大藏經

1. 개보장開寶藏(촉판 대장경蜀版大藏經)의 간행

907년 당조唐朝가 멸망하자 중국은 '오대십국五代十國'의 분열시대에 돌입한다. 단명短命 왕조가 교체되는 화북華北에서는 후주後周 정권부터 선양禪讓을 받은 조광윤趙匡胤이 960년 제위帝位(태조, 재위 960~976) 시에 즉위해 송宋을 건국하였다. 송은 약 20년에 걸쳐 2대 태종(재위 976~997) 때에 중국을 통일한다(979년). 이 사이 송이 사천四川의 지방정권인 후촉後蜀을 멸망시키자(965년), 태조는 그 땅에 고품高品(환관宦官) 장종신張從信을 파견하여 대장경의 개판開板을 명하였다. 사상 최초의 목판인쇄에 의해 이 대장경은 칙판勅版·촉판蜀版 등으로 불리지만, 현재는 착수 시의 연호를 따서 개보장開寶藏이라고 불린다.

사천(촉蜀)은 당대 후반기부터 오대십국에 걸쳐 소불전小佛典과 역曆·복점卜占·의학·유교경전 등의 인쇄물이 간행되었고, 인쇄 경험이나 환경이 정비된 지역의 하나였다. 개보장은 그러한 선진先進 지역의 인쇄기술을 배경으로 등장했다. 개보장의 개판 이후, 역대 중화中華 왕조와 그 영향을 받은 주변국가에서는 여러 종류의 판본대장경이 간행되었고, 개보장은 바로 그 뿌리이다.

개보장의 개판開板

당唐 지승智昇 『개원석교록』(20권)의 『입장록入藏錄』에 기초한 개보장(480함函, 5,048권)의 개판은 송나라가 건덕乾德 3년(965)에 멸망시킨 후촉의 중심지인 성도成都(사천성 성도시)에서 시작되었다. 다만 개판 사업에 관련된 기록사료는 거의 없어 불분명한 점이 많다. 또한 개보장 자체의 유품도 극히 적어 중국·일본·미국에 불과 12권(이외 단간斷簡 수 점)만이 현존할(2010년 중국에서 현존 12권이 영인 간행되었다.) 뿐이다.

개판의 개시년開始年에 대해서 몇 안 되는 기록사료에 의하면, 개보開寶 4년(971) 설(『불조통기佛祖統紀』)과 개보 5년 설(『불조역대통재佛祖歷代通載』)이 있다. 현존하는 유품의 권말에는 개판년開版年과 인조년印造年이 병기된 것이 있고, 그중 『묘법연화경』 권제7의 권말에는 '대송 개보 4년 신미세 봉칙조조大宋開寶四年辛未歲奉勅雕造'의 간기刊記가 있다. 같은 해부터 개판이 시작된 것으로도 해석되지만, 이 불전에는 천자문 함호函號가 없다. 이로 미루어 이 불전은 '시작품試作品'이었다고 하며, 현존하는 『대반야경』의 간기가 '개보開寶 5년'이므로 본격적인 개판은 개보 5년에 시작된 것으로 보인다. 완성 시기에 대해서도 기록사료(『불조통기』)에 태평흥국 8년(983)이라 보이지만, 일본에서의 입송승入宋僧인 쵸넨奝然(938~1016)이 송나라로부터 가져온 개보장(후술後述)을 서사한 경권經卷 권말의 최종 연도는 태평흥국 2년(977)

이며, 이 해에 사업이 완료된 것으로 생각된다.

총 480함, 대략 13만 매의 판목板木이 불과 6년 만에 개판된 것이 되고, 송조宋朝는 아주 짧은 기간에 사업을 성도成都에 요구한 것이 된다. 또한 개보장의 개판칙명이 나오기 직전인 개보 원년(968) 및 동同 4년에 태조는 성도에 대해 두 차례에 걸쳐 금은자金銀字 불경 각 일장一藏의 사본대장경을 제작하게 하였다. 개보장을 포함해 거듭되는 대장경 작성作成을 태조가 명령한 것은 사천에 대한 인심人心 수습을 위한 점령정책의 일환이었다고 한다.

개보장의 판목이 수도 개봉開封(하남성河南省 개봉시開封市)의 태평흥국사로 옮겨진 것은 태평흥국 8년의 일이다. 완성으로부터 6년 동안이나 성도에 판목이 유치留置된 것은 황실 내의 항쟁이 있었기 때문이라고 한다. 이 문제가 태평흥국 7년(982)에 일단 해결이 이루어지자 개보장의 수입이 가능해져 다음해인 8년에 개봉으로 반송搬送되었다고 한다. 도착과 동시에 태평흥국사太平興國寺 내 인경원印經院에서 인조印造가 시작되었다.

이에 앞서 태종은 역경원을 창설(태평흥국 7년 6월. 뒤에 전법원傳法院이라고 개칭)하여 새로운 불전의 번역을 명하였고, 번역된 신역불전도 인경원에 보내져 속장續藏으로서 개보장에 차츰차츰 더해져 갔다. 개보장의 인조는 이후에도 계속되었지만, 신종조神宗朝에 있어서 왕안석王安石(1021~1086)의 신법개혁新法改革 실시에 의해 희녕熙寧 4년(1071) 3월 19일 신종神宗의 조詔에 의해 인경원은 폐지되었다. 이에 따라 개보장의 판목은 다음해인 5년 8월에 개봉 성내의 현성사顯聖寺 성수선원聖壽禪院으로 이관되었다. 확인되는 개보장의 마지막 인조

연차는 대관大觀 2년(1108)이다.

정강靖康 원년(1126) 겨울에 일어난 금나라군金國軍에 의한 포위 때문에 개봉성은 함락되었고, 다음해 초에 금나라군의 약탈이 시작되었다. 같은 해인 4월, 금나라군은 휘종徽宗·흠종欽宗의 2제를 비롯한 황족·관료 등 3,000여 명과 많은 약탈품을 동반하여 철수하였으며, 이에 송조는 멸망하였다(정강의 변變). 현성사의 개보장 판목도 이때 금나라 군에 의해 북방으로 반출되었다고 한다.

개보장의 판식版式은 1판板 1지紙, 1지 23행, 매행 14자, 천지天地·행간무계行間無界의 권자본卷子本이다. 종이(料紙)는 황마지黃麻紙를 사용하였다. 수제首題·미제尾題의 아래에 천자문 함호를 새겼다. 1지의 오른쪽 끝(앞 종이〔前紙〕와의 접합부분)에 '불전명·권수·지수(제모장第某張)·천자문 함호(모자호某字號)'를 새기고, 권말에는 개판년開板年을 표시하는 2행의 간기, 여기에 인조자인印造者印이 있다. 또한 현존본의 권말에는 인조의 경위를 적은 인기印記가 찍혀 있는 것이 있다. 한층 더 개보장은 1행 14자라는 특징을 갖지만, 이는 당대 이후 성도에 전해지던 사본경대장경寫本經大藏經을 저본으로 삼았기 때문이라는 것이다.

개보장과 입송승入宋僧 쵸넨奝然

개보장은 국내뿐 아니라 고려高麗·서하西夏 등 여러 나라에도 자주 하사되었다. 그 영예를 안은 첫 번째가 우연히 입송한 쵸넨이었다.

도다이지東大寺의 승려 쵸넨은 영관永觀 원년(983) 8월 1일에 오대산五臺山 순례를 위해 제자 수 명을 동반하여 송나라 상인의 배에 편승해 출항하였다. 그때 쵸넨은 46세였다. 같은 달 18일에 태주台州(절강성浙江省 임해현臨海縣) 근처에 착안着岸하여 다음 달 천태산天台山으로 향한 후 북상北上하여 12월에 개봉에 도착하였다. 태종을 배알하여 동기銅器 및 『직원령職員令』·『왕연대기王年代記』 각 1권을 헌상獻上하는 것과 함께 일본국의 지리·기후 등을 상세히 보고하였다(『송사宋史』 일본전日本傳).

개보장의 인조가 막 시작된 태평흥국사 내에 숙박소를 받은 쵸넨 일행은 오대산 순례를 허락받고, 다음해인 영관 2년(984) 3월 개봉을 출발하여 오대산 순례를 마치고 같은 해 6월에 개봉으로 돌아왔다. 다음해인 3년 3월에 귀국 허가를 받기 위해 두 번째로 태종을 배알할 때 쵸넨은 개보장을 요청하였다. 태종은 이것을 허락하였고, 쵸넨은 개보장 및 신역경 41권을 하사받았다. 같은 해인 6월에 태주로 돌아와 다음해인 영관 4년(986) 7월에 태주에서 송나라 상인의 배로 귀국길에 올랐다.

귀국한 쵸넨이 가져온 개보장은 이윽고 후지와라노미치나가藤原道長(966~1027)에게 헌상되어 호죠지法成寺에 봉안되었으나, 덴기天喜 6년(1058) 절의 화재 때 소실되었다고 한다. 소실 이전에 가까이 위치한 여러 사찰에서 파견된 사경승들이 이 신도新渡의 판본대장경을 활발히 서사하였으며, 이들 서사경이 현재 이시야마데라石山寺를 비롯하여 교토京都와 나라奈良 등에 전존傳存하고 있다. 이들의 서사경에는 개보장의 권말 조조년雕造年까지도 서사되어 있다.

2. 금판 대장경金版大藏經

1933년에 산서성山西省 조성현趙城縣의 광승사廣勝寺에서 고판古版 대장경이 거의 일장一藏(약 5,000권)이 있는 것이 보고되었다. 바로 긴급 조사가 행해졌고, 1935년에 장유심蔣唯心 『금장조인시말고金藏雕印始末考』(지나내학원支那內學院)가 발표되었고, 이 대장경이 금조金朝 치하에 산서성 해주解州 천녕사天寧寺에서 개판된 미지의 판종版種 금판 대장경으로 판명되어, 불교계·학계의 주목을 받게 되었다. 그 후 중국과 일본의 연구자들에 의해 여러 보고가 이루어졌고, 역대 대장경에 수록되지 않은 경전·장소章疏·경록經錄 등이 『영인송장유진影印宋藏遺珍』(상해영인송판장경회북평삼시학회上海影印宋版藏經會北平三時學會, 1935년)으로 간행되었다.

광승사에서 발견된 이 대장경은 현재는 중국국가도서관(북경도서관北京圖書館)에 소장되어 있지만, 본격적으로 연구가 이루어지기 시작한 것은 1980년대 이후에 간행된 『중화대장경(한문부분漢文部分)』(중화서국中華書局)의 주된 저본으로서 그 대부분이 영인되어 용이하게 볼 수 있게 되면서부터이다.

금판 대장경을 발견된 장소와 연관지어 『조성장』, 혹은 『광승사장』 등으로 부르기도 한다. 그러나 이 대장경은 광승사에서 개판된 것이 아니라 인쇄된 것 중 하나가 광승사에 전래된 것일 뿐 대장경의 판종으로서는 「금판 대장경」, 혹은 「금천녕사판 대장경金天寧寺版大藏經」이라고 해야만 하는 것으로, 광승사에서 발견된 것을 『조성장』·『〈금장〉 광승사본』 등으로 해야 할 것이다.

개판의 사정은 간기와 여러 사료 및 중국국가도서관 소장의 적사판 대장경磧砂版大藏經(백림사柏林寺 구장舊藏)의 명대明代 보간補刊 부분에 첨부된 「최초칙사홍교대사조장경판원기最初敕賜弘教大師雕藏經板院記」(영락 9년 항주혜인사승선회찬杭州慧因寺僧善恢撰) 등에 의해 대략적인 상황이 밝혀지게 되었다. 그것들에 의하면, 산서 지방의 노주潞州 장자현長子縣의 최진崔進의 딸 법진法鎭이 단비출가斷臂出家하여 대장경 개판 비용의 모연募緣을 시작해 황통皇統 9년(1149)경부터 대정大定 13년(1173)경까지 약 25년에 걸쳐 조조雕造된 사판私版의 대장경이다. 대정 18년에는 인조印造된 일장一藏이 조정에 헌상되었고, 같은 해인 21년에는 16만 813매의 판목이 수도 연경燕京(지금의 북경北京)에 있는 대호천사大昊天寺로 옮겨졌고, 뒤에 홍법사弘法寺로 옮겨졌다.

이 대장경은 기본적으로는 개보장을 복각覆刻한 것으로서 금장 판식 등은 대체로 개보장을 답습하고 있다. 권자장卷子裝으로 1판 1지, 1지의 본문 행수는 23행, 1행 14자로 각지各紙 오른쪽 끝의 호대부분糊代部分에 경명·지차紙次·천자문 함호 등을 부각附刻하였다(제1지 제외). 다만 개보장에는 천지天地의 계선界線은 없지만, 금장金藏에는 이것이 있다. 금장과 마찬가지로 개보장을 복각하였다고 하는 고려 초조본初雕本 대장경도 역시 천지 계선이 있다. 또한 개보장에는 매 권말에 간기가 새겨져 있으나, 금장에서는 간기를 붙인 것은 그렇게 많지 않다.

광승사본廣勝寺本

광승사본에는 황색 표지와 비화扉畵가 붙여져 있지만, 비화는 석가설법도釋迦說法圖로서 오른쪽 끝에 '조성현광승사趙城縣廣勝寺'라고 쓰여 있다. 금판 대장경 고유의 것이 아니라 광승사에 시입施入될 때 붙인 것이다. 현재 비화에는 두 종류가 있다. 양자의 도상圖樣은 같지만, 하나는 판목의 단열斷裂이 없으나, 다른 하나는 판목에 단열이 있고 파손이 심하다. 또한 비화의 요지料紙에도 두 종류가 있다. 하나는 본문과 같은 약간 갈색이 섞인 종이이고, 다른 하나는 본문의 요지와는 달리 백색의 종이이다. 광승사본은 원元의 중통中統 원년(1260) 무렵에 인쇄된 것으로서, 이 비화도 역시 원대 이후의 것이다. 대부분의 경권의 끝에 '인장경회수승조미印藏經會首僧祖美'라고 하는 복곽연대주인複廓蓮臺朱印이 있다.

발견 당시에는 4,957권이 있었다고 하였지만, 현재 중국국가도서관에는 4,813권이 소장되어 있다. 이는 중일전쟁中日戰爭이나 내전內戰으로 중국 국내를 전전하여 이동할 때에 파손되거나 산일된 데 따른 것이다. 또한 일부는 일찍부터 민간에 유출되었던 듯하며 오늘날 각지의 도서관이나 수장가收藏家에 소장되어 있는 영본零本의 대부분은 발견 전후에 유출된 것이며, 일본에도 약 50권이 있다.

사캬 북사본北寺本과 홍법장弘法藏

금판 대장경은 오랫동안 광승사본이 유일한 전본傳本으로 여겨졌지만, 1959년에 티베트 사캬 북사北寺에서 새로 31부 555권의 금판 대장경의 존재가 보고되었다. 광승사본보다 약간 일찍 몽골 헌종憲宗 시대(재위 1251~1259)에 인조印造된 것으로서, 비화의 도안(圖柄)은 호법신상護法神像으로 광승사본과 다르지만, 장정·판식은 거의 같다.

처음 대도大都(오늘날의 북경)의 대보집사大寶集寺에 안치되었던 것이 나중에 사캬 북사로 옮겨진 것으로서 티베트로 이동한 시기와 그 경위에 대해서는 불명하다. 사캬 북사본도 그 일부가 『중화대장경(한문부분)』의 저본으로 사용되었다.

연경의 홍법사로 옮겨진 금판 대장경의 판목은 몽골기蒙古期 및 원대元代에 대규모 보수와 교정이 더해졌으며, 원나라 관판官版에 준하는 취급을 받았다. 여러 사료史料에 원대에 홍법장弘法藏이라 불리는 대장경이 있었다고 전해지지만, 원대에 새롭게 개판된 것이 아니라 금판 대장경의 판목이 보수되어 홍법사에서 보관·운용된 것으로 추정된다.

원나라에서는 불교 선양의 일환으로 지원至元 22년(1285)부터 24년까지 대도大都의 대흥교사大興教寺에서 번蕃(티베트)·한漢의 경전을 대교하게 하였는데, 그때 편찬된 경록經錄『지원법보감동총록至元法寶勘同總錄』은 홍법장의 목록이라고 한다. 『지원록』 편찬 후에 홍법장(금판 대장경)의 천자문 함호는 이것에 의해 개각改刻되었다고 생각된다.

1984년에 북경 지화사智化寺의 불상 안에서 『대금색공작왕주경大金色孔雀王呪經』·『대보적경』 권제5·『다라니집경陀羅尼集經』 권제3의 대장경 영본이 발견되었다. 판식은 금판 대장경과 같지만, 천자문 함호가 다르고, 연우延祐 3년(1316)의 목기木記가 있어 새로운 판종版種의 대장경으로 여겨지기도 했다. 같은 종류의 것으로 하버드 연경도서관燕京圖書館에 소장된 『묘길상평등유가비밀관신성의궤妙吉祥平等瑜伽秘密觀身成佛儀軌』도 있지만, 이들을 금판 대장경과 비교하면, 본문 부분은 동일하고, 천자문 함호가 금판 대장경과는 다르며, 『지원록』에 가깝다는 것이 밝혀져 현재는 홍법장, 혹은 홍법장 계통 대장경의 일부로 생각된다.

3. 거란대장경契丹大藏經

10세기에 거란족이 건국한 요遼는 역대 황제들이 불교를 보호했고, 특히 제6대 성종聖宗부터 제8대 도종道宗 시기까지는 활발하게 조사조불造寺造佛이 이루어졌다. 대장경의 개판이 이루어진 것은 문헌자료 등에 의해 알려졌고 고려재조대장경高麗再雕大藏經의 대교對校자료로서도 사용되었으며, 거란장契丹藏·요장遼藏·단본대장경丹本大藏經 등으로 불리고 있다. 경문經文의 계통은 북송의 칙판 개보장開寶藏과는 다르고 당대 장안에서 이루어진 사경寫經의 전통을 이어받은 것으로 알려져 있다. 그렇지만 그 인본印本의 존재는 불명不明으로 오래도록 환상의 대장경으로 불렸다.

산시성 응현應縣에 있는 불궁사佛宮寺 목탑은 중국에 현존하는 최고最古이자 최대의 목조탑이다. 요나라 청녕淸寧 2년(1056)에 건립되어 금나라 명창明昌 2년(1191)부터 동同 6년에 걸쳐 대규모 수리가 이루어졌다.

1973년부터 74년에 걸쳐 조사가 이루어졌고, 그때 4층 석가상 태내胎內에서 다수의 문물文物이 출현된 것이 『문물文物』 1982년 제6기에 보고되어 학계의 주목을 모았다. 출현 문물은 경전·외전外典·불화佛畵·사리불아舍利佛牙 등 총 160건에 이른다. 이 가운데 경권이 55건이며, 간본刊本 불경은 47건이며, 이 중에 천자문 함호가 있는 12건이 거란장契丹藏이라고 한다.

그러나 천자문 함호가 있는 것 전체가 거란장은 아니라는 견해도 있고, 현재로서는

『대방광불화엄경大方廣佛華嚴經』 卷第47(六○華嚴)
『대법거다라니경大法矩陀羅尼經』 卷第13
『중아함경中阿含經』 卷第36
『대방편불보은경大方便佛報恩經』 卷第1
『아비달마발지론阿毘達磨發智論』 卷第13
『불설대승성무량수결정광명왕여래다라니경佛說大乘聖無量壽決定光明王如來陀羅尼經』
『일체불보살명경一切佛菩薩名經』 卷第6

의 전체 7점이 거란판 대장경본契丹版大藏經本이라는 설이 유력하다.

거란장의 장정은 권자장卷子裝으로 1판版 1지紙, 천지天地의 계선界線(단선單線)이 있으며, 1지 27 내지 28행, 1행 17자의 자힐字詰이다. 개조開雕 연대는 흥종興宗 중희重熙 연간(1032~1054)에 시작하여, 동同 20년(1051) 무렵에 대부분 완성하였으며, 그 뒤 추조追雕가 이루어졌으며, 도종道宗 함옹咸雍 4년(1068)에 완성되었다.

대장경 이외의 장소章疏 등 장외藏外 불전의 개판도 이루어졌지만, 응현목탑의 경전류 중에 있는 『석마하연론통찬소釋摩訶衍論通贊疏』·『석마하연론통찬소과釋摩訶衍論通贊疏科』에 이하의 간기가 있다.

咸雍七年十月 日燕京弘法寺奉

宣校勘彫印流通

殿主講經覺慧大德臣沙門行安句當

都句當講經詮法大德臣沙門方矩校勘

右街天王寺講經論文英大德賜紫臣沙門志延校勘

印經院判官朝散郎守太子中舍驍騎尉賜緋魚袋臣韓資睦提點

이 간기에 의해 연경의 홍법사에 인경원이 있었고, 칙명에 의해 경전이 교감校勘 인조된 사실이 밝혀졌고, 어쩌면 대장경도 이 사찰에서 조인雕印했을 것으로 추측된다. 홍법사는 뒤의 금대金代에 산서성山西省 천녕사天寧寺에서 개판된 판본이 운반된 사찰로서 요대遼代부터 대장경과 연관이 있는 장소였음을 알 수 있다.

종래부터 신장新疆의 투르판吐魯番이나 내몽고內蒙古의 흑수성黑水城 등에서 채집된 경전 중에 거란장이 아닐까 추정되던 단간斷簡이 많이 있었지만, 응현목탑의 출현에 의해 판식과 글자 모양을 비교하는 것이 가능해져 거란장 연구가 보다 진전되게 되었다.

그러나 하북성河北省 풍윤현豊潤縣의 천궁사天宮寺에는 청녕淸寧 8년(1062)에 건립된 전탑塼塔이 있고, 1976년 당산唐山 지진으로 크게 훼손되어 1987년부터 대규모 복원이 이루어졌다. 복원 과정에서 4층부터 8층의 심실心室에서 불상과 교전敎典 등이 출현하였다. 경전들 중에서 책자본冊子本이 7건, 권자본이 3건이며, 이 가운데 『대방광불화엄경』(80권본) 8책이 있었다. 호접포배장蝴蝶包背裝으로 매반엽每半葉 12행, 1행 30자의 소자체小字體로 「평平」부터 「복伏」까지 거란장의 함호와 일치하는 천자문 함호가 붙여져 있었다.

요대에 개판된 대장경에는 응현목탑에서 출현한 판종 이외에도 있었다는 설이 있고, 천궁사본은 별종別種의 거란장의 가능성도 있지만, 대장경본에 의한 『대방광불화엄경』의 단각본單刻本일 가능성도 있어 향후 검토하지 않으면 안 된다.

방산석경房山石經

북경의 남서쪽 교외의 방산房山에 석판石板에 새겨진 불경이 있다는 것은 일찍부터 알려져 있었다. 수대隋代의 승려 정완靜琬이 폐불에 대비해 산복山腹의 석실에 각석을 봉장封藏했던 것이 시초다. 이 사업은 그 후로도 대대로 이어져 요금遼金시대에 대체로 완성되었지만, 보각추조補刻追雕는 명나라 말까지 약 1천 년에 걸친 일대一大 호법사업護法事業이었다.

각경刻經의 역사에 대해서는 1934년에 동방문화학원경도연구소東方文化學院京都硏究所의 조사·연구에 의해 밝혀졌지만, 그 전모는 1950년대 이후 이루어진 석판의 채탁採拓에 의해 밝혀졌다. 특히 1957년에 운거사雲居寺 남탑 가까운 지하에 봉장되어 있던 요대부터 금대에 걸쳐 새긴 1만 편片 이상의 소형小型 석경이 발굴된 것으로부터 요금시대의 각경사업 상황이 구체적으로 밝혀졌으며, 이들의 석경이 거란장과 밀접한 관계가 있다는 것이 판명되었다. 응현목탑본은 겨우 몇 점이지만, 방산석경의 요금시대 각경은 대량으로 있어, 거란장의 본문本文 연구에도 중요한 자료가 되는 것이다. 1970년대 후반 이후 탁본의 영인이나 비문碑文·각석제기刻石題記의 번각翻刻 등이 간행되어 용이하게 이용할 수 있게 되었다.

4. 복주판福州版(동선사장東禪寺藏·개원사장開元寺藏)의 간행

개보장에 이어, '불국佛國'이라 칭해지고 인쇄업·제지업製紙業 등이 번성한 복건福建에서는 그 중심지인 복주福州에서 북송 후반기부터 남송 전반기에 걸쳐 두 종류의 대장경이 전후로 개판되었다. 먼저는 복주성 밖 백마산白馬山 동선등각원東禪等覺院의 동선사장東禪寺藏이고, 이어서 성城 안의 동지산東芝山 개원사開元寺의 개원사장開元寺藏이다. 이들 복주판(민본閩本이라고도 함)에 공통되는 가장 큰 특징은 장정이 권자본에서 절본折本으로 된 것, 또는 각 첩帖의 권수卷首에 3~6행의 제기題記를 부각付刻한 것이다. 전자는 이후의 대장경에 계승되지만, 후자는 복주판만이라는 점에서 특히 돋보인다. 덧붙여서, 현재 중국에는 정리된 복주판 유품의 보고는 없지만, 일본에 전존傳存하는 복주판 모두가 동선사장과 개원사장의 '혼합장混合藏'이고, 게다가 그 배합은 각처마다 다르다. 이것은 일본으로 반출되기 전 중국에서 혼합되었음을 보여준다. 더욱 주목되는 것은 동선사장의 1첩 중에 개원사장의 여러 종이가 혼배混配(반대의 경우도 있음)된 사례(「혼합첩混合帖」)가 있다. 양장兩藏의 각 판목으로 찍어낸 요지料紙가 혼합되어 1첩을 형성하고 있다고 하는 것은 분명히 인조印造 단계에서부터의 혼합이다. 왜 양장이 혼합되어 있는지를 비롯하여 복주판에 대한 수수께끼는 많다.

복주福州 동선등각원東禪等覺院의 대장경 개판

11세기 후반 복주성 밖의 백마산 동선등각원에서 관료·승속僧俗들의 시재施財를 받아 동선사장의 개판이 이루어졌다. 몇 년 후 휘종徽宗(재위 1100~1125)으로부터 '숭녕만수대장崇寧萬壽大藏'이라는 이름을 받았으며, 아울러 사격寺格도 동선등각선사東禪等覺禪寺로 오른 것에서 숭녕장崇寧藏, 또는 동선사판東禪寺版이라고도 부르고 있다.

각 첩帖의 첫머리에 부각付刻된 가장 조기早期의 제기題記가 원풍元豊 3년(1080)이므로 동선사장은 이 해부터 개판이 시작되었다고 한다. 그런데 모두冒頭에 위치한 『대반야경』 600권과 그에 이은 불전 중에는 제기가 없는 것이 있다. 『대반야경』의 권말에는 「청주참지정사원강請主參知政事元絳, 사전개차함捨錢開此函, 용연대산用延台算」이나, 「도권수주지혜공대사충진都勸首住持慧空大師沖眞」의 간단한 글이 새겨져 있는 첩이 있다. 청주請主 원강元絳은 『송사宋史』 등에 전기가 있으며, 그가 참지정사參知政事의 요직에 있었던 것은 신종神宗(재위 1067~1085)인 희녕熙寧 8년(1075) 12월부터 아들 원기령元耆寧이 수회사건收賄事件에 연좌된 데 따라 사직하는 원풍 2년(1079) 5월까지였다. 중앙 정계에서 물러난 원강은 은퇴 후 원풍 6년에 76세로 죽었다. 원강은 시재하여 '대산台算'(참지정사의 재직)의 안태安泰를 기념祈念하고 있는 것에서 동선사장의 개판은 원강이 참지정사로 재직하던 희녕 말부터 원풍 초 사이에 착수되어 있었다.

개봉開封의 태평흥국사 인경원은 왕안석王安石에 의한 신법新法개혁의 실시에 따라 희녕 4년 3월에 폐지되었고, 개보장의 판목은 개봉성 안의 현성사顯聖寺 성수선원聖壽禪院에 하사되었다. 같은 신법당新法

黨에 속하는 원강은 가우嘉祐 7년(1062) 11월부터 치평治平 2년(1065) 정월까지 지복주사知福州事의 직에 있었으며, 복주에 착임着任하고 있었다(『삼산지三山志』). 아마도 그때에 원강과 복주 불교계와의 관계가 깊어졌을 것이다. 그 후에 일어난 인경원의 폐지와 개보장의 판목 이관이라는 일이 복주에 있어서 대장경 개판사업 개시의 직접적 원인이었는지는 분명치 않으나, 복주 재임 중에 있어서 불교계와의 관계 구축이 원강으로 하여금 대장경 개판에 관여하게 한 큰 요인이었음은 틀림없을 것이다.

그러나 개판사업의 중요한 지원자였던 원강의 요직 사퇴와 그의 은퇴는 사업추진에 큰 영향을 끼쳤다. 동선사장의 제기題記가 원풍 3년부터 출현하게 된 것은 분명히 원강의 사직과 관련이 있다. 그 때문에 동선등각원에서는 주지 충진沖眞이 중심이 되어 사업을 계속하기 위해 개판 비용을 널리 대중에게 모으는 방식으로 변경할 필요가 있어서 고안된 것이 '삼가 중연衆緣을 모아, 대장경 인판印版 한 부를 새겨 금상今上 황제의 성수聖壽를 축원하며, 국태민안하고, 법륜이 상전常轉할' 것을 기록한 권수卷首의 제기였다.

이렇게 시작된 모연募緣 활동은 널리 1만 가家의 중연衆緣을 맺는 것을 목표로 하여 지복주사 허무許懋와 가술柯述, 왕조도王祖道 등 관료 및 충진沖眞을 비롯한 지화智華·지현智賢·도방道芳·보명普明·달고達杲 등 역대 주지가 도권수都勸首가 되어 시재를 모집하고, 그 아래에 상대경제자詳對經弟子·상대경사문詳對經沙門·도구당장주사문都句當藏主沙門 등의 역직役職이 실무에 임하면서 개판사업은 순조롭게 진행되었다.

휘종 숭녕 2년(1103) 11월, 복주 출신의 예부원외랑禮部員外郎 진양陳暘(1064~1128)의 분주한 노력에 의해 동선등각원은 「숭녕崇寧」의 사액寺額을 얻게 되었고, 복주에서 휘종의 성절도량聖節道場이 되었다. 더불어 동선사장은 같은 해 11월 22일의 조칙에 의해 '숭녕만수대장崇寧萬壽大藏'이라는 명칭을 받았고, 칙판의 대장경에 준하여 천하 각주各州의 숭녕사 등에 반포가 허락되기에 이르렀다. 그 명예와 권위를 보여주는 것이 『대반야경』 권제1의 모두에 첨부된 「칙사복주동선등각선사천녕만수대장勅賜福州東禪等覺善寺天寧萬壽大藏」의 칙첩勅牒이었다.

동선사장의 개판사업은 대략 정화政和 2년(1112) 2월에 종료하였고, 약 40년에 걸쳐 전장全藏이 완성되었다. 이후 건도乾道·순희淳熙 연간(1165~1189)에 『대혜보각선사어록大慧普覺禪寺語錄』·『수능엄경의해首楞嚴經義海』, 그 위에 천태장소류天台章疏類 등이 속장續藏으로서 추조追雕되었다(593함, 6,300여 권). 동선사장의 인조印造 활동은 원대 후반기인 태정泰定 연간(1324~1327) 무렵까지 전개되었다.

동선사장의 판식은 1판 1지, 상하 단변單邊, 1지 30행 내지 36행, 매행 17자, 1면 6행의 5절折, 또는 6절의 접첩折帖으로 감색紺色의 질표지帙表紙(포질장包帙裝)를 표준으로 한다. 요지料紙는 두꺼운 죽지竹紙를 사용하였다. 수제首題·미제尾題 아래에 천자문 함호가 있으며, 각지各紙의 접히는 부분에 대체로 '천자문 함호·약경명略經名·권수·지수·각공명刻工名'을 주각柱刻하였다. 첩말 미제尾題의 전후에는 그 첩의 인쇄를 담당한 직인職人의 인조자인印造者印(흑인黑印)과 개판에 협력한 관계자의 소속·성명이 열기列記된 「간행열위刊行列位」가 첨부되는 것이 있다. 또한 함마다 여러 종이로 이루어진 별첩別帖으로 만든 '음석音釋(석음釋音)'이 첨부되어 있지만, 극히 일부에 음석을 첩말에 수록하는 불전이 있다. 지면紙面·지배紙背에는 「동선경국東禪經局」·「동선대장東禪大藏」·「동선염경지東禪染經紙」 등의 주방인朱方印이 날인된 것도 있다. 『능가경』(4권)의 권제4 권말에는 원풍 8년(1085) 9월에 소식蘇軾(1036~1101)이 집필한 서사체書寫體의 발문이 있다.

동선사장에서는 『대반야경』을 제외하고 18지 이상을 이어붙인 첩에는 그 절반에 해당하는 1지(전체 18지일 경우는 9지째)만 30행(1지 5절)으로 되어 있는 경우가 있다. 이것은 양면인쇄를 할 때 접는 부분에 해당되며, 종래에는 별로 주목받지 못했던 특징 중의 하나로서 불전을 넣는 경함經函의 높이를 고려한 조치라고도, 또는 1첩의 두께를 균등하게 하기 위해서라고도 한다. 다만 인쇄에 사용한 종이의 두께(인조하는 시기에 따라 다름)에 따라 반드시 양면인쇄가 되는 것은 아니며 18지를 넘는(1지 30행이 섞이는) 불전이라도 양면쇄兩面刷가 아닌 것이 있다.

『대반야경』을 비롯하여 인조 횟수가 많은 불전의 판목은 마멸摩滅·파손의 확률이 높다. 마멸·파손된 판목은 승니僧尼나 관민官民의 신자로부터의 시재施財에 의해 보각補刻·개각改刻되었다. 그 경우 각지절목各紙折目(판심版心) 등에는 비용을 기진寄進한 자의 성명·동기나 시재액 등을 기록한 '보각기補刻記'가 새겨졌다. 한편으로는 대규모 보(개)각이 행해지는 경우도 있어 남송의 소흥紹興 연간(1131~1162) 후반에는 황숙皇叔 조사간趙士衎에 의한 '일장一藏'의 '신각新刻'이 행해졌다.

동선사장의 보(개)각 비용을 기증한 자로서 일본 승려가 이름을 올리고 있다. 가마쿠라鎌倉 시대의 정토淨土 승려로서 유명한 마츠오松尾의 게이세이慶政(1189~1268)라고 하는 이름이 가나자와문고金澤文庫 및 궁내청宮內廳 서릉부書陵部에 소장된 동선사장 『대반야경』 등에서 확인된다. 게이세이는 겐포建保 연간에 입송(1217년경)하였을 때 동선사장 판목의 보각비용을 기증하였다고 한다. 그러나 그 직후에 인조된 혼겐지本源寺 소장(산쇼지三聖寺 구장舊藏, 1234년 이후의 인조)의 『대반야경』에 그의 이름은 보이지 않는다. 이로 미루어 게이세이는 귀국한 후, 1240년을 전후하여 제자인 세이겐政元·쇼렌勝蓮의 두 승려들을 대장경 구입을 위해 남송으로 파견하였지만, 이때 두 승려들은 스승 게이세이의 이름으로 동선사장 『대반야경』 등의 보각비용을 기증하였던 것으로 생각된다. 또한 세이겐·쇼렌의 양 승려들은 개원사장開元寺藏의 보각비용을 기증하였고, 이에 동同 대장경 안에 그들의 이름이 남아 있다. 이밖에 동선사장 안에는 '일본국승행일日本國僧行一'이라는 이름도 있다.

복주福州 개원선사開元禪寺의 대장경 개판開板

정화政和 2년(1112) 2월에 동선사장의 개판사업이 종료되었지만, 그 다음달 복주 성내城內의 동지산東芝山 개원사에서 동선사장의 판식에 준한 새로운 대장경 개판이 시작되었다. 개판 당초부터 「비로대장경毘盧大藏經」으로 칭했던 개원사장은 동선사장에 이어 왜 개판되었는가, 거의 같은 판식·구성을 갖는 만큼 큰 의문의 하나로서 아직 명쾌한 설명은 얻지 못하고 있다.

이제까지 두 사찰의 주지가 속한 종파 간의 대항의식이라는 설이나, 대장경을 완성한 동선사에 대한 개원사의 반감과 불만에 따른다는 설 등이 있었다. 그러나 동선사장 개판사업에 대한 지식과 경험이 개원사장의 그것에도 활용되고, 경험과 기술이 공유되었다는 것은 양장兩藏 간에 있어서 거의 일치된 판식 및 선승禪僧을 매개로 상호 밀접한 연계가 그것을 증명하고 있다, 라는 지적은 중요하다. 개원사장의 개판은 '선종禪宗의 요청'이라는 견해도 있어 양장 개판사업과 그 전개는 복건福建이라는 지역성을 고려한 거시적인 관점에서의 고찰이 필요할 것이다.

개원사장에서는 개판사업 당초부터 사업 진행을 위한 조직이 형성되었다. 그 변천을 보여주는 것이 각 첩의 모두冒頭에 부각付刻된 3~6행의 제기의 기재記載이다. 그에 따르면 '조경도회雕經都會'가 설치되어 채준신蔡俊臣·진순陳詢·진정陳靖·유점劉漸·안휘顔徽 등 20여 명이 도회수(재속在俗의 조연자助緣者 대표)가 되었으며, 본명本明·유충惟冲·필강必强·자문子文·요일了一 등 개원사 역대 주지가 증회證會(사업추진의 최고책임자)가 되고, 행숭行崇·본오本悟·덕화德華 등이 권연사문勸緣沙門(자금조달 및 시재施財 권유자)의 임무를 맡은 것을 알 수 있다. 이윽고 개원사에는 '개원경사開元經司(개원경국開元經局)'가 설치되었고, 조경관구사문雕經管句沙門이 그 실무를 관리하고, 대교사문對校沙門이 판하板下의 자구字句를 교정하는 체제가 마련되었다.

개판사업이 진행되는 가운데 '정강靖康의 변變'이라고 불리는 사건이 일어나 송조宋朝는 일단 멸망한다. 난을 피한 흠종欽宗의 동생 강왕康王 조구趙構는 남경南京 응천부應天府(하남성河南省 상구시商丘市)에서 즉위하여(고종高宗, 재위 1127~1162년), 연호를 '건염建炎'이라고 고치고, 송 왕조를 부흥시켰다(남송). 남송 정권은 강남江南 각지를 전전하다가 소흥紹興 8년(1138) 항주杭州 임안부臨安府(절강성浙江省 항주시杭州市)를 행재行在(임시수도)로 정하였다.

송조에 있어서 '국난'이 복주의 개원사장 개판사업에도 영향을 미쳤다. '정강의 변' 이후 남송 정권이 부흥하는 건염 연간(1127~1130)까지 개원사장의 개판은 계속되고 있다. 전장戰場이 되었던 화북華北·강회江淮 지방부터 떨어진 장소가 다행스러웠을 것이다. 그러나 이어진 소흥 연간(1131~1162) 전반이 되면 비교적 오랜 기간 작업이 중단되었으며, 특히 소흥 8년부터 15년에 걸친 기간 동안은 거의 사업이 중단되었다. 그 사이 송금宋金 전쟁으로 잃어버린 '경사經史' 보완을 위해 남송 정부에 의한 『사기史記』·『한서漢書』·『후한서後漢書』 및 『오서』의 사사四史(종래는 북송기의 출판이라 하였다.)를 간행하였다. 간행지는 항주, 혹은 그 부근의 도시로 추정되지만, '사사四史' 개판에 종사한 각공刻工이 개원사장 개판에 참여하였던 자들과 많이 공통된다. 즉 남송 정부의 명령에 의한 '사사' 간행이 우선되어 개원사장 개판에 종사하던 각공들을 동원하였기 때문에 개원사장 사업은 부득이 일시 중단되었던 것 같다.

송조의 멸망과 부흥이라고 하는 사건은 개원사장의 모연 활동에도 영향을 주었다. 남송 정권이 부흥한 직후인 소흥 3년(1133) 이후가 되면, 도회수都會首 증회證會의 직책은 점차 사라지고, 대신 개원사 주지가 '근모謹募'하는 체제로 변화한 것을 제기의 기재를 통해서 알 수 있다.

이렇게 전개된 개원사장의 개판사업은 소흥 21년(1151) 2월부로 완료되었지만, 융흥隆興 연간(1163~1164)에 『전법정종정조도傳法正宗定祖圖』와 건도乾道 연간(1165~1173)에 『대혜보각선사어록大慧普覺禪師語錄』이 각각 추조追雕되었다(595함, 6,300여 권). 동선사장과 마찬가지로 개원사장의 인조 활동도 원말元末 지정至正 17년(1357)까지 이루어졌다.

개원사장의 판식은 기본적으로 동선사장에 준한 것이다. 일본에 전해지는 유품 중에는 권수에 부각付刻되는 제기가 인쇄되지 않은 사례가 확인되고 있다. 당초부터 제기가 없는 첩도 존재하지만, 이 경우 제기 부분에 압인押印의 흔적(움푹 들어감〔凹〕)이 확인되는 것이 있기 때문에 인조 단계에서 의도적으로 인쇄하지 않았음을 보여준다. 제기의 '공백空白'이 무엇을 의미하는지는 모른다.

개원사장에도 동선사장과 마찬가지로 1첩 중에 1지 30행(1지 5절)이 섞인 경우가 있다. 개원사장에서는 『대반야경』을 포함하여 총 지수 13지 이상의 경우 반쪽의 1지가 30행이 되어 되접어 꺾는 「목인目印」이 된다고 한다. 미제尾題의 앞뒤에는 대개 그 첩을 인쇄한 담당자의 성명(인조자인, 흑방인黑方印)이 찍혀 있다. 첩말에는 개판 비용을 기증한 자의 성명, 기증 금액, 목적 등을 적은 2~3행의 시재기施財記(사전기捨錢記)가 많이 새겨져 있다. 또한 지배紙背에는 「개원경사開元經司」·「개원경국開元經局」·「개원경국염황지開元經局染黃紙」 등의 주색 방인(朱方印)이 찍혀 있는 것이 있다.

개원사장에는 별첩으로 만든 '음석音釋'이 없다는 지적이 여전하지만, 일본 곳곳의 유품들에는 동선사장과 마찬가지로 함마다 여러

지紙로 된 '음석音釋'첩이 존재하고 있다. 개원사장에도 극히 일부 음석을 첩말에 수록한 불전이 있다.

개원사장 중에도 일본 승려의 이름이 남아 있으며, 경정慶政의 제자인 세이겐·쵸렌의 두 승려(앞에서 서술) 외에도 '비구정찰比丘正刹'·'천엽사千葉寺 비구요행比丘了行'·'비구명인比丘明仁'·'일본국승지광日本國僧智光'·'법화사의교法華寺意教'·'수복사통묘壽福寺通妙'·'수복사승성공壽福寺僧性空' 등이 확인된다. 이들의 이름은 대개 1240년 전후(남송 가희嘉熙 순우淳祐 연간)에 보각(개각改刻)된 판목으로 보이며, 가마쿠라 중기에 남송으로 건너갈 때 보각비용을 기증한 승려들이다.

5. 절서판浙西版(사계장思溪藏·적사장磧砂藏·보령사장普寧寺藏)의 간행

송대의 강남, 특히 장강長江 델타 지대(절서浙西)는 수리水利나 농업 기술의 발달, 햇벼(旱稻)로 가뭄에 강한 점성도占城稻의 전래(11세기 전반) 등도 있어 일대 곡창 지대가 되어 '소호蘇湖(강절江浙)가 익으면 천하가 풍족하다.'라고 말해지게 되었다. 아울러 절서는 불교가 번성한 지역이기도 하였다. 그러한 지역성 가운데 12세기 전반(북송 말 남송 초)에는 호주湖州에서 '부민富民' 왕씨 일족에 의한 대장경 개판(사계장思溪藏)이 이루어졌다.

13세기에 들어서면, 태호太湖를 사이에 둔 평강平江(강소성江蘇省 소주시蘇州市)·호주(절강성浙江省 호주시湖州市)·항주에서 대장경 개판 및 보수 사업이 차례로 전개되었다. 평강의 적사장磧砂藏, 호주의 후사계장後思溪藏, 그것에 항주의 보령사장普寧寺藏이다. 이들의 사업은 남송조 멸망과 원조元朝의 강남 지배라고 하는 정치적 격동기의 전후에 이루어졌지만, 풍요롭고 불교가 번성한 절서라고 하는 지역성이 그것을 가능하게 하였다. 사업을 추진·원조한 것은 송나라 황족이나 '부민富民'·'호민豪民'이라고 불리는 자산가이며, 절서 각지의 신자들이었다. 특히 주목되는 것은 보령사장을 개판한 것은 백운종白雲宗이며, 이 종단은 '호민'을 신자로 둔 불교계 신흥교단이었다.

2개의 사계장思溪藏 목록目錄

사계장의 목록에는 두 종류가 있다. 하나는 『호주사계원각선원신조대장경율론등목록湖州思溪圓覺禪院新雕大藏經律論等目錄』(상하권), 다른 하나는 『안길주사계법보자복선사대장경목록安吉州思溪法寶資福禪寺大藏經目錄』(상하권)이다(『소화법보총목록昭和法寶總目錄』 제1권·제3권에 수록). 이들 2개의 목록이 존재하는 것으로부터 과거에는 복주판과 마찬가지로 2개의 사계장은 별개의 존재라는 설이 주장되었다. 그러나 호주의 지명이 보경寶慶 원년(1225)에 안길주安吉州로 고친 것, 또는 원각선원은 순우淳祐 연간(1241~1252)에 사격寺格이 법보자복사法寶資福寺에 오른 것으로부터 두 목록은 각각의 시기의 사계장 구성을 나타낸 것으로 이해되고 있다. 다만 두 목록의 구성에는 약간의 차이가 보이며, 특히 후자에는 전자에서 볼 수 없는 51함, 450권의 불전이 추가(속장續藏)되어 있다. 즉 당초 원각선원에서 간행된 사계장의 판목은 법보자복사로 승격되었을 무렵에 훼손된 부분의 보각·보수가 이루어졌고, 그때 새롭게 속장부續藏部를 추가하였던(계획된) 것이다. 이 때문에 원각선원 시대에 인조된 것을 '전사계장前思溪藏'이라고 하고,

자복사 시대의 그것을 '후사계장後思溪藏'으로 구별하고 있다.

사계원각선원思溪圓覺禪院의 대장경 개판

밀주密州 관찰사를 치사致仕(퇴임退任)한 호주湖州 귀안현歸安縣 송향松鄕에 거주하는 왕영종王永從은 그 일족과 함께 발원하여 사재私財를 털어 같은 현縣의 사계원각선원에서 대장경 개판을 기획하였다. '정강의 변'의 이후 왕영종은 건염建炎 3년(1129)에 남송 조정에 대해 '전錢 5만 민緡(1민緡은 1관貫)'을 헌상전獻上錢으로 하였다(『건염의뢰계년요록建炎依賴繫年要錄』). 원각선원에서는 사계장의 개판사업이 상당히 진행된 시기이기도 하고, 왕영종의 '부민' 정도를 짐작할 수 있다.

사계장은 왕씨 일족에 의한 개판사업이었기 때문에 그것에 관한 자료가 동同 장藏 중에 거의 없어 사업의 상세한 것에 대해서는 불명한 점이 많다. 확인되는 몇 안 되는 간기·제기 등에서 북송 말 정강靖康 원년(1126)에는 이미 사업이 개시되었고, 남송 초의 소흥紹興 2년(1132)을 그렇게 지나지 않을 무렵에 완성된 것으로 보인다. 전후로 여유를 두면 10년 남짓이 되어 사판私版의 대장경 개판으로서는 비교적 단기간의 사업이었다(전사계장前思溪藏, 5,480권).

소흥 2년 4월의 제기題記에 의하면, 이 사업은 왕영종과 그의 부인 및 일족이 금상今上 황제의 성궁만세聖躬萬歲를 축연祝延하고 법계法界 일체의 유정有情을 이락利樂케 하기 위해 가재家財를 희사하여 대장경 550함을 개판하려 한 취지가 서술되어 있다. 이 사업에는 정범淨梵(?~1128)·회심懷深(1077~1131) 등이 권연주지勸緣住持가 되어 참획參劃하였고, 또한 조경작두雕經作頭·인경작두印經作頭·장경사문掌經

沙門·대경사문對經沙門 등의 직책이 설치되었다. 조직적인 간행집단이 편성되었던 것도 왕영종의 사재와 맞물려 단기간의 개교開校 사업을 가능하게 하였을 것이다. '정강의 변'의 몇 달 전 왕영종은 『보리행경菩提行經』(괴함槐函) 권제1의 판하版下를 스스로 집필하여, 동同 장藏에 담은 그의 마음의 강함을 살펴볼 수가 있다. 덧붙여서, 이른바 '가우간본嘉祐刊本'으로 알려진 『신당서新唐書』는 전사계장前思溪藏 개판 때 남은 목판을 이용하여 소흥 7년(1137)경에 개판된 것이었다.

법보자복사法寶資福寺로 승격과 보각補刻·추조사업追雕事業

전사계장을 독력獨力으로 간행한 왕씨 일족은 13세기에 들어서면서 몰락하였고, 일족의 공덕분원功德墳院인 원각선원은 황폐해졌으며, 전사계장의 인조활동도 정체되었다(『금화황선생문집金華黃先生文集』). 남송 말 순우淳祐 연간(1241~1252)에 황족·조여주趙與籌가 대단월이 되어 동同 원院의 부흥을 원조하고, 인근에 거주하는 신자들로부터도 시재를 모아 전사계장의 판목 가운데 손상된 부분의 보각·보수를 하여 인조활동이 재개되었다(후사계장後思溪藏). 또한 아울러 속장불전續藏佛典(450권)의 추조追雕도 '계획'되었고, 이 사이에 사격寺格은 '법보자복사法寶資福寺'로 승격昇格되었다.

그러나 덕우德祐 2년(원조元朝 지원至元 13년, 1276) 정월에 항주 임안부臨安府의 남송 정권은 몽골 원조군元朝軍에 투항하지만, 그 6일 전에 호주湖州는 몽골 원조군의 침입을 받았고, 그때 동사同寺와 함께 후사계장의 판목은 소실되어 버렸다. 이와 관련하여 일본에 전존傳存하는 것은 대체로 후사계장後思溪藏이지만, 추조追雕된 속장부續藏部를 구비한 유품은 확인되지 않는다. 속장 불전을 기재한 『안길주사계법보자복선사대장경목록安吉州思溪法寶資福禪寺大藏經目錄』은 후사계장의 재각再刻 사업에 즈음하여 간행된 '예정목록預定目錄'이었다.

전·후사계장 판식은 1판 1지, 상하단변上下單邊, 1지 30행, 매행 17자, 6행 1절(1지 5절)을 표준으로 하는 절첩折帖으로, 요지料紙는 죽지竹紙를 사용하였다. 표장表裝은 황색, 또는 다갈색茶褐色의 질표지帙表紙(포질장包帙裝)이며, 대체로 제첨題簽은 없고 불전명·권수가 수서手書로 되어 있다. 수제·미제 아래에 천자문 함호를 새겼다. 복주판福州版에서는 불전명 등을 절목折目 행간行間에 새긴 것에 비해, 사계장에서는 '천자문 함호·약경명·권수·지수·각공명'을 오른쪽 끝의 호대부분糊代部分에 새긴 것이 특징이다.

그러나 사계장의 『대반야경』은 권제220까지가 1지 36행, 각지各紙 절목折目에 '천자문 함호·경명·지수·각공명'을 새긴 것에 비해, 권제221 이후는 1지 30행, 불전명이나 권수 등은 호대 부분에 새겨져 있다. 그러한 현격한 차이가 있다. 지폭紙幅도 대체로 전자가 68cm, 후자는 57cm이다. 게다가 권제220까지는 개원사장 『대반야경』과 마찬가지로 각 첩의 총지수의 절반에 1지 30행(1지 5절)이 섞여 있다. 이러한 특징을 종합하면 사계장에서는 『대반야경』 권제220의 개판開板 시점까지는 같은 시기에 개판되었던 개원사장의 영향을 강하게 받고(저본에 이용) 있었던 것으로 보이지만, 그 후 몇 가지 이유에 의한 규격의 변경이 있었다고 생각된다.

이외의 특징으로서 사계장 중에도 권수에 수행분數行分의 공백이 있는 첩이 여럿 있다. 또한 복주판에서는 '음석'이 별첩別帖으로 되어 있었지만, 사계장에서는 기본적으로 각 첩 말에 수록(일부 불전에서는 일괄수록도 있음)되어 이 형식이 이후의 역대 대장경에 답습되었다. 『능가아발다라보경楞伽阿跋多羅寶經』·『대방광불화엄경(80권본)』 등의 여러 불전들은 1행의 자힐字詰이 13~15자이고, 자체字體도 사각체寫刻體이다. 지면紙面이나 지배紙背에는 '원각장사지판圓覺藏司紙板'이나 '법보대장경원法寶大藏經院'·'법보장사인法寶藏司印'·'법보대장인法寶大藏印' 등의 주朱·흑黑 방인方印이 찍혀 있는 첩도 있다. 또한 전사계장 중에는 다른 대장경에 비해 많은 '여성각공女性刻工'이 확인된다.

적사 연성선원磧砂延聖禪院의 대장경 개판

평강부平江府 성동城東의 진호陳湖 안에 있던 적사磧砂(沙) 연성선원延聖禪院에서 남송 후반기에 한 승려에 의해 대장경 간행이 착수되었다. 종래 적사장磧砂藏 간행은 소정紹定 4년(1231)의 『대보적경』부터 시작되었다고 알려져 왔지만, 가정嘉定 9년(1216)에 『대반야경』부터 착수되었음이, 남송 말기에 인조印造된 나라현奈良縣 사이다이지西大寺의 적사장본 『대반야경』 시재기施財記에 의해 밝혀졌다.

가정 9년에 간조비구幹造比丘 요근了懃(생몰 연대 미상)은 호주 등지의 신자들로부터 시재를 모아 『대반야경』의 개판을 시작하였다. 요근 자신도 '이판삼십편梨板三十片'이나 '장재長財'를 기증하였다. 그때의 제기(권제2)에는 '불천佛天의 호우護祐를 기구祈求하고, 대장경율론의 판을 속히 원만히 이룰 수 있기를 바랍니다.'라고 되어 있어 그는 당초부터 대장경 간행을 계획하고 있었던 것이다.

그렇지만 개판은 소정紹定 2년(1229)까지 13년 동안에 겨우 12권 분량이 완료되었을 뿐이었다. 12권의 시재기施財記나 제기에는 간행사업과 관련된 조직 등의 명칭이 없어 사업이 요근의 개인적 운영에 의해 이루어졌음을 말해주고 있으며 그것이 사업 진행의 지체를 초래한 가장 큰 요인이었던 것으로 보인다.

이것을 받아들여 조안국趙安國이라는 인물이 대단월大檀越이 되어 요근의 사업을 이어 권제13 이후의 『대반야경』 간행을 재개하였다. 조안국의 출신이나 경력 등은 불분명(일설에는 황실과 관련된 인물이라고도 한다.)하지만, 권제13 이후의 각 권말에는 '대단월 성충랑 조안국 일력 간경 일부 600권大檀越成忠郎趙安國一力刊經一部六百卷'·'대단월 보의랑 조안국 일력 조경 일부 600권大檀越保義郎趙安國一力雕經一部六百卷' 등의 간기가 부각付刻되어 그를 중심으로 사업이 전개되었음을 알 수 있다. 사업 재개 후 『대반야경』과 함께 『대보적경』 등 복수의 불전이 병행하여 개판開板되었다. 소정紹定 5년(1232) 이후의 간기에는 조안국의 이름과 함께 '적사연성인대장경 판간조국磧砂延聖印大藏經板刊造局'·'적사연성원대장경방磧砂延聖院大藏經坊' 외에 권연주산勸緣住山·간연승幹緣僧·간개경승幹開經僧 등의 명칭이 등장하고 있으며, 일찍부터 조안국을 중심으로 한 사업조직이 형성되어 곤산현昆山縣·장주현長洲縣·오건吳健 등 평강부平江府 근현近縣의 신자로부터 시재를 모았다.

사이다이지西大寺 소장의 적사장본 『대반야경』에는 더욱더 개판 당초의 두드러진 특징을 확인할 수 있다. 즉 권제12까지는 1판(30행)이 대大(27행 분량)와 소小(3행 분량)의 2지紙를 덧붙여 인쇄하고 있는 것에 비해 권제13 이후는 1판 1지로 인쇄되었다는 것이다. 즉 권12 이전과 이후는 판목 1장의 가로 폭이 다르다. 또한 권제12까지는 일부의 권을 제외하고, 각 권말에는 '음석'으로서 당말 오대기期의 승僧 행도行瑫(895~952)가 편찬한 『내전수함음소內典隨函音疏』가 수록(권제13 이후는 종래의 음석이 채록)되어 있는 것도 지적되고 있다. 이러한 특징의 차이는 조안국에 의한 사업 계속에 즈음하여 요근의 개판 계획과는 다른 규격으로 변경된 것을 나타내는 것이다.

남송시대의 적사장 판식은 1판 1지, 상하 단변, 1지 30행, 매행 17자, 6행 1절(1지 5절)을 표준으로 하는 절첩으로, 요지料紙는 죽지竹紙를 사용하였다. 주다색朱茶色 절첩장, 또는 질표지帙表紙(포질장包帙裝). 수제·미제의 아래에 천자문 함호와 첩수帖數로 —예를 들어 '하일河一'—을 병기한다는 독자성이 추가되어 이것이 보령사장普寧寺藏이나 원대元代의 적사장磧砂藏에 이어 명대明代 대장경으로 계승된다. 각지各紙의 절목折目에는 '천자문 함호·약경명·권수·지수·각공명'을 주각柱刻하였다. 권말에는 '음석'이나 시재기를 덧붙였다. 판하版下를 서사한 인명人名이 권말에 많이 새겨져 있는(100여 명) 것도 적사장의 특징으로, 이 중에는 '주탄서병간朱坦書幷刊'이 있어서 한사람이 서사 및 각공刻工을 겸하고 있는 사례가 있다.

『대반야경』과 서로 전후하여 『마하반야경』·『도행반야경』 등도 개판되었지만, 꼭 천자문대로 개판되지는 않았다. 확인되는 남송기 마지막 간기는 함순咸淳 8년(1272) 12월로 대략 75함 분이 개판되었다고 한다. 4년 후에 항주 임안부臨安府의 남송 정권은 포위하는 원조군元朝軍에 무혈無血 개성開城해 투항하면서 사실상 멸망하지만, 원조元朝의 지배하에 들어간 직후에 연성원延聖院의 개판사업은 중단되었다.

적사장의 목록으로서 단평端平 원년(1234)에 『평강부적사연성원신조장경율론등목록平江府磧砂延聖院新雕藏經律論等目錄』 2권(『소화법보총목록昭和法寶總目錄』 제1권에 수록)이 간행되었지만, 사계장과 마찬가지로 이 목록도 또한 '예정목록預定目錄'이었다.

민국民國 20년(1931)에 중국 서안西安의 와룡사臥龍寺와 개원사開元寺에서 적사장이 발견되었다. 이들 양장兩藏에 기초하여 바로 상해上海에서 『영인송적사장경影印宋磧砂藏經』(60함, 591책, 수책首冊 2책. 1933~1936년)이 영인 간행되었다. 다만 이 상해 영인판은 결락된 불전을 사계장·보령사장·영락남장 및 단행본單行本 등의 다른 텍스트로 보배補配한 혼합판이다. 상해 영인판은 충실한 적사장 복인覆印이 아니며, 또한 보배補配 부분의 주기注記도 명확하지 않기 때문에 이용 시에는 충분한 주의가 필요하다(후에 상해 영인판은 타이베이台北 및 북경北京에서 양장본으로 복인覆印되었다).

백운종白雲宗 교단의 대장경 개판

원조군元朝軍이 항주 임안성을 에워싸고 사실상 남송 정권을 멸망시킨 그 이듬해(원조 지원至元 14년, 1277), 백운종의 총본산인 항주 여항餘杭의 남산南山 대보령사大普寧寺에서는 대장경 개판사업이 착수되었다. 이보다 앞서 원나라 군 병화兵火에 의해 호주湖州 귀안현歸安縣 자복사資福寺의 사계장(후사계장)의 판목이 소실되자 항주 대명경사大明慶寺의 적당문사寂堂聞思는 제산諸山의 사덕師德들과 대장경 재간再刊을 도모하고 그 재간사업을 불교계 신흥세력인 백운종에 요청하였다.

백운종은 공자孔子 제52세손 공청각孔淸覺(1043~1121)이 북송 원우元佑 8년(1093)에 항주 영은사靈隱寺 백운암白雲庵에서 입교개종立教開宗하면서 시작되었다. 이 신흥교단은 그 암자 명을 따서 백운종白雲宗이라고 이름했고, 공청각의 유골이 묻힌 항주 남산을 중심으로 호주湖州·가흥嘉興(절강성 가흥시) 등의 절서浙西 지역에 교선教線을 신장해 나갔지만, 사교邪教로서 종종 관헌官憲의 탄압을 받기도 하였다.

강남 불교계의 요청을 받은 보령사 주지 고산도안古山道安(?~1281)은 같은 종파의 승려·우바새優婆塞와 취의聚議한 결과, 이번의 요청을 받아들이기로 하고, 곧바로 대도大都(현 북경)에 가서 황제 쿠빌라이(재위 1260~1294)를 배알하고, 교단의 공인과 대장경 개판의 허가를 받아냈다.

백운종 교단 전체가 힘을 쏟은 대장경 개판사업은 지원至元 14년부터 시작해, 동同 27(1290)년에 끝났다. 실로 전후前後 14년이라는 짧은 기간에 완성되었지만, 이것이 일반적으로 보령사장(또는 보령장·항주장·백운종판)이라고 불리는 대장경이다(558함, 6,004권).

보령사장 개판에 즈음하여 남산 대보령사에는 '대장경국大藏經局'이 설치되어, 간자작두刊字作頭, 조치이판구당措置梨板句當 등의 직職이 설치되었고, 교감校勘·권연勸緣에는 항주를 중심으로 한 천태·자은慈恩(법상法相)·율律·선禪 등 제종諸宗의 승려가 맡았다. 교감 텍스트로는 사계장 및 복주양장福州兩藏, 나아가 항주 하천축下天竺 소장의 사본寫本이 사용되었다.

보령장 판식은 사계장을 본떠서 1판 1지, 상하 단변, 1지 30행, 매행 17자, 6행 1절(1지 5절)을 표준으로 하는 절첩으로서 요지는 죽지를 사용하였다. 다갈색, 또는 감색紺色의 접첩장, 또는 질표지帙表紙(포질장包帙裝). 수제·미제 아래에 천자문 함호와 첩수가 병기되었다. '음석'은 권말에 실었고, 대부분의 첩말에 시재기를 새겼다. 각지各紙의 접는 부분(折目)에는 '천자문 함호·첩수·지수·각공명'이 주각柱刻되어 사계장에 비해 간략화되어 있다. 또한 전체에 걸쳐 인면印面의 공소空所에는 능형菱形·보주寶珠 등을 그린 '보진寶盡'이 점재點在한다. 이것도 보령사장의 특징이며, 원대의 적사장, 명나라의 남장南藏도 이것을 답습하였다.

각 첩의 권말에 부각付刻된 시재기에 의하면, 보령사장은 항주·가흥·호주 등의 절서 지역에 거주하는 많은 백운종의 승려 및 재가신자들로부터 시재를 얻어 개판되었고, 거의 천자문 순서에 따라 개판이 진행되었다. 개판작업에는 직인職人 각공과 함께 백수십 명에 달하는 백운종의 승려와 신자가 각공으로 참여한 것도 다른 대장경에서는 볼 수 없는 보령사장의 특징의 하나이다. 강남 불교계의 지지와 협조를 얻기는 하였지만, 백운종 교단은 재간再刊사업을 거의 독력獨力으로 조직·운영·실행한 것이고, 또한 그것을 가능하게 한 조직력·자금력·인재를 보유하고 있었다. '백운종판'이라고 불리는 이유가 여기에 있다.

보령사장은 중국 국내뿐만 아니라 일본으로 건너온 것은 지금도 곳곳에 많이 전존傳存(『대반야바라밀다경』도 포함)하고 있는 것이 그것을 말해준다. 또한 원대 후반기 고려국高麗國의 사람들 역시 보령사장을 많이 구했던 것이 당시의 기록이나, 후대 한반도에서 일본으로 건너온 보령사장본의 시입기施入記에 의해 알려졌다. 이처럼 보령사장은 일본뿐만 아니라 고려국에도 많이 보급되었지만, 보령사장이 비교적 저렴한 가격으로 입수할 수 있었기 때문이라고 한다.

지원至元 27년에 개판을 마친 보령사장은 대덕大德 연간(1297~1307)이 되면 훼손된 판목의 보각이 이루어졌다. 이때에 주목되는 것이 28함의 『비밀경秘密經』의 추조追雕이다. 이것은 송강부松江府 승록僧錄 광복대사廣福大師 관주팔管主八이 강남계 대장경에서는 미수록인 『비밀경』을 대도大都의 홍법사장弘法寺藏에 의거하여 보족補足한 것이다. 보령사장의 목록 『항주로여항현백운종남산대보령사대장경목록杭州路餘杭縣白雲宗南山大普寧寺大藏經目錄』(4권, 대덕 3년 서문. 『소화법보총목록昭和法寶總目錄』 제2권 수록)의 맨 끝에 있는 『종경록宗鏡錄』(감함感函)의 뒤에 '무함武函으로부터 준遵(함)에 이르는, 계 28호 計貳拾捌號의 비밀경, 따로 목록 있음'이라는 한 문장이 있는 불전이다. 지금까지 여러 종류의 『비밀경』 불전의 존재가 확인되었으며, 상해 영인본 적사장의 보배補配로서 보령사본의 『비밀경』이 수록되어 있다. 일본 전존의 보령사장의 상당수는 『비밀경』이 없지만, 다행히 서대사西大寺 소장의 보령사장에는 불완전하지만 22부 80권이 현존해 있어, 28함의 『비밀경』 추조가 사실이었음을 보여준다.

그 후 보령사장에는 『천목중봉화상광록天目中峰和尙廣錄』을 비롯한 얼마의 불전이 추조되었지만, 보령사는 원대 말의 전란 속에서 병화를 당해 보령사장 판목은 사찰과 함께 잿더미로 변한 것 같다.

연성사延聖寺의 부흥과 적사장의 추조追雕

보령사장 개판사업이 완료되기 직전의 지원至元 25년(1288) 7월, 연성원延聖院 6세 주지 유길惟吉은 관음당 및 각경당刻經堂을 건립하였다. 중단되고 있었던 적사장 개판사업은 대덕大德 원년(1297)부터 재개되었다. 이 무렵 사격寺格이 연성사로 승격되었으며, 사업 조직 명칭이 '대장경국大藏經局'으로 바뀌었으며, 제조간경승堤調刊經僧이 여기에 지명되었다. 사업이 재개됨에 따라 남송 말 연성원 시대와는 대조적으로 시재자가 평강로平江路·송강부松江府·항주杭州 등－원대의 행정구획으로 말하면 강절행성江浙行省－에 이르렀고, 또한 영평로永平路(하북성河北省 여룡현廬龍縣)·진정로眞定路(하북성 정정현正定縣)·대동로大同路(산서성山西省 대동시大同市) 등 화북華北으로부터의 시재도 확인된다.

대덕大德 연간 전반에 주목할 만한 시재자로서 주문청朱文淸 및 장문호張文虎를 들 수 있다. 주문청(朱淸이라고도 함)은 원래 해적海賊이었고, 장문호의 아버지 장선張瑄과 함께 원나라에 투항해 수군으로 공을 세웠으며, 나아가 강남과 대도大都를 잇는 해운을 독점해 거만巨萬의 부를 쌓았다. 그러나 그들은 대덕 6년(1302) 정월에 탄핵되어, 이듬해 7년 정월에 감옥에 투옥되었다. 주문청은 분사憤死, 장선은 옥사獄死, 장문허는 참형되었고, 가족은 유형流刑, 양가 재산은 몰수되었다고 하는 '주장적몰朱張籍沒' 사건이 일어났다. 이 사건 직전, 두 사람은 적사장 개판에 시재를 하였다.

대덕大德 6년 2월 이후, 동同 10년 정월까지 적사장의 시재기가 확인되지 않아, 이른바 공백기가 되었다. 그동안 보령사장 개판사업을 벌였던 백운종 교단은 백성들로부터 논밭과 집, 자녀를 빼앗았고, 갖가지 불법을 일삼았기 때문에 원조에 의해 검거·탄압을 받았다. 적사장의 개판작업 중단은 이들 주朱·장張 사건과 백운종 교단에의 사건이 영향을 미쳤기 때문으로 보인다.

대덕 10년 정월 이후 행선정원사行宣政院使 장려張閭가 권연도공덕주勸緣都功德主로 전前 송강부松江府 승록僧錄인 관주팔管主八(그는 대덕 6년, 항주 대만수사大萬壽寺에서 하서자河西字〔서하문西夏文〕 대장경 3,620권을 간행하였다.)이 제조조대장경판提調雕大藏經板에 취임하여 적사장 개판사업을 추진하였다. 추진자의 1인인 관주팔은 같은 해, 강남에서 유통되지 않는 『비밀경秘密經』을 항주에서 간인刊印하여 보령사장에 속장續藏으로 보족하였지만, 적사장에의 『비밀경』 보충은 관주팔의 사후, 그의 아들인 관련진흘자菅輦眞吃剌가 지정至正 23년(1363)에 경판을 적사장 대장경방에 시입施入하였다.

원대에 개판된 적사장의 판식은 기본적으로 남송시대의 판식을 계승하고 있지만, 각지各紙의 절목折目에는 '천자문 함호·첩수·지수·각공명'이 주각柱刻되어 있고, '약경명·권수' 부분이 생략된 것은 보령사장의 영향일 것이다. 각 첩의 수제·미제의 아래에 천자문 함호·첩수를 부각하였다. 절목(판심版心)에는 파스파 문자·서하西夏 문자 등의 '비한자 문자非漢字文字'로 각공명 등이 표기된 사례가 적지 않게 확인되어 원대라는 시대성을 상징하고 있다. 또한 지면 공백의 부분에 '만卍' 등의 '보진寶盡'이 약간 점재點在되어 있는 것이 있다. 또한 원대에 인조印造된 적사장에는 권수에 비회扉繪를 첨부한 첩이 있다. 비회는 티베트 불교의 영향을 강하게 풍기는 구도로 현재 8종류가 알려져 있다. 나라奈良 야쿠시지藥師寺에 소장되어 있는 적사장의 5첩에도 5종류의 비회가 첨부되어 있다. 불교판화의 자료로서 귀중하다.

적사장은 지치至治 연간(1321~1323)에 완성되었다고(591함, 6,362

권) 하지만, 원나라 말에 인조된 적사장 중에는 평강의 '육가陸家'·'요가姚家'라고 하는 민간업자가 공동으로 인조한 사례가 있다. 또한 최근의 조사·연구에 의해 적사장의 인조는 선덕宣德 7년(1432)까지 이루어졌으며, 더욱이 적사장을 구하는 자(청경자請經者)들은 항주로 가서 '주가朱家'·'양가楊家'라고 하는 민간 인쇄업자에게 위탁한 사실도 밝혀졌다.

6. 원元의 관판 대장경官版大藏經

보령사장·적사장 이외 원대에 간행된 대장경이 있는 것에 대해서 가장 일찍 기록한 것으로 우가이테츠죠養鸕徹定의 『역장열위譯場列位』가 있다. 『동서同書』 무주연산경각원본장武州緣山經閣元本藏 『대반야경』 권제471의 조條에 후지원後至元 2년(1336) 태황태후 복답실리卜答失里의 대장경 인시원문印施願文 및 교경열위校經列位가 전문이록全文移錄되어 있다. 그 후 1930년에 소야현묘小野玄妙에 의해 복답실리의 원문願文 일부인 서영書影과 녹문錄文이 공표되었지만, 원본은 그 후 행방이 묘연해졌고, 1980년대 중국·일본에서 잇따라 존재가 밝혀지기까지 '수수께끼의 대장경'으로 여겨져 왔다.

1979년에 중국 운남성雲南省도서관에서 미지未知의 판종版種 대장경이 발견되어, 처음에는 홍법장弘法藏이라고도 생각되었으나, 판식이 홍법장과는 다르고, 원문願文이 오노小野가 소개한 것과 같은 것으로 인해 홍법장과는 별종別種인 원대 후기에 간각刊刻된 관판官版으로 인정되었다.

중국에서의 발견보다 4년 늦은 1983년에 쓰시마對馬島의 도센지東泉

寺 소장 판경版經 가운데 운남본雲南本과 같은 종류의 대장경이 있는 것이 판명되었다. 처음에 이 대장경은 홍법장으로 알려졌으나, 뒤에는 운남본과 마찬가지로 홍법장과는 다른 종류의 관판으로 알려져 있다.

원 관판 판식은 1판 1지, 상하 계선은 쌍선, 1지 42행, 매행 17자, 반절 6행의 절첩장折帖裝이며, 1지紙의 길이는 80cm 내외이다. 송원시대의 다른 간본대장경의 1지가 50cm부터 60cm 정도, 길어도 70cm 이하인 것에 비해, 관판의 이름에 걸맞은 당당한 크기이다.

원元의 관판 대장경官版大藏經의 특징

대장경의 경권經卷에 비화扉畵를 붙이는 사례는 명대 이후에는 많지만, 현대까지의 사례는 반드시 많지는 않다. 원관판元官版은 운남본雲南本에도 대마도 도센지본東泉寺本에도 비화가 붙어 있다. 운남본에는 7권에 비화가 있지만, 거의 같은 도안(圖柄)으로 각각 각공刻工이 다른 등의 별개 판으로 여겨진다. 동천사본에는 거의 매 권마다 비화가 있고, 도안이 세 종류로 알려져 있다. 이 중 1종은 후보後補로 관판 고유의 비화는 2종이지만, 도안은 운남본과 매우 비슷하다.

이밖에 원관판, 또는 그 복각본復刻本으로 보이는 대장경 영본이 이시카와다케요시기념도서관石川武美記念圖書館(구 お茶の水圖書館) 세이키도문고成簣堂文庫에 있다. 『대반야경』 권제21과 권제276 두 권이지만, 원관판과 판식은 대체로 같으며, 권제21에는 비화·원문願文·교경열위校經列位 일부가 붙어 있다. 비화는 운남본이나 대마도 동천사본과 같은 도안이지만, 원문은 원조元朝 마지막 황제 순제順帝의 황후이자 고려인인 기황후奇皇后에 의한 것으로 지정至正 4년(1344)에 대장경을 2장藏 인조하여 대도大都의 수경사壽慶寺와 고려의 신광사神光寺에 시입施入한 것이 기록되어 있다.

원관판은 2000년대 이후에도 20여 권이 새로 발견되어 중국 각지의 도서관이나 수장가들에 의해 소장되어 있다. 운남본과 대마도 동천사본을 합쳐도 130여 권으로 아직까지 불분명한 점이 많고 세이키도문고본을 포함하여 앞으로 한층 더 조사 연구가 요망된다.

송원시대宋元時代의 간본대장경刊本大藏經의 계통

송원시대의 간본대장경을 생각할 경우 간행연대순으로 나열해 이해하는 것이 일반적이었으나, 1970년대 후반 무렵부터 장정·판식·천자문 함호의 배당 등 중국 판본학적인 방법으로 분류하여 계통을 고찰하는 일이 정착되었고, 현재는 이하의 세 가지로 분류하는 것이 유력한 설이 되고 있다(천자문 함호를 비교할 때는 편의상 함호를 적은 가장 오래된 것으로 생각되는 경전목록 『개원석교록략출開元釋教錄略出』〔이하 『약출』〕을 사용한다).

一. 개보장계開寶藏系

開寶藏, 金版(解州天寧寺版), 高麗初雕本, 高麗再雕本

卷子裝 1판 23행 매행 14자 함호는 『약출』보다 1자 앞당김(繰上)

二. 거란장계契丹版系

契丹版大藏經(山西省應縣木塔本), 房山石經(遼金刻部分)

卷子裝 1판 27 내지 28행 매행 17자 함호는 『약출』보

다 1자 내림(繰下)

三. 강남제장계江南諸藏系

東禪寺藏, 開元寺藏, 思溪藏, 磧砂藏, 普寧寺藏

折帖裝 1판 30 내지 36행 매행 17자 함호는 『약출』과 같음

홍법장은 금판 대장경의 판목을 보수補修한 것이고, 장정이나 판식은 개보장과 같지만, 천자문 함호는 원대에 새로 편찬된 『지원법보감동총록至元法寶勘同總錄』에 의해 정정되었고, 위의 세 계통과는 다르다.

원관판은 절첩장折帖裝으로 1행의 자수는 17자로 강남제장계江南諸藏系와 일치하지만, 한 판의 행수가 42행으로 크게 다르다. 또한 천지天地의 계선이 쌍선雙線인 것도 이 이전의 대장경과는 다르다. 참고로 명대 북장北藏·청대 용장龍藏의 천지 계선은 쌍선이다. 천자문 함호는 『지원록至元錄』과 일치한다.

7. 대명남장大明南藏과 대명북장大明北藏의 간행

주원장朱元璋(홍무제洪武帝, 재위 1368~1398)에 의해 건국된 명조明朝에서는 그 초기에 남·북 양경兩京에서 칙판 대장경勅版大藏經의 편찬이 착수되었다. 우선은 홍무제의 칙명으로 금릉金陵(뒤의 남경南京)에서 개판된 남장南藏이며, 이어 북경 천도 직전에 영락제永樂帝(재위 1402~1424)의 칙명으로 북경에서 개판된 북장北藏이다. 특히 주목되는 것은 남장이다. 남장은 홍무洪武·건문建文·영락永樂 등의 3대에 걸쳐 편찬

사업이 계속되었지만, 그 사이 '정난靖難의 역役'이라는 왕위 계승 다툼이 일어났다. 건문제의 죽음과 영락제의 즉위라는 정치적 혼란 속에서 편찬된 것이 결과로서 홍무남장洪武南藏과 영락남장永樂南藏이라는 두 종류의 남장이 출현南藏하게 된다.

홍무남장洪武南藏의 개판開板

호주濠州(안휘성安徽省 봉양현鳳陽縣)의 빈농 집안에서 태어나 사찰에 맡겨져 승려가 된 경험을 가진 주원장朱元璋은 원말元末의 혼란 속에서 일대 세력이 되어 1368년 금릉에서 즉위하여 명조를 건국하였다. 홍무제는 홍무 5년(1372)까지의 사이, 연년連年마다 전몰자 위령을 위해 금릉 장산사蔣山寺(후의 영곡사靈谷寺)에서 광천법회廣薦法會(무차대회無遮大會)를 열었다. 홍무 5년 봄의 광천법회에 소집한 '사방의 명덕사문名德沙門'에 대해 홍무제는 '장경藏經' 점교點校(교수校讐)를 명하였다. 이렇게 '장경'(홍무남장)의 점교작업이 장산사에서 개시되었지만, 그것은 개판을 향한 준비단계였다. 그 후에 있어서 홍무남장의 구체적인 개판 경위는 불명이지만, 일본에서의 입명승入明僧 죠린료사汝霖良佐(생몰 연대 미상)가 점교작업에 참여하였다.

홍무남장은 기본적으로 적사장(591함)을 번각한 것이었지만, 그러나 단순한 '복각'이 아니라 재편집 작업이 가해졌다. 또한 특히 주의되는 것이 저본으로서 사용되었던 적사장의 『대반야경』·『대보적경』이 모두 묘엄사판妙嚴寺版이었다는 점이며, 그 특징(제기題記 등)이 그대로 홍무남장에도 이어지고 있다.

홍무남장의 완성 시기에 대해서는 홍무 31년(1398), 또는 영락 원년

(1403)으로 하는 설이 있다. 영락 원년 9월에 도연道衍(후의 요광효姚廣孝)이 영락제에 대해 천희사天禧寺(후의 보은사報恩寺)의 '장경판'을 인조하는 자가 있으므로 얼마간의 '시리施利'(비용)를 징수해야 할 것을 주상奏上하였다(『금릉범찰지金陵梵刹志』). 이 시점에서 홍무남장이 천희사에서 인조된 것으로 보아, 그 완성을 영락 원년으로 한 것일 것이다. 하지만 이때의 홍무남장은 정장부正藏部만이고, 속장부續藏部의 추조追雕라는 사실이 간과되었다.

이보다 앞서 홍무제를 이은 손자 건문제建文帝(재위 1398~1402)는 건문 원년(1399) 봄에 제종諸宗에 대해 '유관전도지서有關傳道之書'의 수입收入(입장入藏)을 제허制許(허가)하였다. 이것은 건문제가 홍무남장洪武南藏에의 속장부續藏部 추조를 명한 것이고, 그것을 받아 현극거정玄極居定(?~1404) 및 정암정계定巖淨戒(?~1418)의 양 선승은 선종불전(선적禪籍) 편찬에 착수하였다. 또한 다른 자료를 고려하면, 정장부의 완성은 건문 3년(1401) 겨울이었다. 그러나 홍무남장의 '완성'을 말한다면, 건문제의 명에 의해 추조된 속장부 개판의 완료로써 하지 않으면 안 된다.

건문제의 명에 의해 시작된 속장부 추조 작업은 연왕燕王 주체朱棣(후의 영락제)가 일으킨 '정난靖難의 역'(1399~1402)의 영향으로 지체되었다. 작업이 재개된 것은 영락 2년(1404) 이후이며, 속장부에 입장된 정암정계定巖淨戒의 『고존숙어록古尊宿語錄』에 첨각添刻된 지어識語에 의하면, 이 책을 포함한 선적은 영락 2년부터 영곡사靈谷寺에서 '교정校正'작업이 시작되어 영락 11년(1413) 2월부터 같은 해 11월에 개판되었다고 한다. 타종파의 불전을 포함하여 속장부(87함)의 개판은 영락 12년(1414) 말까지 완료되었다.

현존하는 유일의 홍무남장은 사천성도서관四川省圖書館에 소장되어 있으며, 그 영인본이 『홍무남장洪武南藏』(242책, 사천성불교협회四川省佛教協會, 1999년)으로 간행되었다. 영인된 홍무남장은 원래 사천성 숭경현崇慶縣의 상고사上古寺(광엄선원光嚴禪院)에 소장되어 있었다. 동사에 홍무남장을 가져오게 된 것은 영락제의 동생 촉왕蜀王 주춘朱椿이 주청奏請했기 때문이고, 영락 14년의 일이었다.

홍무남장洪武南藏에서 영락남장永樂南藏으로

종래 명나라 초에 구성이 다른 2개의 남장이 존재하는 이유에 대해서 홍무남장을 보관한 천희사天禧寺가 영락 6년(1408)경에 방화로 전소되고 그 판목도 소실되었기 때문에 영락 10~15년(1412~1417)에 걸쳐 재편집되어 중각重刻되었으며, 같은 17년(1419) 말에는 완성(영락남장)되었다고 설명되어 왔다. 분명 천희사는 영락 5년 7월 이후, 무적승無籍僧의 방화사건으로 큰 피해를 입었다(『금릉범찰지金陵梵刹志』). 그러나 당시 천희사에 있었던 홍무남장은 정장부正藏部만이었고, 속장부는 영곡사靈谷寺에서 교정이 진행되었지만 개판조차 되어 있지 않았다. 소실되었다면 그것은 정장부만이었던 것이 된다. 그러나 영인 간행된 홍무남장은 속장을 포함하고 있고, 더구나 그 홍무남장은 영락 14년 영락제의 동생 촉왕蜀王 주춘朱椿이 형에게 주청하여 상고사上古寺에 시입施入한 대장경이었다. 이렇게 보면, 홍무남장의 판목이 소실되었고, 그 후 재조 편집하여 중각된 것이 영락남장이었다는 설명은 성립되지 않는다.

만력萬曆 18년(1590)에 인조印造된 릿쇼대학立正大學 도서관 소장의 영락남장의 판목에 새겨진 각공명刻工名에는 원조 말기부터 명조 초기의 강남에서 활동했던 각공과 일치하는 사례가 비교적 많이 확인된다. 즉 홍무남장(정장부正藏部)의 판목은 천희사 화재 시에 어려움을 모면하여 영락 12년 말까지 속장부를 추가하였지만, 영락 14년 이후 무엇인가의 이유에 의해 재편집이 이루어져 새롭게 구성된 영락남장이 '탄생誕生'되었다고 생각할 수밖에 없다.

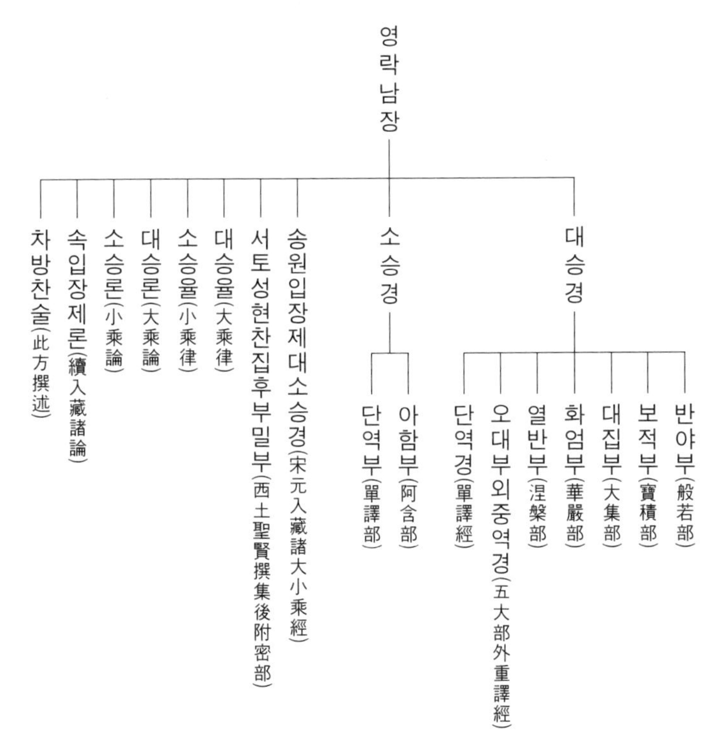

〈영락남장구성도永樂南藏構成圖〉

홍무남장부터 영락남장으로의 재편집은 잠시 북경에 체재하고 있었던 영락제가 남경으로 귀환(영락 14년 10월~15년 3월 말)한 즈음에 정치적인 이유에서 명한 것 같다. 재편집 작업은 저 「남해대원정南海大遠征」으로 저명한 환관宦官 정화鄭和(1371~1434년경)가 영락 18년(1420) 5월, 영락남장 「635함」을 운남의 오화사五華寺에 시입한 사실에서 영락 17년 말에 완료되었고, 여기에서 영락남장이 완성을 보았다.

영락남장의 새로운 구성은 대장경 사상 큰 '사건'이었다. 홍무남장의 정장부는 기본적으로 적사장磧砂藏을 번각한 것이고, 개보장 이후 강남계 대장경이 계승해 온 『개원석교록』(입장록入藏錄)에 기초한 구성이었다. 속장부를 포함한 홍무남장을 재편집한 영락남장은 대장경 사상 최초로 독자적인 분류법을 채용하고 있다. 이 구성은 이어진 북장北藏 이후에 계승되었지만, '현저한 변화'로 평가되는 한편, '소승경小乘經'의 다음에 '송원입장제대소승경宋元入藏諸大小乘經' 및 '서토성현찬집西土聖賢撰集'을 둔 것은 구성상 불합리한 점이라는 지적도 있다.

영락남장의 판식은 1판 1지, 상하단변, 1지 30행, 매행 17자, 1절 6행을 표준으로 하는 절첩으로, 수제 및 미제 아래에 천자문 함호·첩수를 병기하고, 각지各紙의 절목折目에는 '천자문 함호·첩수·지수'를 주각柱刻하였다. 1행의 글자 수가 18자 또는 20자인 경우도 있고, 또는 각지의 공백 부분에는 다양한 도안의 '보진寶盡'이 점재點在한다. 각 함호의 제1첩 권수에 비회扉繪·경패經牌, 마지막 첩의 권말에 간기刊記·위태천상韋駄天像을 붙인 것이 있다. 전후의 표지表紙·용지用紙는 인조된 시기에 따라 다양한 변화가 있었던 것 같고, 만력 연간(1572~

1620) 후반이 되면 가격에 대응한 표장表裝·지질이 설정되게 된다.

북장北藏의 편찬編纂과 반포頒布

영락 15년(1417) 3월, 남경을 출발해 세 번째의 북경 순행을 향한 영락제는 그대로 북경에 머물렀고, 천도遷都 실현을 향해 북경 조영造營을 급거 진전시켜 나갔다. 이보다 앞서, 영락제는 직접 쓴『어제장경찬御製藏經贊』(영락 8년 3월 9일) 중에서 "황고皇考(홍무제)·황비皇妣(마황후馬皇后)의 생육의 은혜를 빌며 … 간재刊梓하여 인시印施한다."라고 하여, 새로운 대장경 편찬을 향한 동기를 서술하고 있다.

남경에서 영락남장이 완성되려던 영락 17년 3월 이후, 북경에서의 새로운 대장경 편찬 계획이 점차 구체화되었다. 북장(영락북장)이라 불리는 새로운 대장경 편찬과정의 상세詳細에 대해 불명한 점이 많지만,『금릉범찰지金陵梵刹志』에 의하면, 영락 17년 3월 이후, 승록사僧錄司 우선세右善世 도성道成 및 일여一如 등은 지질紙質이나 행수行數 교합용校合用의 '구장경舊藏經'을 가져오게 하고, 또한 입장해야 할 불전의 선정 등에 대해 자주 상주上奏하였고, 영락제는 그중 세세한 지시를 그들에게 내렸다.

영락 18년 3월에는 일장一藏마다의 권수에「어제경서御製經序」13편,「불보살찬발佛菩薩贊跋」12편을 붙여 반포하도록 정하였다. 북장 입장불전의 정본화를 위해 시험적인 모델(등사본謄寫本) 작성과 그의 점검을 실시했던 행재行在(북경) 승록사승僧錄司僧 혜진慧進들은 같은 해 12월 18일 이미 '남경장南京藏'(영락남장)에 입장되어 있는『선종송고련통집禪宗頌古聯通集』·『고존숙어록古尊宿語錄』·『속전등록續傳燈

錄』·『불조통기佛祖統紀』의 4경을 북장에 입장시킬까의 여부에 대해서 영락제의 지시를 받기 위해 4경의 권수卷數·편자編者 등을 기록한 리스트를 첨부하여 상주하였다. 이것을 받아 영락제는 다음날 '불입장不入藏'의 결단을 내렸다.

북장의 개판은 영락 19년 정월 이후에 개시된 것 같지만, 그 후의 작업 경과에 대한 상세한 내용은 불명이다. 북장이 완성된 것은 정통正統 5년(1440)이고, 636함, 6,361권이었다(『국각國榷』). 영종英宗 정통제正統帝(재위 1435~1449, 중조重祚 1457~1464)가 집필한 「어제대장경서御製大藏經序」가 『명영종실록明英宗實錄』(권제73)의 같은 해 11월 11일조에 수록되어 있다.

북장의 판식은 1판 1지, 1지 25행, 매행 17자, 5행 1절을 표준으로 하는 절첩折帖으로, 수제首題·미제尾題의 아래에 천자문 함호와 질수帙數를 병기하고, 각지各紙의 절목折目에 '천자문 함호·질수·지수'를 주각柱刻하였다. 남장을 모방하여 10첩을 1질로 하고, 각 질의 제1첩 권수에 「석가설법도釋迦說法圖」의 비회扉繪와 영종의 「어제대장경서」(정통 5년 11월 11일)·「어제찬패御製贊牌」의 1지를 붙이고, 마지막 첩의 권말에 「위태천韋駄天」의 입상立像을 붙였다. 이들의 도안은 전체를 통해 공통된다. 1첩의 법량法量도 남장에 비해 한층 크고, 또한 천지天地의 계선이 쌍변雙邊(고모찌가이센子持ち界線〔밖의 선은 굵은 선, 안의 선은 얇은 선〕)을 이루고 있다. 북장의 목록으로서 『대명삼장성교북장목록大明三藏聖教北藏目錄』 4권(『소화법보총목록昭和法寶總目錄』 제2권 소수)이 있다.

북장의 판목은 황성내皇城內 북동쪽의 '한경창漢經廠'에 보관되었으며, '환관십이감宦官十二監'의 하나인 사례감司禮監의 관리 하에 있었다. 명말明末의 담천談遷(1593~1657)은 '북경의 간판刊板(북장)은 내부內府(궁중宮中)에 있었다. 특사特賜가 아니면 즉 주청奏請뿐이고, 나머지는 얻을 수 없다.'(『조림잡조棗林雜俎』)라고 서술하여, 북장은 '특사'나 '주청' 이외에 입수入手는 불가능하였다. 황제의 명에 의해 인조印造·하사되는 '특사'는 실례를 보면 시기적으로는 정통 연간과 만력 연간에 집중되어 있으며, 하사처는 거의 전국의 명산고찰이었다. 하사할 때 아울러 '칙론勅論'이 발급되었고, 사원은 그 요행僥倖에 감사하고 은혜에 보답하기 위해 늑석勒石하여 후세에 전하고자 하였다. 이밖에 정부 고관이나 고승에 의한 '주청'에 의해 하사되는 경우도 있지만, 대부분의 경우는 수리受理되지 않았다. 다만 유력 환관宦官의 중개가 있으면 비교적 용이하게 하사가 실현되었다.

만력 연간 전반에는 만력제萬曆帝(재위 1572~1620)의 생모 자성선문명숙황태후慈聖宣文明肅皇太后의 발원에 의해 북장 41함의 속장부續藏部가 추조追雕되었다.

명말明末의 남장南藏과 청경조례請經條例

영락남장의 목록으로서 『대명삼장성교남장목록大明三藏聖教南藏目錄』(불분권不分卷, 『금릉범찰지金陵梵刹志』 소수所收)이 있지만, 그곳에 수록되어 있는 구성·내용(636함, 6,331권)은 동 목록이 작성된 만력 34년(1606) 무렵의 것이다. 영락 17년 말에 완성된 영락남장은 635함(권수 불명)이었지만, 만력 34년까지의 사이, 최말부最末部에 수록된 수종數種의 불전에는 출입이 보이며, 함·권수에 증감이 있어 일정하지 않다.

영락 초부터 홍무남장의 판목이 두어진 남경성南京城 남단南端의 취보문聚寶門 밖에 위치한 천희사天禧寺는 영락 5년(1407) 7월 이후에 일어난 방화 사건으로 소실되자 같은 10년 영락제의 명에 의해 '대내식大內式'에 준하여 재건이 시작되었고, 사액寺額도 '대보은사大報恩寺'로 개명되고, 선덕宣德 3년(1428)에 이르러 완성되었다. 특히 9층의 유리탑瑠璃塔은 '정려精麗한 것이 고금에 으뜸이다.'(『객좌췌어客座贅語』)라고 평가된 보은사를 상징하는 탑이었다.

영락남장은 보은사에서 인조되었지만, 선덕 연간(1426~1435)부터 그 인조를 보은사 부근의 경포經鋪(민간 인쇄업자)가 청부를 맡는 체제가 취해졌다. 확인되는 가장 이른 경포는 '취보문외강가내빈루聚寶門外姜家來賓樓'였고, 그 후 가정嘉靖에서부터 만력 연간을 거쳐 청초淸初에 이르기까지 서가徐家·주가周家·증가曾家·호가胡家·맹가孟家 등의 업자가 맡았으며, 특히 서가가 세습적으로 참여하였다. 경포에 의한 대장경 인조는 원말元末의 적사장磧砂藏에서 볼 수 있지만, 선덕 연간에 있어서 남장의 인조에 경포가 참여한 배경은 불분명하다.

대장경 인조에 민간업자의 참여는 결국 청경자請經者(입수 희망자)와의 사이에 트러블을 초래하였다. 청경자로부터 거듭된 호소를 받았고, 보은사 남장을 감독하는 남경 예부禮部는 만력 35년(1607) 정월에 처벌규정을 포함한 '청경조례'를 제정·공포하고, 남장을 인조할 때 관계자는 이 조례의 규정을 따르도록 명령하였다. 대장경 인조에 관한 행정 측의 조례 제정은 실로 전대미문이었다. 남경 경포에 의한 횡포橫暴한 태도가 문제를 키운 요인이기도 하지만, 그것을 방치한 보은사의 죄도 중대하였다. 트러블을 피하기 위해 '청경조례'에는 '구호

경가九號經價'(『금릉범찰지』 소수所收)가 설정되었다. 즉 남장을 9개의 등급으로 세분하고, 등급별로 장정양식裝訂樣式이나 사용되는 종이·비단 등 소재素材의 가격 등을 축일逐一 규정하였는데, 이른바 '가격표'이다.

만력 연간 후반의 영락남장에는 북장을 모방하여 속장 41함이 추조되었다. 정장부의 「판두은板頭銀」(대가代價)의 일부가 속장 개판 비용에 충당되고 있어, 거기에 영락남장의 성질의 일단을 엿볼 수 있다.

영락남장의 인조는 완성된 후 청초淸初까지 지속되었다. 그 사이 200년 이상을 거쳤으며, 인조에 의한 마멸이나 부식·충손虫損 등의 피해를 받은 판목은 그때마다 신자信者의 시재에 의해서 보각(개각)을 반복했다. 그 비용을 기증한 신자의 성명·출신지나 원문願文 등을 판심이나 권말, 혹은 판목의 바깥 테두리(外枠)에 부각付刻하여, 그들의 선행善行에 보답하였다(보각기補刻記). 이들의 보각된 판목에는 해당 시기의 서체가 사용되었고, '명조체明朝體'라고 불리는 자체字體의 변천을 짐작할 수 있다.

8. 명말明末의 가흥장嘉興藏과 청淸의 용장龍藏의 간행

명나라 말기 만력 연간(1573~1620) 전반, 강남에서 새로운 대장경 개판을 요구하는 움직임이 일어났다. 그것은, 북경의 북장은 정각精刻이지만 궁중에 비장秘藏되어 있어서 입수入手가 어려웠고, 한편 남경의 남장은 입수가 비교적 쉬우면서 와류訛謬가 많아 읽기 어렵다는 배경이 있었다. 강남 출신의 거사居士나 고승들이 중심이 되어 민간으로부터 시재를 모아, 당초 산서山西 오대산五臺山에서 개판하기 시작한 이 대장경은 뒤에 강남의 경산徑山 흥성만수선사興聖萬壽禪寺 적조암寂照庵으로 작업장을 옮겼고, 결국 가흥 능엄사楞嚴寺에 판목이 모아져 인조된 것에서 가흥장嘉興藏(경산장徑山藏이라고도 함)으로 불린다. 가흥장의 가장 큰 특징은 역대 대장경이 답습해 온 절첩 형식을 바꿔 열람에 편리한 방책方冊(대철袋綴) 형식을 채택한 것으로, 이 때문에 방책장方冊藏이라고도 불린다. 정장正藏·속장續藏·우속장又續藏의 3부로 구성되어 있고, 우속장부又續藏部의 완성은 청대 전기 강희康熙 연간(1662~1722)에까지 이르렀다.

이자성李自成에 의해 명조가 멸망하자(1644), 청군清軍이 북경에 입성해 이자성 군을 구축驅逐하였고, 청조는 이곳으로 천도하였다. 강남으로 달아난 명조의 잔존세력을 소탕하는 한편, 중국 지배를 강화한 청조는 대규모 도서편찬사업을 행하여 중화문화의 계승자임을 천하에 알렸다. 이 청조清朝 하에서 대장경의 편찬이 이루어졌다. 용장龍藏이라 불리는 칙판 대장경의 판목은 당초 자금성 내의 무영전武英殿에 있었지만, 그 후 전거轉居를 거듭하였고, 지금은 '방산석경房山石經'으로 이름 높은 방산 운거사雲居寺에 보관되어 있다.

가흥장嘉興藏의 간행

만력萬曆 초에 가흥장 간행의 논의가 제기되기 직전, 항주에서 사판私版의 대장경이 간행되었다고 한다. 방책方冊(대철袋綴) 형식을 채택한 이 장경은 항주의 옛 이름에 따라 '무림장武林藏'이라 불리지만, 현물이 확인되지 않아 그 실재를 의문시하는 의견도 있다. 그러나 가흥장

간행의 추진자의 한 사람인 밀장도개密藏道開는 "… 후, 절浙의 무림武林 … 다시 방책을 만들어도, 세월이 이미 오래되었다. 그 개판開板이 드디어 인몰하였다."(『모각대장문募刻大藏文』)라고 '무림장'을 언급하고 있으므로 방책대장경의 간행 계획, 혹은 일부의 개판이 이루어졌을 가능성은 있다. 어떻든 강남지방에서 방책 형식의 대장경을 구하는 '목소리'가 일찍부터 있었다는 점에 주의해야 한다.

만력 원년(1573) '새로운 방책대장경' 간행을 제창한 이는 원료범袁了凡(원황袁黃, 생몰 연대 미상)이었다. 원료범은 운곡법회雲谷法會(1501~1575)에게서 참선할 때, 그 시자侍者 환여법본幻餘法本을 만나 "남장을 인조하는 자는 많지만 장판藏板이 마멸되고 노후되어 경문은 분명치 못하고, 또한 북장은 금중禁中에 있어 인조는 쉽지 않다. 예로부터의 절첩折帖을 방책본으로 하면, 경비 절감이 되고 취급은 간편하기 때문에, 법보유전法寶流轉에 비익裨益하는 바 클 것이다."라고 강조하였다고 한다.

이 이후 요범了凡과 법본法本을 중심으로 하는 방책장의 개판의 논의에 자백대사紫柏大師 달관진가達觀眞可(1543~1603) 및 밀장도개密藏道開 등이 가담하였다. 개판사업은 도개가 주도적 존재가 되었고, 실현을 향한 준비가 진행되었다. 이 사업에는 육광조陸光祖·풍몽정馮夢禎·관지도管志道·부광택傅光宅·왕세정王世貞 등 고관 경력자가 이름을 올려 협찬자가 되었으며, 이들은 모연을 위한 글을 지어 이를 지원했다(『모각연기募刻緣起』).

만력 14년(1586), 진가眞可는 도개를 동반하여 황실 및 관계官界의 지지를 얻기 위해 북경으로 갔다. 만력제萬曆帝의 생모 자성선문명숙

황태후慈聖宣文明肅皇太后는 각장사업을 지지함과 동시에 내탕금內帑金을 들여 원조하였다. 또한 동년 가을에 진가는 도개와 함께 감산덕청憨山德清(1546~1623)을 방문하여 그 지원을 얻었다.

만력 17년(1589), 산서 오대산 자하곡紫霞谷의 묘덕암妙德庵에서 가흥장의 개판이 시작되었다. 가흥장은 북장을 저본으로 하고, 남장 및 송원이장宋元二藏(적사장磧砂藏과 보령사장普寧寺藏)을 대교본對校本으로 삼았다. 일자일구一字一句의 대교 결과, 다른 부분은 각 권말에 '교와校訛(교위校譌)'라 하여 일람화一覽化하는 독특한 체재를 채택하고 있다. 대교에 관한 세세한 규정은 '각장범례刻藏凡例'(『각장연기刻藏緣起』 소수)로 정리되어 있어 용의주도함을 알 수 있다.

현존하는 가흥장에는 만력 7년(1579)·동同 8년 등, 만력 17년 이전의 간기와 서문을 가진 불전이 수십 종 확인된다. 이 때문에 가흥장의 개판을 만력 17년 이전으로 구하는 의견도 있다. 이것들은 모두 속장부續藏部나 우속장又續藏에 포함되는 불전이며, 게다가 그 판식은 표준으로 하는 정장부와는 크게 다르다. 이것은 만력 17년 이전에 간행된 단행본의 판목을 후년에 구매하여 속장부續藏部·우속장부又續藏部로 전용한 것이 아닌가 생각된다. 가흥장을 번각翻刻한 일본의 데츠겐판대장경鐵眼版大藏經에서도 당초 정판町版(민간 간행서)의 판목을 사용한 사실이 있다. 개판 비용과 작업일수 절약을 위해서다.

오대산에서 작업이 시작된 지 4년째, 작업장 이전 문제가 제기되었다. 오대산은 벽원지僻遠地에다 기후가 한랭하여 자재수송의 어려움과 같은 사업의 진척에 지장을 초래하는 문제가 발생했기 때문이다. 애초 오대산이 개판작업의 장으로 선정된 것은 도개가 오대(청량)산의 여래상 앞에서 점을 쳤는데, '삼탐삼득청량三探三得淸涼'이라는 결과를 얻었기 때문이다. 이와 관련하여 '복卜'이라는 종교 의례적 의미보다도 오대산의 '성명聖名'을 대장경 개판에 빌려 그의 영험으로써 완수하려는 것이 아닌가 하는 지적이 있었다.

오대산 묘덕암에서 개판된 불전은 46종 590권이었다고 하며, 주로 정장부가 개판되었지만, 이 시점에서 이미 속장부도 개판되어 있었다. 종전의 각 대장경이 대체로 『대반야경』부터 개판되는 것과는 달리 가흥장의 경우 수요가 많은 불전부터 개판되었고, 또한 이미 속장부의 구성 내용도 조기에 결정되었다는 것에 주의하여야 한다.

만력 21년(1593), 작업 거점은 강남의 항주 경산徑山 흥성만수선사興聖萬壽禪寺로 옮겨 동 26년부터 동사 별원의 적조암寂照庵으로 옮겼다. 만력 40년(1612) 경부터는 산상山上의 운무를 피해, 여항현餘杭縣 북쪽의 쌍계화성사雙溪化城寺에 '장판방藏板房'을 만들어 이곳으로 옮겨와 사업이 진행되었다. 천계天啓 연간(1621~1627) 이후 금당고룡산金檀雇龍山·오강접대사吳江接待寺·금사동청련사金沙東禪靑蓮社·우산화엄각虞山華嚴閣 등에서도 개판이 진행되었고, 또한 청초淸初의 순치順治 강희康熙 연간(1644~1722)에는 가흥 능엄사楞嚴寺 반야당般若堂에서도 개판이 이루어졌다. 청경請經·인조印造의 업무는 가흥 능엄사에서 이루어졌고, 중국 국내 각지로부터의 청경에 응하였으나 그의 여파는 에도江戶시대의 일본에까지 미쳤다.

가흥장은 특히 '만력장萬曆藏'의 이름으로 불리지만, 그의 완성시기에 대해서 종래 정장부(210함, 6,591권)는 만력 말년 내지 숭정崇禎 연간(1628~1644), 속장부는 청조 강희 5년(1666), 또는 우속장부又續藏

部는 강희 15년이라 한다. 이와 같이 장기에 이른 배경에는 신자의 시재를 받아 사업에 더하였고 명조의 멸망, 청군의 북경 입성과 화북華北 지배의 개시, 강남 각지의 청조 저항운동 등이 있었기 때문일 것이다. 정장부는 대체로 북장과 같은 함·권수이지만, 속장부 및 우속장부는 인쇄시기에 따라 함·권수에 증감(함수는 속장부가 90~93함, 우속장부가 43~47함)이 있으며, 수록 불전에도 출입이 있어 일정하지 않다. 현존하는 가흥장의 정장부에는 청초기의 간기를 가진 불전이 있고, 강희 5년 이후의 간기를 가진 속장부 불전도 있다. 다시 말해 가흥장의 경우, 어느 시점을 완성으로 할 것인가는 일률적으로 말할 수 없다. 어느 시기에 일단 완성을 보았어도, 그 후(청초 이후)에 특히 선종계로부터의 요망에 대응하기 위해서인지, 어록語錄을 중심으로 하는 속장부·우속장부는 그때마다 구성·내용이 변동되었다.

가흥장 정장부 판식은 사주쌍변四周雙邊, 행간에 계선을 가진 방책(대철袋綴)으로 매행 20자·반엽半葉 10행을 표준으로 한다. 앞표지 왼편에 박청색薄青色의 인쇄한 단책상短冊狀의 제첨題簽(구분·경명·권수·천자문)이 첨부되어 있다. 요지料紙는 박차색薄茶色의 죽지竹紙를 사용하였고, 자체字體는 이른바 명조체를 사용하였다. 그의 판심에는 상부에 '경'·'율'·'론'·'인도저집印度著集'·'지나찬술支那撰述' 등의 구분을 표시하고, 그 아래에 경명·권수·정수丁數, 더하여 천자문과 책수를 새겼다. 각 권말에는 타본他本과의 이동異同을 열기列記한 '교와校訛(교위校譌)' 및 '음석音釋'을 싣고, 그 뒤에 개판비용을 기증한 사실을 적은 몇 줄의 시재기가 있다. 시재기에는 시재자의 '출신지·성명·원문·금액·대교자명·서사인명·각공자명·개판연월일·지자識

者'가 열기되었다. 가흥장 속장부·우속장부 판식은 대체로 정장부에 준해도, 간혹 계선이 없는 것, 반엽半葉이 아닌 것, 반엽이 8·9·11행인 것, 매행 13, 16~19행인 것과 행격行格을 달리하는 불전이 많이 확인되며, 또한 일부 불전을 제외하고는 판심에 천자문은 없고 「■」(묵정墨釘)이 있다. 앞표지의 오른쪽에는 '속續', 혹은 '우又'로 함수와 책수를 묵서한 것도 있다. 가흥장에서는 전체적으로 각 불전의 제1책의 수首에는 표면表面에 비회扉繪(석가이비구상釋迦二比丘像·선사상禪師像 등), 이면裏面에 용패기龍牌記가 있고, 비회扉繪는 30종을 헤아릴 수 있다고 한다.

가흥장의 목록은 강희 16년(1677)의 일부日付를 가진 『가흥장목록嘉興藏目錄』(북경각경처北京刻經處, 민국民國 9년 〔1920〕)이 있고, 『소화법보총목록昭和法寶總目錄』 제2권에 『장판경직획일목록藏版經直劃一目錄』으로서 채록되어 있다. 이것은 '준의북장호편차획일遵依北藏號編次劃一'(정장부목록正藏部目錄)·'속장경직획일續藏經直劃一'(속장부목록)·'우속장경직획일又續藏經直劃一'(우속장부목록)의 3부로 이루어져 있으며, 불전마다의 책수와 가격이 명기된, 이른바 가흥장의 '가격표'이다(『소화법보총목록』에서는 가격을 생략). 속장부·우속장부는 인조시기에 따라 구성·수록내용·함(권)수에 출입·증감이 있어 이 『가흥장목록』의 내용은 어디까지나 강희 16년 시점의 것이다.

명대의 남·북장은 거의 일본에 박재舶載되지 않았지만, 가흥장은 정장부가 거의 완성될 무렵(에도시대江戶時代 전기前期)에 수입되었다. 이 때문에 일본에서 '명장明藏'은 가흥장을 가리키는 대명사가 되어 각 방면에 영향을 주었다. 수입된 가흥장의 일부 불전이 때를 넘기지 않고 교토京都의 민간업자로부터 복각되었고, 또한 덴카이판天海版 대장경의 일부 불전의 저본으로 사용되었으며, 오바꾸산黃檗山의 데츠겐도코鐵眼道光가 간행한 대장경(데츠겐판鐵眼版)은 기본적으로 스승인 인겐류키隱元隆琦(1592~1673)로부터 하사받은 가흥장(정장부만)을 복각한 것이다. 이밖에 기록과 현존 사례 등을 종합하면, 에도시대를 통해 50장藏 이상이 수입된 것으로 보인다.

청초淸初에 있어서 용장龍藏의 간행

명조 멸망 후, 북경에 입성한 청조는 화북華北 지배를 개시하여(1644년) 강남에서 저항하는 명나라의 잔존 세력을 소탕해 나갔다. 순치제順治帝(재위 1643~1661)를 이은 4대 강희제(재위 1661~1722)는 '삼번三藩의 난'(1673~1681)을 진압하고, 대만정씨臺灣鄭氏를 항복시켜 중국 전토의 지배의 기초를 다졌다(1686년).

청조는 만주족의 풍습인 변발辮髮을 한인漢人 남성(승려·도사는 제외)에게 강제하면서 『강희자전康熙字典』이나 『사고전서四庫全書』 등의 대규모 도서편찬사업을 일으켜 지식인들을 우대하였다. 하지만 반청적反淸的 언론이나 사상에 대해서는 5대 옹정제雍正帝(1722~1735)의 '문자文字의 옥獄' 같은 엄격한 탄압으로 이에 임하였다.

청조에 의한 대장경의 간행사업은 옹정·건륭 연간에 이뤄졌다. 보기 드문 근면한 성격이었던 옹정제는 일찍부터 불전을 가까이하고 선학에 정통하였다. 옹정제의 『어제중간장경서御製重刊藏經序』(옹정 13년 2월 1일)에 의하면, "명대의 북장은 아직 정교精校를 거치지 않아 의거하는 데 부족하다."라고 하여 칙판 대장경의 간행을 명했지만,

그 배경에는 반청사상을 포함한 불전(어록語錄 등)의 배제라는 정치적 목적이 있었다고 한다.

옹정제는 옹정 11년(1733)에 '장경관藏經館'을 설치하고, 황성皇城 동안문東安門 밖에 있는 현량사賢良寺에 사문沙門을 모아 교열校閱의 임무를 맡게 했다. '장경관'은 장친왕莊親王 윤록允祿과 화친왕和親王 홍주弘晝가 사무를 총리總理하였고, 3명의 교열관과 9명의 감독하에 필첩筆帖이나 집사執事 64명의 사무관事務官이 이에 종사하였다. 현량사 주지 초성超盛 이하 4명의 고관이 총솔總率하였고, 그 아래에 승려 초정超鼎 등 3명이 어제어록御製語錄을 담당하였고, 승려 원만源滿 등 4명이 대장경의 교열을 종리綜理하였다. 장경 교열에는 승려 조안祖安 등 6명이 분담하였으며, 그 아래 승려 진건眞乾 등 38명이 각 경론의 교열에 종사하였다.

개판사업은 옹정 13년부터 시작되었다. 같은 해 4월에는 칙명에 의해『화엄회본현담華嚴會本懸談』30권 등 4종이, 또한 건륭 원년(1736) 정월에는『법화현의석첨法華玄義釋籤』등 51종의 불전이 속입장續入藏을 허가받아 속장부는 도합 54부 1,127권이 되었다(『대청삼장성교목록大淸三藏聖敎目錄』).

건륭제의 건륭 3년(1738) 12월 15일로 이 대사업은 준공되었다(724함, 7,240권). 청조의 칙판 대장경은 일반적으로 용장龍藏이라고 불린다. 용장은 칙판 대장경을 가리키는 보통명사이지만, 일반적으로 용장이라고 하면 이 청초의 대장경을 가리킨다. 현재는 '건륭판 대장경乾隆版大藏經'(건륭대장경乾隆大藏經), 또는 '청장淸藏' 등의 호칭도 사용되고 있다.

건륭장 판식은 저본으로 한 북장과 기본적으로 동일하며, 1판 1지, 상하쌍변, 1지 25행, 매행 17자, 5행 1절을 표준으로 하는 절첩으로, 수제·미제 아래에 천자문 함호와 첩수를 병기하고, 각지紙의 절목折目에 '천자문 함호·첩수·지수'를 주각하였다. 각 함의 제1첩 권수에 비회扉繪·용패龍牌를 첨부하였고, 최종첩의 권말에 위태천상韋馱天像을 부각하였다.

건륭 30년(1765) 칙명에 의해 전겸익錢謙益 찬撰『화엄경소몽초華嚴經疏蒙鈔』60권은 입장入藏을 제외하는 처분이 내려졌다. 전겸익(1582~1664)은 명말에 있어서 동림당東林党의 영수적 존재의 정치가·문인으로 불교와도 깊은 관련이 있는 거사居士이며, 남장에 대해 보각 비용을 기증하였으며, 또한 가흥장의 개판에도 진력한 인물이다. 명조 멸망 후, 남경에서 사가법史可法(?~1645) 등이 남명南明 정권을 수립하자, 그는 예부상서禮部尙書가 되어 벼슬을 하였지만, 남명정권이 청조에 항복하는 것과 함께 그도 투항하여 청조를 섬겼고, 강희 3년에 죽었다.『화엄경소몽초』는 건륭 원년 때의 속장으로서 용장에 추가되었지만, 그가 명·청 2조朝를 섬긴(이신貳臣) 것, 또한 칩거 중에 청조에 대한 불만을 담은 시를 지은 것 때문에, 입장 제외의 처분을 받았다고 한다. 따라서 건륭 30년 이후에 인조된 용장에는 이 불전이 포함되어 있지 않다.

용장의 판목(78,000여 장)은 당초, 자금성 내 무영전武英殿에 보관되었으며, 완성 직후인 건륭 3년에는 100부가 인쇄되어 국내 사원에 하사되었다. 그 후 판목은 북경 백림사白林寺로 이관되어, 청나라 말까지 도합 150부 정도가 인조되었다고 한다. 참고로 류코쿠대학龍

谷大學 도서관에 현재 소장된 용장은 서태후西太后(1835~1908)가 섭정에 복귀한 직후인 광서光緖 25년(1899), 오타니코즈이大谷光瑞(1876~1948)가 청조 정부에 '청인請印'하여 허가·하사받은 일장一藏이고, 니시혼간지西本願寺를 거쳐 동 도서관에 기증된 것이다.

판목은 1982년에 북경 지화사智化寺로 옮겨졌고, 1988~1990년에는 대략 80여 부가 신접新摺되었고(『건륭판 대장경乾隆版大藏經』, 문물출판사文物出版社), 일본에도 수장數藏이 들어왔다. 현재 용장의 판목은 방산房山 운거사雲居寺에 안치되어 있다.

9. 청말淸末·민국 초기民國初期 간행의 대장경

청대에 간행된 대장경은 칙판 용장과 명나라 말부터 간행이 시작된 사판私版 가흥장이 잘 알려져 있지만, 미완이기는 하지만, 청나라 말부터 중화민국 초기에 걸쳐 간행된 사판의 대장경이 있었던 것은 주목받지 못했다.

이 시기 가장 잘 알려진 불교 개판사업으로 안휘성安徽省 석태石埭 출신의 문인 양문회楊文會(1837~1911)가 창설한 금릉각경처金陵刻經處의 활동이 있다. 양문회(호, 인산仁山)는 1864년에 중병을 앓은 것을 계기로 『대승기신론』을 읽고 독신篤信의 불교신자가 된 청나라 말의 대표적인 거사이다. 일본 전래의 불교전적 수집과 관련된 난죠분유南條文雄를 비롯한 일본불교인들과의 교류나 일본의 정토사상에 관한 오구루스고쵸小栗須香頂와의 논쟁 등으로도 알려졌다. 지금까지 중국에 있어서 불전간행은 주로 사찰, 혹은 영리를 목적으로 한 서사書肆에 의해 이루어졌지만, 거사가 주체가 되는 불전간행조직의 설립은 특기할 만한 것이다.

청나라 말 중국의 불교계, 특히 강남지방에서는 태평천국太平天國의 난으로 인해 많은 사찰들이 잿더미로 변하고, 당우堂宇는 물론 많은 경전도 상실되어 부흥이 큰 과제였다. 양문회는 이러한 상황을 감안해 저렴하고 교감이 빈틈없이 이루어진 불전을 간행하기 위해 남경에 금릉각경처를 창설하였다. 금릉각경처는 독립된 조직으로 활동하는 것과 함께, 이 무렵 이어 창설된 북경각경처北京刻經處, 천진각경처天津刻經處, 강북각경처江北刻經處(양주揚州), 지나내학원支那內學院(남경南京), 상숙각경처常熟刻經處, 비릉각경처毘陵刻經處(상주常州) 등과 연계하여 대장경과 대장경 미수未收의 전적을 간행하였다. 각지의 각경처에서 간행된 전적은 명나라 말에서 청나라 초에 걸쳐 간행된 가흥장을 본떠서 대철袋綴의 책자장冊子裝으로 판식도 거의 비슷하지만, 완전히 동일 규격으로 제작된 것은 아니다. 대장경 소수所收 경전의 배열은 용장을 본받았으며, 천자문 함호도 동일하다. 각지의 각경처의 연계·분담에 의해 대장경을 완성하려는 사업은 양문회 사후, 점차 저조해져 미완성으로 끝났다.

상주常州 천녕사天寧寺의 비릉각경처毘陵刻經處는 전술한 바와 같이 금릉각경처와 연계하여 각장사업을 정력적으로 행하였지만, 양문회의 사후 얼마 되지 않아 관계를 끊고 독자적으로 대장경을 간행하게 되었다. 그 개판사업은 천녕사의 승려 청용淸鎔을 중심으로 이루어졌으며, 금릉각경처본과 마찬가지로 경전의 배열이나 천자문 함호는 용장에 의하였고, 장정·판식은 대체로 가흥장을 본떠서 대철袋綴·유계有界·매반엽 10행 20자로, 판심版心 하부에 천자문 함호를 붙였다.

상주 천녕사天寧寺에서 간행한 대장경은, 일본에서는 영본零本을 소장한 도서관은 있지만, 하나로 합쳐 소장한 곳은 적다. 가장 합쳐서 소장한 기관으로 사카타시립 고큐문고酒田市立光丘文庫가 있다. 고큐문고 소장본은 오카와슈메이大川周明의 구 장서로, 〈상주유판경常州有板經〉으로서 장외藏外의 전적도 포함하여 광서光緒 5년(1879)부터 민국 23년(1934)에 간행된 645책冊 2포舖의 전적이 있다. 그중 1책은 『상주유판경가목常州有板經價目』으로, 서명書名·권수卷數·책수冊數, 가격이 기록된 판매목록이다. 이 목록에 의해 천녕사 간행의 대장경의 개요를 알 수 있다.

비릉각경처의 대장경을, 금릉각경처를 중심으로 각지의 각경처가 연계하여 간행한, 이른바 〈백납본대장경百衲本大藏經(백납장百衲藏)〉의 일부로 볼지, 천녕사 독자의 대장경으로 볼지 평가가 엇갈리는 바이지만, 간행된 경전은 소부小部의 것이 많으나 용장의 약 반분半分의 약 980부 3,000여 권에 이르는 것에 의해 미완이지만 독립된 대장경으로 『비릉장毘陵藏』이라 불러야 한다는 평가도 있다. 또한 비릉각경처의 판목의 대부분은 중화인민공화국 성립 후 북경각경처 등 전국 각지 각경처의 판목들과 함께 금릉각경처에 모여져 수보修補·운용되었다.

参考文獻

尾崎康,『正史宋元版の研究』(汲古書院, 1989年).
梶浦晋,「日本における漢文大藏經の收藏とその特色 -宋元版大藏經を中心に-」(『東アジア海域交流史 現地調查研究 -地域·環境·心性-3』, 2009年).
椎名宏雄,『宋元版禪籍の研究』(大東出版社, 1993年).
武村眞一,『明朝體の歷史』(思文閣出版, 1986年).
竺沙雅章,『中國佛教社會史研究』(同朋舍, 1982年. 增訂版, 朋友書店, 2002年).
竺沙雅章,『宋元佛教文化史研究』(汲古書院, 2000年).
張秀民 著·韓琦增 訂,『中國印刷史(上)(下)<挿圖珍藏增訂版>』(浙江古籍出版社, 2006年).
野澤佳美,『明代大藏經史の研究 -南藏の歷史學的基礎研究-』(汲古書院, 1998年).
長谷部幽蹊,「明治以降における藏經の開雕」(『愛知學院大學論叢[一般教育研究]』30-3·4, 31-1,2, 1983~1984年).
方廣錩,「≪毘陵藏≫初探」(『藏外佛教文獻』第二編總十五輯, 中國人民大學出版社, 2010年).
李際寧,『佛經版本(中國版本文化叢書)』(江蘇古籍出版社, 2002年).
李富華·何梅,『漢文佛教大藏經研究』(宗教文化出版社, 2003年).

III

조선

朝鮮

제1장 고려판 대장경高麗版大藏經

1. 고려초조대장경高麗初雕大藏經

사본寫本대장경

한반도에 불교가 본격적으로 전해진 것은 4세기경으로 생각되는데, 고구려·백제·신라 삼국에서는 각지에 사찰들이 건립되었고, 승려가 양성되었던 것은 사전史傳과 유적遺跡 등을 통해 알 수 있다. 경전도 중국에서 들여왔고, 한반도에서 서사書寫도 왕성하게 이루어진 것은 의심할 바 없으나, 이 시기의 사경은 현존하지 않는다.

삼국정립鼎立시대 후, 문무왕文武王 8년(668)에 통일을 이룬 신라는 전대前代에 이어 불교 흥륭을 권했다. 당唐과의 교류도 밀접하였고, 승려의 왕래도 활발하여, 원측圓測·의상義湘·원효元曉 등 많은 명승들을 배출하였다. 불국사 등 오늘날에도 전존傳存하는 신라시대의 불교 건축은 있지만, 통일신라시대의 사경은 거의 남아 있지 않다. 명확한 기년紀年이 있는 사경은 천보天寶 14년(경덕왕景德王 14년〔755〕)의 오서

奧書를 가진 『대방광불화엄경大方廣佛華嚴經』이 가장 오래된 것으로 확인되지만, 사본대장경은 전존傳存하지 않는다.

고려시대에 이르러 불교는 왕조의 보호를 받으며 날로 융성하여, 사찰의 건립, 재회齋會의 개최, 경전의 서사·간행이 전대에 비해 더욱 성행하였다. 대장경의 서사도 여러 차례 이뤄졌지만, 전존하는 것은 적다. 기년이 있는 것으로 가장 오래된 사본대장경은 통화統和 24년(1006)의 오서奧書를 가지는 감지금자紺紙金字 『대보적경』이다. 현존하는 고려시대 사본대장경의 가장 큰 특징은 고려 왕족의 발원에 의한 감지紺紙나 상색橡色의 종이에 금자, 혹은 은자로 서사한 장식경裝飾經이 많다는 점이다.

초조본初雕本의 조조雕造

고려시대 불교에서 가장 큰 사적事蹟으로 두 차례의 대장경 개판이 있다.

송조宋朝에서 개보장이 간행되자 고려는 사신을 파견하여 개보장의 하사를 원했으나, 사료에 의하면 적어도 두 번은 가져왔다. 확실한 기록이 있는 최초의 장래將來는 성종成宗 10년(991)의 일이다. 그 후 고려는 거란의 침공을 자주 받게 되었고, 부처님의 힘에 의해 거란 퇴산退散을 기원하며, 독자적으로 대장경 개판을 시작하였다. 이것을 초조본初雕本이라고 한다. 초조본에 대해서는 간기와 관련 자료가 부족하고, 개판의 사정에 불분명한 점이 많지만, 현종顯宗 2년(1011)부터 시작했다고 생각된다. 완성 연차年次에 대해서도 명확한 기록은 없지만, 선종宣宗 4년(1087)까지는 완성했다고 한다. 완성까지 70년

이상 걸린 것에 대해서 실은 이 사이 2회의 대장경 개판이 있었다는 설과 대폭적인 개정 증보가 있었다는 설 등이 있지만, 아직 확정적인 것은 판명되지 않았다. 초조본의 판목은 개조開雕된 다음, 몇 번인가 이동한 것 같지만, 마지막에는 부인사符仁寺(대구광역시)에 안치되었으며, 고종高宗 19년(1232)에 몽골군의 침공 때 소실되었다고 한다.

초조본初雕本의 판식版式과 전본傳本

판식은 1판 1지, 매판 23행 14자를 기본으로 하며, 천지天地에 계선이 있는 권자장卷子裝이다. 초조본과 개보장을 저본으로 하고 있는 금판 대장경金版大藏經과 비교하면, 판식·문구에 일부 차이가 보이고, 기본적으로는 개보장을 저본으로 복각覆刻한 것이지만, 완전한 복각이 아닌 교정을 추가하고, 한편 구성과 판식도 일부 개보장과 다른 점이 있다고 한다.

전본傳本은 드물며 한국에서는 300권 정도가 확인될 뿐이다. 일본에서는 난젠지南禪寺 일체경一切經 중에 1,700권 정도 전존하는 이외, 이키섬壹岐島의 안코쿠지安國寺와 쓰시마對馬島의 쵸쇼지長松寺 등에 『대반야바라밀다경』이 전해지고 있다. 최근 난젠지 소장본을 포함한 초조본 화상畫像이 공개되어 초조본에 관한 연구가 진행되고 있다.

속장續藏(의천교장義天敎藏)

고려 문종文宗의 넷째 왕자인 의천義天(1055~1101)은 휘를 후煦라 하고, 대각국사大覺國師로 시호를 받은 명승이다. 어린 나이에 출가하여, 선종宣宗 2년(원풍元豊 8년〔1085〕)에 입송入宋하여 정원淨源을 비롯하여 각지의 명승들을 찾아가 불교를 배웠으며, 귀국 시에는 3,000여 권의 경전을 가지고 돌아왔다. 귀국 후 대장경 미수未收 장소류章疏類의 집성을 기도企圖하여, 송은 물론 요遼나 일본으로부터도 전적을 구하여 『신편제종교장총록新編諸宗敎藏總錄』이라고 이름하는 목록을 편찬하였다. 이 목록은 일본의 영초永超 찬撰 『동역전등목록東域傳燈目錄』 등과 함께 당시 존재했던 대장경 이외의 불전목록으로서 귀중한 것이 되고 있다. 의천은 목록을 편찬할 뿐 아니라, 고려왕의 칙선勅宣을 받들어 장소류의 간행을 시작하였다. 『총록』에는 1,000여 부의 장소류가 수록되어 있지만, 이 중 실제로 간행된 것이 어느 정도였는가에 대해서는 불명이다. 현존하는 것은 도다이지東大寺 소장의 『대방광불화엄경수소연의초大方廣佛華嚴經隨疏演義鈔』나 다이토큐大東急 기념문고記念文庫에 소장된 『정원신역화엄경소貞元新譯華嚴經疏』 등 극히 적다. 다만 한반도에서는 이조李朝 간경도감 간행의 『대반열반경소』 등, 송나라에서는 소흥紹興 19년(1149)에 절강浙江 지방에서 간행된 『당대천복사고주번경대덕법장화상전唐大薦福寺故寺主翻經大德法藏和尙傳』 등의 복각覆刻이 있으며, 일본에서는 헤이안시대平安時代 서사書寫인 『석마하연론찬현소釋摩訶衍論贊玄疏』 등 전사轉寫·복각된 것이 전해지고 있다.

또한 의천에 의한 장소류의 집성을 일본에서는 초조본에 이어 간행했다고 해서 '속장續藏'이라고 부르지만, 한국에서는 의천의 의도가 경·율·론을 수록한 대장경 간행이 아니라, 어디까지나 장소章疏의 집성·간행으로 '속장'이라는 명칭이 아니라 의천 자신이 편찬한 『신편제종교장총록』에 따라 '교장敎藏'이라고 칭해야 한다고 한다.

2. 고려재조대장경高麗再雕大藏經

재조본再雕本의 조조雕造

고종高宗 18년(1231)부터 시작된 몽골군의 침공에 의해 고려의 국토가 황폐해졌고, 이듬해인 고종 19년에는 부인사(대구광역시)에 소장되어 있던 초조본 판목이 소실되었다. 고종은 몽골군의 퇴산을 기원하며 다시 대장경을 조성할 것을 발원하였다. 그 사업은 16년 만에 완성되었고, 왕은 백관百官을 이끌고 도성都城(강화성) 서문 밖 대장경판당大藏經板堂에 행행行幸하여 소향燒香하였다. 이것이 고려재조대장경高麗再雕大藏經(이하 『재조본』이라 약칭) 개판開板의 동기와 그 기간이다(『고려사』 고종 38년〔1251〕 9월조月條). 하지만 각 판목의 말미에 새겨진 간기를 보면, 실제로 판목이 만들어진 기간은 고종 24년(1237)부터 고종 35년(1248)의 12년간이다. 게다가 고종 35년에 만들어진 판목은 『대장목록』뿐이고, 고종 34년(1247)까지 대부분 완성되었다. 『고려사』에 있는 '16년'은 실제로 판목을 만든 12년과 그 이전에 판목에 사용하는 원목을 자르고, 충해를 방지하기 위해 바닷물에 1년간 담그는 등, 판목을 새길 준비작업의 4년간을 포함한 기간을 의미한다. 또한 이것과 병행하여 화엄종 계열의 개태사開泰寺 승통僧統의 수기守其 등에 의해 대장경의 교정작업도 진행되었다.

재조본의 조조작업은 그 업무를 통할統轄한 대장도감에서 진행되었지만, 고종 30년(1243)부터는 분사대장도감分司大藏都監도 설치하여 진행되었다. 분사대장도감에서는 고종 30년(1243)부터 같은 34년의 5년간에 72부 509권의 판목이 만들어졌다. 그러나 분사도감에서의 판목의 조조는 대장경 전체의 매수로 보면 그의 10%도 안 되는 숫자여서, 그의 역할에 대해서는 의문시되고 있다.

그런데 대장경이 개판되어 있던 대장도감과 분사대장도감의 장소에 대해서 종래는 대장도감이 강화도에, 분사대장도감이 남해에 각각 두어져 있었다고 하였다. 그러나 동일한 경전의 판목이 같은 해 대장도감과 분사대장도감에서 만들어진 것에서 이들이 동일한 장소였다는 설, 분사대장도감은 한 곳이 아니라 여러 곳에 있었다는 설 등이 있어 명확하지 않다. 또한 대장도감이 무인정권武人政權 최씨崔氏의 원찰願刹인 강화도 선원사禪源寺에 설치·운영되었던 것으로 알려져 있다. 하지만 선원사는 고종 32년(1245)에 창건된 사찰이고, 그 시기에는 재조본 판목의 90% 이상이 완성한 것에서 대장도감과 선원사의 관계는 부정되고 있다.

재조본再雕本의 형식

재조본은 권자본 형식이고, 그의 판식은 기본적으로 매행 14자로 채워져 있고, 1장 23행이다. 각 장의 앞뒤에는 '경론명', '권차', '장차張次' 등의 판심版心이 새겨져 있다. 장차는 '장張' 이외에도 '장丈'이나 '폭幅' 등도 있다. 또한 판목에는 경문이나 판심 이외에, 판심 아래 등에 각공자 이름도 새겨져 있는 경우가 있다.

그러나 이런 일반적인 판식과 다른 경전이 몇 종류 있다. 우선 삼본三本 『대방광불화엄경』(진본晋本 60권, 주본周本 80권, 정원본貞元本 40권)과 『신화엄경론』이다. 삼본 『대방광불화엄경』의 판식은 매행 17자로 채워져 있고, 1장 24행이다. 현존하는 초조본인 『대방광불화엄경(주본 80권본)』 권제2와 『동同』 권제72는 첫 번째 장이 22행 14자로 채워져 있고, 그것 이하는 23행 14자로, 재조본보다 글씨가 크다. 또한 재조본에 들어 있는 다른 경전류에는 없는 석음釋音이 권미제卷尾題와 간기刊記 사이에 새겨져 있다. 그리고 장차는 '장張'이 아니라 '장丈'이나 '폭幅', '복卜' 등이 사용되고 있다. 『신화엄경론』도 매행 16자로 채워져 있고, 1장 25행이다. 이들 4종의 경전은 당시 고려 국내에서 유통되던 것을 저본으로 삼았기 때문에 재조본의 일반적 판식과는 다르다.

다음으로 『신집장경음의수함록新集藏經音義隨函錄』·『대장목록大藏目錄』·『일체경음의一切經音義(혜림음의慧琳音義)』 등은 대철袋綴을 목적으로 만든 것이며, 장정도 권자본의 형식과는 다르다. 이들 판식은 『신집장경음의수함록』이 편면片面 7행, 1행 14자로 채워져 있으며(소자쌍행小字雙行 19자), 『대장목록』이 편면 9행, 1행 14자로 채워져 있고, 『일체경음의(혜림음의)』가 편면 6행, 1행 14자로 채워져 있다(소자쌍행 17자). 그리고 이들의 판심版心은 중앙에 있다.

재조본의 편집編集과 해인사海印寺로 판목板木의 이동

재조본은 세 종류의 대장경과 국내 유통 전본 등을 대교하여 편찬하였다. 그 편찬을 담당한 것은 수기守其이다. 수기는 고종의 칙명을 받아 편찬 책임자로서 여러 불교 유식자有識者들과 함께 저본의 오자·탈자를 엄밀히 바로잡았다. 또한 특정 경전의 재조본에의 입장 가부可否에 대해서도 논의하고 있다. 이 같은 작업 내용은 수기 등이 찬撰한 『고려국신조대장교정별록高麗國新雕大藏校正別錄』 30권에 기록되어 있다.

『고려국신조대장경별록』에는 78종의 경전에 관한 교감 내용이 기록되어 있다. 그 내용을 보면 주로 '국본國本', '송본宋本', '단본丹本' 등을 교감하고 있다. '국본(국전본國前本, 국후본國後本 등)'이란 초조본을, '송본宋本(구송본舊宋本·관본官本)'이란 개보장開寶藏을, '단본'이란 거란판 대장경契丹版大藏經(이하 거란장契丹藏이라고 약칭)을 각각 말한다. 그리고 『개원석교록』 등의 목록류도 참고본으로도 사용되고 있다. 『고려국신조대장교정별록』에 수록되어 있지 않은 교정록이 재조본의 본문 중이나 경권 말미에도 기재되어 있고, 모든 내용이 다 수록되어 있는 것은 아니다.

초조본은 개보장을 저본으로 하고 있지만, 재조본도 그 영향을 받고 있다. 『고려국신조대장교정별록』에는 거란장·초조본을 의미하는 이본二本·제본諸本·동북이본東北二本으로 개보장을 교감한 예가 26개의 사례가 있다. 이것은 개보장을 제1차적인 저본으로서 사용하고 있는 것을 의미하고, 재조본도 그것을 저본으로서 사용하고 있었다는 것이 된다. 또한 초조본과 개보장에서 착란錯亂·결루缺漏된 부분이나 오류 부분을 거란장에서 보족補足·수정하고 있다. 재조본의 편찬 과정에서 거란장을 포함한 국단國丹(초조본初雕本과 거란장契丹藏)·송단宋丹(개보장開寶藏과 거란장契丹藏) 등의 명칭으로 교감하거나 한 사례가 전체 교감기校勘記 중 53건을 점하는 것으로 보아, 그 영향이 큰 것을 알 수 있다. 그러나 거란장의 착오나 결락에 의해 그것을 채택하지 않은 예도 있어, 수기는 그것에 의거한 것만은 아니다. 거란장은 우수하지만, 오류도 많은 것이 지적되었다. 이와 같이 재조본은 개보장과 거란본, 초조본 등을 교감하여 만들었기 때문에 일본에서는 선본善本

으로 평가받고 있다. 또한 거란장에 수록되어 있던 경전과 음의서류 등, 산일한 전적이 다수 입장되어 있는 점에서도 귀중한 대장경이라 할 수 있다.

재조본의 판목은 고종 38년(1251) 9월 이전에 강화성江華城의 서문西門 밖 대장경 판당板堂으로 옮겨져 있었음은 앞에서 기술한 바와 같다. 현재 이 판목은 대한민국 경상남도 가야산 해인사의 대장경판전에 보존되어 있지만, 언제쯤 강화도로부터 옮겨졌는지에 대해서는 여러 설이 있다. 즉 홍무洪武 14년(우왕禑王 7년〔1381〕) 이전이라는 설, 홍무 26년(태조 2년〔1393〕) 이전에는 해인사에 있었다는 설, 홍무 30년(태조 6년〔1397〕)부터 영락永樂 3년(태종 5년〔1405〕) 사이에 옮겨졌다는 설, 홍무 31년(태조 7년〔1398〕) 5월 이후부터 건문建文 원년(정종 원년〔1399〕) 정월 이전에 옮겼다고 하는 설 등이다. 이상의 여러 설로부터 적어도 1400년대 초에는 판목이 해인사로 옮겨졌던 것 같다.

재조본의 구성과 보유판補遺版

재조본은 『대반야바라밀다경』부터 혜림慧琳의 『일체경음의一切經音義』까지 639개의 천자문함(천람天函부터 동함洞函)에 수록되어 있고, 그 총수는 1,498부 6,569권이다.

재조본의 구성을 보면, 천함天函부터 영함英函까지는 『개원석교목록』에 수록되어 있는 경전이다. 여기에는 『대반야바라밀다경』을 비롯한 대승경과 그의 단역, 대승율·대승론·소승경과 그의 단역, 소승경 단역, 소승율·소승론, 인도나 중국찬술의 성현집聖賢集 등이 수록되어 있다. 사함社函에서 곡함轂函까지의 92부와 준함遵函에서 색함塞函

까지의 90부는 주로 『개원석교록』 편찬 이후부터 송대까지 번역된 경전이다. 이것들과 진함振函부터 영함纓函의 『신집장경음의수함록新集藏經音義隨函錄』(거란본契丹本에 입장入藏)은 재조본에 추가 편입되었다. 부함富函부터 경함輕函은 송나라 왕실에서 제찬製撰한 『어제연화심윤회문게송御製蓮華心輪廻文偈頌』, 『어제비장전御製秘藏詮』 등이다. 책함策函부터 정함丁函까지는 『속정원석교록續貞元釋教錄』에 수록된 『대방광불화엄경』(정원본貞元本 40권), 『신화엄경론』 등이다. 준함俊函부터 밀함密函에는 수기찬 『고려국신조대장교정별록高麗國新雕大藏校正別錄』이 편입되어 있다. 『고려국신조대장교정별록』은 본래라면 대장경의 후부에 수록되어야 하지만, 재조본 편집과정에서 원래 그곳에 있던 경전(『일체경원품차록』 30권)과 교환하여 편입되었다. 『대장목록』도 같은 이유로 도중途中에 편입되어 있다.

또한 『일체경음의一切經音義』의 뒤에 『종경록宗鏡錄』 100권, 『남명천화상송증도가사실南明泉和尚頌證道歌事實』 3권, 『금강삼매론金剛三昧論』 3권, 『법계도기총수록法界圖記叢髓錄』 4권, 『조당집祖堂集』 20권, 『대장일람大藏一覽』 10권, 『선문염송집禪門拈頌集』 30권, 『대방광불화엄경수현분제통지방궤大方廣佛華嚴經搜玄紛齊通智方軌』 9권, 『십구장원통기十句章圓通記』 2권, 『석화엄지귀장원통초釋華嚴旨歸章圓通鈔』 2권, 『화엄경삼보장원통기華嚴經三寶章圓通記』 2권, 『석화엄교분기원통초釋華嚴教分記圓通鈔』 10권, 『예념미타도량참법禮念彌陀道場懺法』 10권, 『자비도량참법慈悲道場懺法』 10권, 『화엄경탐현기華嚴經探玄記』 20권 등의 보유판補遺版이라 불리는 15부 235권과 그 목록인 『보유목록補遺目錄』 1부 1권이 있다. 이것들은 동치同治 4년(고종 2년

〔1865〕)에 해명장웅海冥壯雄이 대장경 2장藏을 인출할 때, 『대장목록』에 누락된 것으로 착각해, 다시 목록을 만들어 입장시킨 것이다. 보유판의 대부분은 고종 38년(1251)까지 조조가 되어 있었다. 특히 『종경록』·『조당집』·『대방광불화엄경수현분제통지방궤』·『화엄경탐현기』의 4부는 분사대장도감에서 고종 32년(1245)부터 동 35년까지 조조가 되었다. 『종경록』에는 천자문 함호 '녹祿·치侈·부富·차車·가駕·비肥·경輕·책策·공功·무茂'가 붙어 있지만, 이것은 재조본인 『신집장경음의수함록新集藏經音義隨函錄』 권제19부터 『대방광불화엄경』 권제30권까지에 해당한다. 『종경록』만은 정장에 편입할 목적으로 판각한 듯하다.

보유판에는 원효·의상義湘·균여均如·혜심慧諶 등의 화엄 관계 저술과 『종경록』·『자비도량참법』 등 선禪 관계 저술이 들어 있고, 그 분야의 연구에는 빠질 수 없는 귀중한 전적이다. 또한 『조당집』은 보유판에만 있는데, 이 발견이 없었으면 영원히 산일했을 것이다. 그러나 보유판은 후대에 해명장웅海冥狀雄이 대장경에 입장한 것이고, 본래라면 재조본 범주에는 들어가지 않는다.

재조본再雕本의 영인본

『조선왕조실록朝鮮王朝實錄』 등의 기록에 의하면, 무로마치室町시대에 아시카가足利 씨를 비롯한 제국諸國의 다이묘大名가 조선에 대장경을 요구하였고, 44장藏(중국판의 대장경도 포함)이 일본에 전래되었다. 오타니대학大谷大學 도서관과 고야산高野山 곤고부지金剛峰寺, 조죠지增上寺, 겐닌지建仁寺, 쇼코쿠지相國寺, 린노지輪王寺, 기비츠진쟈吉備

津神社, 호넨지法然寺, 다쿠즈다마진자多久頭魂神社, 곤고인金剛院(『대반야바라밀다경』만) 등에 소장되어 있는 재조본은 당시 일본에 전래된 것이다. 또한 다이쇼大正시대부터 쇼와昭和 30년대에 걸쳐서도 재조본은 인쇄되어, 센류지泉涌寺나 릿쇼대학立正大學 도서관 등에 소장되어 있다. 이와 같이 재조본은 고려시대부터 쇼와 30년대까지 여러 번 인쇄되었지만, 이들 중에서 가장 오래된 것이 곤고인 소장본이다.

재조본은 일본 각지의 사찰과 신사나 대학기관에 소장되어 있는 것 외에, 한국에서는 영인본으로서 출판되어 있다. 영인본으로는 동국대학교에서 출판한 것(이하 '동국대학교본'으로 호칭)과 동양불전연구회東洋佛典研究會가 편찬하여 동양출판사東洋出版社에서 출판한 것(이하 '동양불전연구회본'으로 호칭)의 두 종류가 있다. 영인본의 출판에 의해 『대정신수대장경大正新修大藏經』에 입장된 바 없었던 전적류의 열람이 용이해졌고, 또한 한일 양국에서 초조본과 재조본에 관한 연구가 비약적으로 발전하는 등 학계에 큰 영향을 미쳤다.

두 영인본은 책의 구성법이나 결자보수의 점 등에서 차이를 보인다. 동국대학교본은 총 48권으로 정장 이외에 보유補遺라 불리는 16부 236권도 수록되어 있지만, 동양불전연구회본은 총 45권으로 『대장목록』 3권 이외의 정장만 수록되어 있다. 또한 동국대학교본에는 각소各所에 금속활자로 보전補塡되어 있거나, 공백 부분이 있기도 한다. 이러한 원인은 영인본의 저본에 문제가 있기 때문이다. 재조본의 판목도 시간의 경과와 함께 마멸이나 결락 부분이 많아짐에 의해, 그것을 저본으로 한 영인본은 그러한 부분이 금속활자로 보전되어 있다.

영인본은 사진제판寫眞製版으로 고판古版을 원본 그대로 전하려는 것이지만, 불선명한 부분에 수정을 가하거나, 별판別版으로 교체하거나 한 것이 있기 때문에 이용할 때에는 충분히 주의할 필요가 있다. 또한 경전에 따라서는 낙장落張이나 착장錯張이 있고, 게재된 경전이 목차에 대응하지 않는 것도 있다.

간경도감刊經都監

조선시대는 기본적으로 폐불숭유廢佛崇儒 정책을 취했지만, 세조世祖나 명종明宗 등 숭불崇佛의 왕도 있었다. 특히 세조대에는 간경도감을 설치하여 불전을 간행하였다. 간경도감은 천순天順 5년(세조 7년〔1461〕)에 왕명에 의해 설치되었고, 성화成化 7년(성종成宗 2년〔1471〕)에 폐지될 때까지 11년간 존재했던 관립官立기관이다. 이곳에서는 주로 불전을 간행하였지만, 후년이 되면 불교 관련 전반적인 사업을 총괄하는 기관으로서의 역할도 담당하였다.

간경도감에서는 한문불전과 언해불전諺解佛典이 간행되었다. 언해불전이라는 것은 정통正統 11년(세종 28년〔1446〕)에 제작된 훈민정음訓民正音(한글)으로 번역된 불전이다. 난해한 한문불전을 번역 출판하여 널리 민중에 반포하기 위해 간행되었다. 또한 한문불전은 현재 30부가 확인된다. 현존하는 30부를 보면, 간경도감에서 새로 개판된 불전과 의천의 교장敎藏을 중수重修한 것의 두 종류로 나뉜다. 의천교장은 고려시대에 인쇄된 원각본原刻本이 도다이지東大寺나 다이토큐문고大東急文庫 등에 소장되어 있지만, 조선시대에 간경도감에서 중수된 것도 남아 있다.

Ⅳ 일본

日本

제1장 일본 고대의 일체경

1. 불전의 장래將來와 서사書寫

일본으로의 불교의 장래將來는 6세기 중엽의 불교 공전公傳으로 거슬러 올라간다. 불교 공전의 시기에 대해서는 두 가지 설이 있다. 하나는 『상궁성덕법왕제설上宮聖德法王帝說』 등에 의해 긴메이欽明 천황天皇 무오戊午년(538)에 백제의 성명왕聖明王이 불상·불구 등과 함께 경론을 헌납獻納했다고 하는 것이고, 다른 하나는 『일본서기日本書紀』 등에 의한 것으로서 같은 내용이면서 긴메이 천황 13년(552)이라고 하는 것이다. 전자가 유력하지만 긴메이 조朝에 백제 성명왕으로부터 불상과 함께 불전이 전해진 것은 일치하며, 6세기 중엽에는 무언가 불전의 장래가 있었던 것은 틀림없다고 할 수 있다. 또한 사경이 성행했던 나라시대奈良時代에는 『일본서기』에서 말하는 긴메이 천황 13년 설이 율령국가律令國家의 공식 견해였다.

일본에 있어서 일체경一切經(이하 '대장경'이 아닌, 당시의 용어로서의

'일체경'으로 표기)의 사료상史料上 초견初見은 『일본서기』의 기사記事로 고토쿠孝德 천황의 하쿠치白雉 2년(651) 12월 그믐날 미경궁味經宮에서 2,100여 승려에게 일체경을 읽혔다고 하는 것이다. 이 기사를 통해 당시 일본에 일체경이 전래된 것은 알 수 있지만, 그 일체경이 수입된 박재경舶載經인지, 일본에서 필사된 것인지는 분명하지 않다. 또한 어느 경록經錄(불전목록)에 의한 일체경이었는지도 알 수 없다.

일체경 서사書寫의 초견에는 『일본서기』의 덴무天武 천황 2년(673) 3월의, 서생書生을 모아 일체경을 가와라데라川原寺(구후쿠지弘福寺)에서 서사시켰다는 기사이다. 이 서사사업은 수년간 계속된 듯하고, 덴무 천황 4년(675) 10월에는 사방에 사자使者를 파견하여 일체경의 본경本經(데혼手本)을 구하게 하였다. 그 사업이 일단 완성된 것은 덴무 천황 6년(677)인 듯하고, 아스카데라飛鳥寺에 설재設齋하여 일체경을 읽게 한 것이 알려져 있다.

일체경은 주지하는 바와 같이 중국에서 작성된 경록 가운데, 그 소수所收 리스트로서의 입장록入藏錄이 성립한 이후에 생긴 불전총서佛典叢書, 혹은 전집全集이라고 할 수 있지만, 경록에 따라 총부 권수總部卷數가 다르다. 다시 말하면, 그 일체경의 내용이 어떠하였는지를 알기 위해서는 어떤 경록에 기초하였는지를 알 필요가 있다. 그 때문에 경록이 명시되어 있지 않은 경우에는 총부總部 권수를 단서로 하여 추측할 수밖에 없다. 그래서 이 하쿠치白雉 2년에 읽힌 일체경에 대해 초빙된 승려의 수로 보아 수隋·인수仁壽 2년(602) 언종彦琮 찬 『중경목록衆經目錄』의 2,109부 5,058권에 해당되는 것은 아닌가라는 지적이 있지만, 이것도 추측의 범주를 벗어나지 못한다. 따라서 내용을 확정할 수 있는 일체경의 사례는 7세기 대에는 전무하며, 내용을 알 수 있도록 된 것은 나라시대에 들어가고 나서라고 할 수 있다.

그동안 중국, 혹은 한반도로부터 불전의 장래는 계속되었을 것으로 생각되지만, 가장 저명한 것은 도쇼道昭(도조道照, ?~700)의 불전 장래일 것이다.

도쇼는 가와치국河內國 다지히노코오리丹比郡의 사람으로서 도래계渡來系 씨족인 후네노무라지船連 씨 출신이었다. 그는 일본에서 처음으로 화장火葬된 인물로도 유명하다. 하쿠치 4년(653) 5월에 입당入唐 학문승으로서 견당遣唐 대사大使 기시노나가니吉士長丹의 배에 승선하여 당나라로 출발하였지만, 당나라에서는 현장 삼장에게 사사하고, 현장으로부터 사리·경론을 두루 받았다고 한다. 귀국 후, 간고지元興寺(모토간고지本元興寺) 동남쪽 구석에 선원禪院을 세우고 머물러 사는 한편, 천하를 만행하며 항만港灣 정비나 가교架橋 등의 토목공사를 통해 민중의 편의를 도모하였다고 한다. 도쇼의 입적 이후, 헤이죠쿄平城京 천도에 즈음하여, 그의 선원은 제자들의 요청으로 헤이죠사쿄平城左京로 이건移建되었다. 이 선원에는 도쇼가 장래한 많은 불전이 소장되었지만, 그 서적문자書迹文字에는 착오가 없었다고 하며, 일체경론의 유포에 큰 역할을 하였을 것으로 생각된다. 나라시대에 이르러서도, 도쇼의 장래경은 매우 신뢰성이 높은 불전군으로 '선원사경禪院寺經'으로서 중용重用되었다.

나라시대까지의 현존 사경의 수는 결코 많지 않다. 불전으로서는 서풍書風 등으로부터 7세기로 거슬러 올라간다는 전傳 쇼토쿠聖德태자太子 술述 『삼경의소三經義疏』(『법화의소法華義疏』·『승만의소勝鬘義

疏』·『유마의소維摩義疏』, 궁내청宮內廳 소장)가 존재하지만, 소위 불전의 현존 최고 서사 예는 병술년丙戌年의 연기年紀를 가진 『금강장다라니경金剛藏陀羅尼經』(국보, 문화청文化廳 소장)이다. 병술년을 언제로 볼 것인지에 대해서는 이론도 없지는 않지만, 686년 덴무 천황이 사망하는 주조朱鳥 원년에 해당된다고 하는 견해가 일반적일 것이다. 오서奧書에 의하면, 승려 보림寶林으로부터 교화를 받은 가와치노쿠니川內國 시키노코오리志貴平(뒤의 가와치노쿠니河內國 시키군志紀郡) 사람들이 지식知識이 되어, 칠세부모七世父母와 일체의 중생을 위해 서사한 것임을 알 수 있다. 본품本品에 대해서는 나라현奈良縣 사쿠라이시櫻井市의 하세데라長谷寺에 소장된 「동판법화설상도명銅板法華說相圖銘」(국보)과 서풍의 유사성이 지적되고 있다.

한편 일체경의 서사에 대해서는 7세기대, 사료에는 보이지만, 현존 예는 전무하다. 가장 오래된 것으로는 헤이죠쿄平城京 천도 후 와도和銅 3년(710) 5월 10일의 연기年紀를 가진 『사리불아비담론舍利弗阿毘曇論』 권12(네즈미술관根津美術館)가 있다. 오서에 의하면, 사문 지법知法이 성조聖朝의 복수福壽를 위해, 즉 겐메이元明 천황의 복수福壽를 목적으로 일체경론을 서사하여 장엄하였음을 알 수 있다. 그러나 그 서사의 사정은 불분명하여 본문의 서사 연대는 와도和銅 연간 무렵으로 추정되지만, 오서는 본문과 이필異筆이어서 같은 시기인가의 여부는 의문시되고 있다. 그리고 확실한 사례라면, 더 내려와 쇼무聖武 천황(701~756)이 덴표天平 6년(734)에 발원한 「성무천황발원일체경聖武天皇發願一切經」이라 하지 않을 수 없다. 이 일체경도 『불설쌍관무량수경佛說雙觀無量壽經(무량수경無量壽經)』 권상(중요문화재, 이츠오

미술관逸翁美術館 소장)·『관세음보살수기경觀世音菩薩授記經』(중요문화재, 네즈미술관 소장)·『불설칠지경佛說七知經』(중요문화재, 단노호린지檀王法林寺 소장) 등이 유존遺存할 뿐이다.

2. 나라시대奈良時代의 일체경

일본 고대의 일체경은 전술한 바와 같이 하쿠치 2년의 독송을 초견으로 하여 덴무 천황 2년의 가와라데라川原寺 서사書寫를 시초로 하지만, 660년경의 입당 승려 도쇼의 불전 장래 후, 요로養老 2년(718) 입당 승려 도지道慈의 귀국에 즈음하여서도 불전의 장래를 추정할 수 있다. 뒤이어 나라시대의 일체경에 큰 영향을 미친 것은 입당 승려 겐보玄昉(?~746)가 덴표天平 7년(735)에 최신의 경록經錄인 『개원석교록』과 그것에 기초한 '경론 5천여 권'을 장래한 것이다. 『개원석교록』은 지승智昇이 당 개원開元 18년(730)에 서숭복사西崇福寺의 경장經藏 정비를 목적으로 찬술한 것으로서 사찬私撰이면서 유포·보급되어, 사실상 칙찬勅撰에 준하는 존재로서 큰 영향을 주었다. 그 목록은 성립된지 얼마 되지 않은 덴표 7년에 겐보에 의해 장래되어 중국의 최신 경록으로 중시되었다고 생각된다. 다만 겐보가 장래한 '경론 5천여 권'의 내용은 『개원석교록』 입장록의 전부는 아니었던 것 같고, 그 점 문제가 있었지만, 나라시대의 일체경의 기준으로 수용되어 가게 되었다. 또한 덴표 쇼호勝寶 6년(754) 당나라의 승려 감진鑑眞(688~763)의 내조來朝나 그를 동반한 견당사遣唐使에 의한 불전 장래는 당해 기期의 일체경 위상에 영향을 주었다.

이러한 끊임없는 불전의 장래나 최신 중국의 불교사정이 수입되는 가운데 나라시대, 특히 덴표 기期에는 율령국가에 의해 수많은 일체경이 서사되어 가게 되었고, 〈표1〉에서 보는 것과 같이 20장藏을 훨씬 넘는 성황을 보이게 된다.

〈표1〉 7~8세기의 일체경

연번	명칭	구성	권수	발원자	목적	사경기구
1	味經宮轉讀一切經	不明	2100卷?	天智?		不明
2	川原寺一切經	不明	不明	天武?		川原寺
3	知法發願一切經	一切經論律	不明	沙門知法		不明
4	元正天皇請坐大安寺一切經	不明	1597卷	元正?		不明
5	西宅一切經	大小乘經律論+章疏	不明	不明		不明
6	光明子發願一切經	大小乘經律論賢聖集傳+別生·疑僞·錄外+章疏	約7000卷	光明子	藤原不比等·縣犬養三千代の追善ほか	皇后宮職系
7	聖武天皇發願一切經	大小乘經律論賢聖集傳+章疏	不明	聖武		內裏系
8	藤原豊成一切經	大小乘經律論+章疏	2435卷+α	藤原豊成		藤原豊成家

9	藤原夫人發願一切經	大小乘經律論賢聖集傳+章疏	不明	藤原夫人	藤原房前・牟漏女王の追善	元興寺?
10	光明子發願一切經	不明	不明	光明子		不明
11	大官一切經	大小乘經律論賢聖集傳+別生·疑僞·錄外	約 3,850~4,000卷	聖武		皇后宮職系
12	大井寺一切經	不明	不明	不明		不明
13	觀世音寺一切經	不明	不明	不明		不明
14	武藏國一切經	不明	不明	不明		武藏國?
15	後寫一切經	大小乘經律論賢聖集傳+別生·疑僞·錄外	合3461卷中 重寫30卷	不明		皇后宮職系
16	六人部東人知識一切經	不明	不明	六人部東人		不明
17	善光朱印經	大小乘經律論?	不明	善光尼?		內裏系?
18	孝謙天皇發願一切經	大小乘經律論賢聖集傳+別生·疑僞·錄外·章疏	6,500卷以上	孝謙		內裏系
19	賢璟發願一切經	不明	4,200餘卷	僧賢璟		不明
20	光明子發願一切經	大小乘經律	豫定3,433卷	光明子		皇后宮職系
21	周忌齋一	大小乘經律論	合6,330卷	孝謙	光明子	皇后宮職系

	切經	賢聖集傳+別生·疑僞·錄外			一周忌	
22	光覺知識經	不明	不明	僧光覺	不明	不明
23	吉備由利發願一切經(西大寺四王堂一切經)	大小乘經律論賢聖集傳+別生·疑僞·錄外	合5,282卷	吉備由利		不明
24	行信發願一切經	大小乘經律論	2,700卷	僧行信	國家와 四恩	不明
25	西大寺彌勒堂一切經	大小乘經律論+章疏	4,613卷	稱德		不明
26	甲部一切經	大小乘經律論賢聖集傳+別生·疑僞·錄外	約4,640卷	不明		皇后宮職系·內裏系?
27	五部一切經	大小乘經律論賢聖集傳+別生·疑僞·錄外	一部約4,600卷	不明		皇后宮職系·內裏系?
27	先一部一切經	大小乘經律論賢聖集傳+別生·疑僞·錄外	4,585卷	不明		皇后宮職系·內裏系?
27	始二部一切經	大小乘經律論賢聖集傳+別生·疑僞·錄外	4,608卷×2部	不明		皇后宮職系·內裏系?
27	更一部一切經	大小乘經律論賢聖集傳+別生·疑僞·錄外	4,609卷	不明		皇后宮職系·內裏系?
27	今更一部一切經	大小乘經律論賢聖集傳+別生·疑僞·錄外	4,609卷	不明		皇后宮職系·內裏系?

28	西大寺藥師堂一切經	大小乘經律論賢聖集傳+錄外+章疏	2,942卷	稱德		不明
29	西大寺十一面堂一切經	大小乘經律論賢聖集傳+疑僞·錄外+疏	4,383卷	稱德		不明

오월일일경五月一日經과 경운일체경景雲一切經

나라시대의 일체경 서사로서 가장 대표적인 것은 복수複數인 『광명자발원일체경光明子發願一切經』 가운데 다음에 드는 덴표 12년(740) 5월 1일의 날짜가 있는 원문願文에 의해 「오월일일경」이라 칭해지는 것이다(이하 「오월일일경」이라 한다).

「五月一日經願文」

皇后藤原氏光明子奉爲

尊考贈正一位太政大臣府君尊妣

贈從一位橘氏太夫人敬寫一切經論

及律莊嚴旣了伏願憑斯勝因奉資

冥助永庇菩提之樹長遊般若之

津又願上奉聖朝恒延福壽下

及寮采共盡忠節又光明子自發誓

言弘濟沈淪勤除煩障妙窮諸法

早契菩提乃至傳燈無窮流布天下

聞名持卷獲福消灾一切迷方會歸

覺路

天平十二年五月一日記

「오월일일경」은 서사의 총수가 약 7,000권에 달하는 것으로 생각되며, 성어장聖語藏에 현존하는 약 750권에 항간에 있는 것을 합쳐 1,000권 정도가 전존하고 있다. 그 서사의 경위는 관영官營 사경소의 장부군帳簿群을 주로 하는 쇼소인正倉院 문서文書에 의해 상세히 추적할 수 있다.

황후궁직관하皇后宮職管下의 사경소에서 덴표 5년경에 이미 개시되었던 것으로서 어떤 일체경을 서사할 방침이 있었던 것 같다. 그러나 덴표 7년에 당나라에 유학 중이던 겐보玄昉가 귀국하고, 당 개원 18년(730)에 갓 완성한 최신의 경록인 『개원석교록』과 그것에 기초한 불전이 장래하자 덴표 8년(736) 9월부터는 『개원석교록』 입장록(5,048권)에 기초한 일체경의 서사로 크게 방침이 변경되게 되었다. 겐보 장래의 불전이 본경(저본底本)으로 되어, 이 무렵부터 순차적으로 차용되어 간 것을 알 수 있다. 그러나 전술한 바와 같이 실제로는 겐보가 모든 입장록의 불전을 장래한 것은 아니었던 것 같고, 부족한 불전들에 대해서는 학승學僧들에게 자주 문의하였다. 그러나 그것도 충분하게 진행되지 않았던 것 같고, 저본이 모두 갖추어지지 않아 서사사업은 정체되어 갔다.

덴표 15년 5월부터는 『개원석교록』의 입장록 이외의 별생경別生經·의위경疑僞經, 심지어 목록 자신에도 실려 있지 않은 목록외경目錄外經이나 중국이나 한반도에서 작성된 장소류章疏類도 서사 대상으로 하게 된다. 아마도 당시 일본에 소재한 모든 불전을 수집하여 서사하도록 제2의 변경이 이루어진 것으로 생각된다. 그 후 서사사업은 덴표天平 쇼호勝寶 8년(756) 5월에 쇼무聖武 천황이 사망함에 의해 종료된 것으로 생각된다. 이 사이 덴표 쇼호 4년(752) 4월 9일의 도다이지東大寺 노사나대불盧舍那大佛의 개안회開眼會에서 강설講說·전독轉讀에 사용되어 도다이지에 시입施入되었다. 또한 후술하는 것과 같이 덴표 쇼호 5~7년에 걸쳐 타본他本과의 대교對校인 감경勘經이 이루어졌다.

감경은 교경校經이라고도 불리는 작업으로, 일반적으로 사경寫經사업에서 서사된 사경은 두 번 정도의 교정작업을 거치지만, 그것과는 다른 것으로 생각된다. 「오월일일경」의 경우 사경사업을 마친 후 본경이 아닌 즈쇼료圖書寮 소장의 「당경唐經」이라고 불리는 장래 불전으로 교정작업을 하였을 것으로 생각된다. 후술하는 바와 같이 이 작업은 서사된 「오월일일경」을 장래 불전에 의해 내용적으로 보증保証하는 의미가 있었다고 하겠다. 더욱이 덴표 쇼호 7년(755)의 쇼소인 문서에 보이는 『대보적경』의 감경에서는 다른 『대보적경』뿐만 아니라 『대보적경』으로 수정되기 이전의 별생경別生經 등도 감경의 본경本經으로 하고 있어, 말하자면 불전연구와 같은 행위였다고 생각된다.

「오월일일경」은 훗날 일본에 있어서 일체경의 모델이 되었고, 나아가 서사의 본경으로서 중요시해 가게 되었다.

「오월일일경」과 더불어 나라시대의 일체경 서사의 사례로 대표적인 것이 「효겸천황발원일체경孝謙天皇發願一體經」으로, 신고케이운神護景雲 2년(768) 5월 13일자 원문願文으로부터 『경운일체경景雲一切經』이라 칭해지는 것이다(이하 『경운일체경景雲一切經』이라 한다).

「景雲一切經願文」

維神護景雲二年歲在戊申五月
十三日景申弟子謹奉爲
先聖敬寫一切經一部工夫之莊
嚴畢矣法師之轉讀盡焉伏願橋
山之鳳輅向蓮場而鳴鑾汾水之
龍驂泛玆香海而留影遂被不測之了
義水証彌高之法身遠曁存亡傍
周動植同玆景福共沐禪流或變
桑田敢作頌曰
非有能仁誰明正法惟朕仰止給
修慧業權門利廣兮拔苦知力用
妙兮登岸敢對不居之歲月式垂罔
極之頌翰

『경운일체경』도 서사의 총수가 6,500여 권에 이를 것으로 생각되며, 성어장聖語藏의 약 740여 권으로 여겨져 왔지만, 최근 연구에 의해 『경운일체경』은 4권뿐인 것으로 밝혀져 항간에 있는 것과 합하여 10권 미만이 전존하고 있다. 「오월일일경」과 같이 모든 경권經卷에 오서奧書를 지니지는 않았지만, 그 서사의 경위는 「오월일일경」과 마찬가지로 쇼소인 문서에 의해 추적할 수 있다.

다이리계內裏系 사경기구인 「사어서소寫御書所」에서 서사가 이루어졌지만, 덴표 호지寶字 2년(758)에는 서사사업이 시작되었던 것으로 보인다. 덴표 호지 6년 6월경에 효겸孝謙 천황(718~770, 뒤에 중조重祚하여 칭덕稱德 천황)의 측근을 중심으로 감경勘經이 행해졌고, 덴표 신고神護 원년(765) 3월부터 5월경에 걸쳐 그의 사업은 「어집경소御執經所」로 인계되어 갔다. 뒤에 어집경소는 「봉사일체경사奉寫一切經司」로 발전했지만, 감경이 신고케이운神護景雲 3년 7월경에는 종료되어 『경운일체경』의 사업이 모두 종료되었다. 그 내용은 「오월일일경」과 같으며 『개원석교록』 입장록을 기준으로 하면서, 별생경別生經·의위경疑僞經이나 목록외경目錄外經, 또한 장소류를 포함하는 것이었다. 감경에 즈음해서는 「오월일일경」을 비롯하여 「수주내친왕경水主內親王經」·「심상사서審祥師書」·「내당경內堂經」·「도서료경圖書寮經」 등의 텍스트가 대교본이 되었으며, 특히 「오월일일경」이 중요시되었다고 생각된다. 「수주내친왕경」은 상세한 내용은 미상이지만, 덴지天智 천황(626~671)의 황녀 미누시나이신노水主內親王(?~737)의 구장舊藏이 된 것으로서 무언가의 유서由緖에 의해 중시된 불전군佛典群이었다. 「심상사서審祥師書(경經)」는 신라로 유학 경험이 있는 승려로서 도다이지의 『화엄경』 강설을 시작한 신죠審祥(생몰년 미상)가 가져온 불전군이었다. 「내당경」과 「도서료경」은 전자가 다이리內裏의 불당佛堂(내도량內道場인지)에, 후자는 중무성中務省 관하의 즈쇼료圖書寮에 각각 소장되었던 불전군이었던 것으로 생각된다.

나라시대의 사경기구機構

이미 「오월일일경」과 『경운일체경』을 소개하면서 그 서사 기구에 대해 언급하였지만, 율령국가에 의한 일체경의 서사는 주로 국가적

사경기구에서 담당하고 있었다. 그 기구는 황후궁직계皇后宮職系 기구와 다이리계內裏系 서사기구로 크게 나눌 수 있다.

황후궁직계 사경기구는 덴표天平 8년(736) 이전에 고묘시光明子(701~760)의 황후궁직관하의 사경기구에서 사경이 이루어진 것이 변천하면서 국가적 사경기구로 정비되었고, 덴표 20년경에는 도다이지의 조영造營 관사官司인 조도다이지관하造東大寺司管下의 사경소가 된 것으로 해당 기期의 사경사업에서 중요한 역할을 하게 되었다. 나라시대의 쇼소인 문서는 주로 이 조동대사사사경소造東大寺司寫經所에 전래한 장부군帳簿群이다. 또한 황후궁직이란 고묘시의 황후 책립과 함께 천황의 황후들을 위해 설치하였던 중궁직中宮職과는 별도로 덴표 원년(729)에 설치한 영외관令外官이었다. 한편 나라시대의 사경에서는 황후궁직계 사경기구만이 주목받는 경향이 있지만, 또 하나의 중요한 사경기구가 다이리계 사경기구이다. 다이리계 사경기구의 존재는 앞에서 서술한 일체경의 현존 최고의 예로 생각되는 덴표 6년의 「성무천황발원일체경聖武天皇發願一切經」의 원문에 보이는 「사경사寫經司」에 해당한다고 하며, 뒤의 황후궁직계 사경기구의 사경사업과 관련하여 나라시대 후반의 사경사업에서 큰 역할을 하게 되었다.

이들 두 계통 관영 사경소에서의 일체경 서사사업은 황후궁직계 사경기구에서는 『광명자발원일체경光明子發願一切經』·「대관일체경大官一切經(선사일체경先寫一切經)」·「후사일체경後寫一切經」·「주기재일체경周忌齋一切經」 등을 들 수 있고, 다이리계 사경기구에서는 「성무천황발원일체경聖武天皇發願一切經」·「효겸천황발원일체경孝謙天皇發願一切經」 등을 들 수 있다. 또한 양 기구에 걸친 서사사업도 확인되었으며, 「갑부일체경甲部一切經」·「오부일체경五部一切經」 등을 들 수 있다.

또한 사경기구에서의 조직에 대해 황후궁직계 사경기구를 모델로 주요 인원을 기록하면, 사무관事務官으로서는 사경소 장관長官은 본사本司의 조동대사사사등관造東大寺司四等官으로 겸무한 별당別當, 개개의 사경사업의 담당 책임자인 안주案主, 각종 현장에서의 지시 책임자로 생각되는 영領 등이 있었다. 사경 종사자로는 본경을 바탕으로 경문을 서사하는 경생經生(경사經師), 서사된 사경을 교정하는 교생校生, 사경료지料紙의 제작·조정 및 경권을 장정裝丁하는 장황裝潢 등이 있었다.

또한 현존 고사경이나 문헌사료에 의해 이들 국가적 사경기구와는 별도의 다양한 사경기구가 존재하고 있었음을 알 수 있다. 그것들은 귀족의 저택·사원 등에 설치된 것으로 거기서 서사된 일체경으로는 「등원풍성일체경藤原豊成一切經」(뒤의 「도서료일체경圖書寮一切經」)·「원흥사북택일체경元興寺北宅一切經」(후원부인원경藤原夫人願經)·「선광주인경善光朱印經」·「길비유리발원일체경吉備由利發願一切經」 등을 들 수 있다.

국가적 사경으로서의 일체경

한편 나라시대의 대표적인 일체경들을 개관하였지만, 이들의 일체경에는 어떠한 특징이 있을까. 국가적 사경사업의 대표인 「오월일일경五月一日經」과 『경운일체경景雲一切經』에 대해서 보고자 한다.

「오월일일경」과 『경운일체경』은 율령국가에 의해 인정된 일체경,

이른바 「칙정일체경勅定一切經」이라고 의식되었다고 생각되지만, 다음과 같은 특징을 지니고 있었다.

①국가적 사경기구에서 서사
②칙정일체경으로서 일체경의 기준 겸 텍스트로서 중요시
③구성의 특수성(『개원석교록』 입장록을 기본으로 하면서 별생경別生經·의위경疑僞經, 목록외경目錄外經, 장소章疏도 포함)

이 가운데 중요한 것은 일체경 구성의 특수성을 나타내는 ③이다. 그것은 일체경의 내용에 관한 문제이며, 일체경의 수용, 즉 불교 이해에 관한 문제라고 할 수 있기 때문이다.

우선 『개원석교록』 입장록을 기준으로 하는 것에 대해서는 앞에서 언급한 바와 같이 중국에 있어서 최신 경록으로서 중시되었다고 생각되며, 중국의 최신 불교사정이 일본에도 큰 영향을 미치고 있다고 할 수 있다.

더불어 입장록 이외의 별생경別生經·의위경疑僞經, 또는 목록에 게재되지 않은 목록외경目錄外經이나 장소章疏를 포함한 것에 대해서이다. 별생경·의위경이나 목록외경이 포함되어 이루어진 것은 당시 일본불교 이해의 실상과의 관련을 생각할 수 있다. 『개원석교록』 권20 말미의 불입장목록不入藏目錄이라 칭해야 할 부분에 해당하는 불전에 대해 『개원석교록』에서는 다양한 이유로 입장하지 않았으나, 당시 일본에서는 진위 판정이 불가능하였고, 유루遺漏했을 경우를 염려하여 일단 입장해 두는 상황이었던 듯하며, 위의경僞疑經에 대한 혐오감이 적어 수용측受容側의 불전 이해에 관한 한계를 엿볼 수 있을 것이다.

또한 장소章疏를 포함한 점에 대해서이다. 일본에서는 일체경을 「경율론소집전經律論疏集傳」이라고 호칭하는 것과 같이 장소류章疏類도 일괄로서 생각하는 측면이 있다. 불전 연구가 미숙한 당시의 일본에 있어서는 경율론의 강설에 장소章疏가 필요 불가결했다고 생각되며, 당시 일본에서는 논論과 장소의 차이의 인식이 그다지 없었던 것은 아닐까. 도다이지東大寺 대불大佛 조립造立의 사상적 기반이 되었다고 생각되는 덴표 12년(740)부터의 『화엄경』 강설에 대해서 보면, 그 경소經疏인 법장法藏 술述 『화엄경탐현기華嚴經探玄記』나 혜원惠苑 술述 『속화엄약소간정기續華嚴略疏刊定記』에 의존하고 있었음이 상상되며, 강설에서 번성하게 해당 경소經疏가 서사되어 있었던 것이 쇼소인 문서에서 보인다.

또한 불전의 주기注記에 즈음하여 『개원석교록』뿐만 아니고, 이전의 경록에서도 의거했다. 예를 들면 쇼소인 문서에 보이는 「가청본경목록可請本經目錄」에 의하면, 구록舊錄으로의 관심도 엿보인다. 이것들은 이미 수용된 불전과 그것에 기초한 교학이 엄연히 존재하고 있었음을 상상하게 하며, 그의 취급을 어떻게 할 것인가 하는 문제가 있었던 것이 아닌가 생각된다. 일본으로의 불교 공전公傳은 백제로부터이며, 당시 한반도로부터의 영향은 대단히 많았을 것으로 추정되는데, 불전에 관해서도 당唐으로부터 장래 불전 이외에 한반도로부터도 많은 장래 불전이 존재했을 것으로 추정된다. 그것은 한반도로부터 온 박재경舶載經에는 많은 초서草書의 불전들이 존재했던 것 같고, 그의 해독解讀을 위해 「초자석문草字釋文」 등의 이른바 자서字書가 있었던 것에서도 알 수 있다. 또한 당나라 승려 감진鑑眞의 일본 방문에 의한 수계제도受戒制度의 쇄신에 즈음하여 기존의 수계에 의한 승려들의 저항이 존재했던 것에서도 상징되듯이 역시 그때까지의 불전수용의 배경으로서 교학이 형성되어 있었던 것을 상상하게 하는 것이다.

이것들의 일체경 구성의 특수성·다양성의 배경에는 앞에서 서술한 여러 가지 상황이 있고, 그것들을 포괄하는 일체경을 책정할 필요가 있었다고 생각된다. 따라서 말하자면 당시 일본에서 현존하는 불전의 전집성全集成을 의도하는 것이 되었다고 할 수 있지만, 그것은 일본 독자獨自의 스타일이고, 「칙정일체경勅定一切經」으로서 국가에 의해 보증되는 것이었다.

칙정일체경이 일본 독자의 모습을 보이고 있음을 확인하였지만, 이것이 일본 독자이기 때문에 그의 내용이 대외적으로도 의미 있는 것임을 증명할 필요가 있게 되었을 것이다. 그 점에서 주의注意되는 것이 장래 불전으로의 의존의 문제이다.

「오월일일경」이 『개원석교록』에 의한 일체경으로 방침을 변경한 당초, 겐보玄昉 장래경將來經을 일괄하여 차용하였지만, 도쇼道昭가 장래한 선원소장경禪院所藏經도 일찍이 차용되었다. 이것은 별생경·의위경 및 목록외경을 포함하면서도 그 장래경이기 때문에 존중尊重이 있었다고 생각되며, 이것도 수용측의 한계를 나타내는 것일 것이다. 이들 장래경의 신뢰성은 후세까지 소중하게 되었다. 또한 칙정일체경勅定一切經을 권위 있게 하는 방법이 장래경·도래승渡來僧에 의한 감경勘經이었다고 생각된다.

지식知識에 의한 일체경 서사書寫

나라시대를 대표하는 국가적인 일체경을 소개해 왔지만, 이것과는 성격을 달리하는 지식에 의한 일체경도 존재하였다. 그 가운데 승려를 원주願主로 하는 것에 광각지식일체경光覺知識一切經·선광주인경善光朱印經·행신발원일체경行信發願一切經, 속인을 원주로 하는 것에 길비유리발원일체경吉備由利發願一切經·육인부동인지식일체경六人部東人知識一切經 등이 있다. 지식에 의한 일체경의 대표적인 예로서 「광각지식일체경」을 들 수 있다.

「광각지식일체경」은 덴표 호지寶字 5년(761)부터 동 6년에 걸쳐 이루어진 승려 고카쿠光覺를 원주로 하는 지식일체경 서사이다. 그 목적은 오서奧書에 「봉위황제후奉爲皇帝后」라 보이는 것에서, 당초 고묘황태후光明皇太后의 1주기周忌에 발원되었음을 알 수 있다. 그 지식에 가담한 자로 중앙 사원의 승려나 하급 관인의 이름이 보이는 것은 그것과 관련되었을 것이다. 그러나 최근의 연구에 의해 서사 권진勸進이 대규모로 펼쳐져 가는 가운데 지식에 참가한 사람들의 목적이 당초 발원의 원의願意만으로 한정되지 않았다는 것이 지적되고 있다. 그곳에서는 하급관인이나 중앙의 승려 본거지로 권진활동의 범위가 확대되고, 또한 승려 광각의 포교가 전개해 가는 가운데 민간의 개개인의 종교 목적이 지식경知識經을 떠받들 목적으로 되어 갔으며, 4월 8일의 관불회灌佛會의 행사나 돌아가신 부모父母의 추선追善이라는 조상숭배와 결부되면서, 일체경 서사가 이루어진 것으로 생각되고 있다. 이처럼 나라시대의 일체경은 각지의 사찰에서 이루어지는 불교 행사라든가, 사자死者의 추선이라는 민간 사람들의 의식과 결부되어 사회적으로 넓은 시야를 가지고 받아들여진 측면이 있었다고 할 수 있다.

3. 헤이안시대平安時代의 일체경

나라시대에 의해 성황이었던 일체경의 서사였지만, 그 중심을 담당하였던 사경소 소관所官의 죠도다이지시造東大寺司가 엔랴쿠延曆 8년(789)에 정폐停廢되어 국가적인 사경사업도 저조해졌다. 그 배경에는 관영 사경소의 쇠퇴와 함께 서사사업의 방대한 경비를 필요로 하는 경제적인 문제나 개별 불전이 추선追善 등의 목적이나 신앙 내용에 따라 서사된 것 등을 생각할 수 있다. 그러나 그 사이에도 불전의 장래는 끊임없이 이루어졌고, 그것과 관련된 사료나 장래목록이 산견散見된다.

입당팔가入唐八家와 불전佛典의 장래將來

헤이안시대平安時代에 입당入唐하여 진언밀교眞言密教 등을 일본에 전한 입당오가入唐五家, 혹은 입당팔가入唐八家라 불리는 사람들이 있다. 입당오가는 에운惠運(798~869)·슈에이宗叡(809~884)·죠교常曉(?~866)·엔교圓行(799~852)·신뇨신노眞如親王(다카오카신노高岳親王, 생몰 연대 미상)를, 입당팔가는 사이쵸最澄(766~822)·구카이空海(774~835)·죠교常曉·엔교圓行·엔닌圓仁(794~864)·에운惠運·엔친圓珍(814~891)·슈에이宗叡를 각각 말한다. 그들은 진언밀교의 전래와 더불어 결본缺本 불전의 장래, 구법求法도 중요한 목적으로 하였기 때문에 객사客死한 신뇨친왕眞如親王은 별도로 하고, 수많은 불전을 장래將來하였으며, 다음과 같은 장래목록이 전해지고 있다.

最澄	330部	460卷	『傳教大師將來台州目錄』『傳教大師將來越州錄』
空海	216部	461卷	『御請來目錄』
常曉	31部	59卷	『常曉和尚請來目錄』
圓仁	137部	201卷	『日本國承和五年入唐求法目錄』
	127部	142卷	『慈覺大師在唐送進錄』
	128部	198卷	『入唐新求聖教目錄』
圓行	69部	133卷	『靈嚴寺和尚請來法門道具等目錄』
惠運		222卷	『惠運禪師將來教法目錄』『惠運律師書目錄』
圓珍		156卷	『開元寺求得經疏記等目錄』
		458卷	『福州溫州台州求得經律論疏記外書等目錄』
		115卷	『青龍寺求法目錄』
		772卷	『日本國比丘圓珍入唐求法目錄』
	441部	1,000卷	『智証大師將來目錄』
宗叡	134部	142卷	『新書寫請來法門等目錄』

이외에도 장래목록이 전해지지 않아 그 내용을 알 수는 없지만, 많은 입당승들이 각각 불전들을 장래하였을 것이라고 생각된다.

『정원신정석교목록貞元新定釋教目錄』의 장래將來

헤이안시대 전기前期의 입당승에 의한 불전 장래로 일체경에 초점을 맞춰 넓게 보면, 역시 구카이空海의 『정원신정석교목록』의 장래가 주목된다. 이 경록은 당 정원 16년(800)에 승려 원조圓照에 의해 편찬된 전 30권의 것으로 입장록入藏錄(권29·30)에 의하면, 그것에 기초한 일체경은 1,258부 5,390권으로 내용이 된 것이었다. 이 경록이 성립된 지 얼마 되지 않은 대동大同 원년(806)에 구카이에 의해 장래된 것이다. 일본에서는 이것을 계기로 『개원석교록』에 기초한 총 권수 5,048권의 일체경으로부터 『정원신정석교목록』에 기초한 총 권수 5,390권의 일체경으로 이행移行해 가게 된다. 실제로 사이쵸最澄는 고닌弘仁 4년(813) 4월에 일체경을 서사하는 데 즈음하여 구카이에게 『정원신정석교목록』의 차람借覽을 요청하였다. 그러나 『정원신정석교목록』의 입장록 소재所載의 불전 모두가 장래된 것은 아니었던 것 같고 『개원석교록』에 기초한 일체경이 즉각 일소一掃되지는 않았으며, 덴안天安 2년(858)에 엔친圓珍이 장래한 불전에 대하여 『청룡사구법목록青龍寺求法目錄』에는 『개원석교록』 이후의 한역으로 『정원신정석교목록』에 입장되어 있던 100여 권이 기록되어 있다. 이와 같이 『정원신정석교목록』의 장래 당초에는 입장록 소재 불전이 모두 갖추어져 있었던 것은 아닌 듯하다.

그 후 덴교天慶 4년(941) 후지와라노타다히라藤原忠平가 고쿠라쿠지極樂寺에서 『정원신정석교목록』에 기초한 일체경을 공양한 무렵을 계기로 하여, 일체경의 기준목록이 『정원신정석교목록』으로 되어 있었던 것으로 생각된다.

헤이안시대 전기前期의 일체경 서사

헤이안시대가 되면 일체경 서사書寫의 사례가 감소하지만, 사료史料에는 몇 가지의 사례를 알 수 있다. 그 빠른 것으로 사이쵸最澄에 의한 「최징발원일체경最澄發願一切經」을 들 수 있다.

사이쵸 발원일체경은 엔랴쿠延曆 16년(797)부터 시작되어 히에이잔比叡山 근본경장根本經藏의 일체경으로 해야 하는 것을 목적으로 하고 있었다. 이 일체경은 「일체경론장소기등一切經論章疏記等」이라 하듯이 나라시대 일체경의 특징을 나타내는 것으로 생각되며, 입장록 이외의 불전을 많이 포함한 것이었다고 생각된다. 사이쵸는 제자인 에이쇼叡勝·고우닌光仁·교호經豊 등과 서사하는 동시에 난토南都의 7대사七大寺나 동국東國에까지 조력을 의뢰하였다. 난토에서는 다이안지大安寺 승려 몬자쿠聞寂·도쇼다이지唐招提寺 도지道慈 등이 원조해 주었고, 멀리 동국에서는 「동국화주東國化主」라고 칭해진 감진鑑眞의 제자 도츄道忠 선사도 사이쵸의 부탁에 응하였다. 그 유품으로는 엔랴쿠 18년(799)에 승려 교후쿠行福에 의해 서사된 『화엄경요의문답華嚴經要義問答』 권제1·권제2(중요문화재, 엔랴쿠지延曆寺 소장)가 전존한다.

9세기에 들어서면, 율령국가가 제국諸國에 일체경의 서사를 명한 것이 정사正史에서 알 수 있다. 빠른 예는 덴쵸天長 연간(824~834)에 다자이후大宰府에 일체경 서사를 명한 것이 보인다. 이 일체경의 서사는 신고케이운神護景雲 연간(767~770)의 하치만 대보살八幡大菩薩의 탁선託宣에 유래한 것이며, 덴쵸 10년(833) 10월에는 우사구宇佐宮의 진구지神宮寺인 미로쿠지彌勒寺에 안치되었다.

또한 동국으로의 명령도 죠와承和 연간(834~848)과 닌쥬仁壽 연간(851~854)으로 두 번 보인다. 죠와 연간의 동국일체경東國一切經은 죠와 원년 5월에 칙명에 의해 사가미相模·가즈사上總·시모사下總·히타치常陸·고즈케上野·시모즈케下野 등 6국六國의 국사國司에게 이듬해 9월까지 일체경 1부를 서사하여 진상하도록 명한 것으로 본경은 「상야국록야군록야사본上野國綠野郡綠野寺本」으로 지정되어 있다. 이듬해인 죠와 2년 정월에는 전년의 일체경 서사에 더해 사가미相模·가즈사上總·시모사下總·히타치常陸·고즈케上野·시모즈케下野의 6개국에 『정원신정석교목록』과 「범석사목록梵釋寺目錄」에 실린 「율론소장기전집초律論疏章記傳集抄」를 고르게 나누어서 서사하도록 명하였다. 이 일체경은 처음에는 『개원석교록』에 의거한 것이었다고 생각되나 『정원신정석교목록』에 의거한 일체경으로 이행되어 간 모습을 전하는 것은 아닌가 생각된다. 여기에 「범석사목록」에 실린 「율론소장기전집초」가 추가되어 있는 것에서 사이쵸 발원 일체경과 마찬가지로 나라시대의 일체경 특징을 계승한 것이었는지도 모른다.

그런데 죠와 연간 동국일체경의 유품은 확실치 않지만, 본경으로 여겨진 「상야국록야군록야사본上野國綠野郡綠野寺本」은 「미도노지綠野寺(죠인지淨院寺) 일체경」으로서 알려진 것이다. 그리고 유품으로서 고닌弘仁 6년(815)에 서사된 『금강정유가경金剛頂瑜伽經』 권3(중요문화재, 고산지高山寺 소장)이 전해진다. 미도노지(죠인지) 일체경은 도츄道忠의 제자 교코敎興가 발원한 것으로 사가嵯峨 천황(786~842)을 비롯한 황족의 안녕安寧과 육친칠세六親七世의 유복裕福·보리菩提, 행자行者의 성불成佛을 목적으로 한 것이었다. 발원 시기는 명확하지 않지만 오서奧書에 보이는 고닌 6년 전후로 추정된다. 또한 이 유품은 고닌 6년 4월 2일자로 구카이空海가 동국의 유연有緣에게 장래 밀교 불전의 서사를 간청한 「권연소勸緣疏」에 호응하여 서사된 것이기도 하였다.

닌쥬仁壽 연간의 동국일체경에서는 닌쥬 3년(853) 5월에 칙명에 의해 사가미相模·가즈사上總·시모사下總·히타치常陸·고즈케上野·시모즈케下野 등 6국에 부질部帙을 나누어 일체경을 서사, 진상하게 하였다. 또한 같은 달에 무사시武藏·시나노국信濃國에 일체경 각 1부의 서사를 명하였다.

송판 일체경宋版一切經의 청래請來

10세기에도 일체경의 서사는 저조하였지만, 이 사이에 송나라에서는 일체경의 개판이 시작되었다. 이른바 송판 일체경이다. 이 중에서 가장 오래된 것이 개보장開寶藏으로 개판지開板地에 따라 '촉판 일체경蜀版一切經'이라고도 불린다. 그 내용은 『개원석교록』 입장권수 5,048권에 의한 것으로 태평흥국太平興國 8년(983)에 촉蜀(사천지방四川地方) 지역에서 완성하여 개판되어 수도 개봉開封에서 인행印行되었다. 그리고 개보장은 근린 제국에 하사되었는데, 일본에도 도다이지東大寺 승려 쵸넨奝然(938~1016)에 의해 장래將來되었다.

에이간永觀 원년(983)에 오대산 순례와 중천축中天竺의 불적 순배를 목표로 입송한 쵸넨은 황제를 알현하고 「촉판접본일체경蜀版摺本一切經」과 신역경 41권을 증여받았다. 또한 금리봉안禁裏奉安의 인도 전래라는 석가서상釋迦瑞像을 배례하고 모각칙허模刻勅許를 얻어 제작·장래하였다. 이것이 세이료지清凉寺 본존의 석가여래입상釋迦如來立像(국보)이다.

쵸넨은 간나寬和 2년(986)에 귀국하여 이듬해인 에이엔永延 원년(987) 2월에 장래품을 휴대하고 입경·행렬을 이루어 렌다이지蓮臺寺로 들어갔다. 쵸와長和 5년(1016)에 쵸넨이 입적하자, 개보장은 제자 죠산盛算(931~1015)에 의해 아타고산愛宕山 기슭의 세이카지棲霞寺 석가당釋迦堂에 안치되었다. 뒤의 간닌寬仁 2년(1018)에 후지와라노미치나가藤原道長(966~1027)에게 헌상되었고, 헤이안平安 사쿄左京 산죠三條 사방四坊의 미치나가저道長邸(니죠전二條殿)에 안치되었으며, 나아가 치안治安 원년(1021)에 호죠지法成寺(무량수원無量壽院)로 옮겨졌지만, 고헤이康平 원년(1058)에 동사同寺가 전소됨에 따라 소실되어 버렸다. 이 사이에 개보장을 본경으로 한 사경도 이루어졌다. 뒤의 엔큐延久 4년(1072)에 입송한 죠진成尋(1011~1081)은 개보장 신역분新譯分의 불전을 장래將來하였다.

서사일체경이 성행한 한편, 중국이나 한반도에서 일체경이 개판되어 인쇄되기 시작하자 그것들이 정당한 일체경이라는 강한 동경심을 갖게 되었다. 특히 송판 일체경은 '당본일체경唐本一切經'으로서 격별格別한 생각이 있었던 것 같다. 일반적으로는 박재舶載된 판본의 일체경이 보급되지는 않았던 것 같은데, 12세기경부터 남송에서 사판私版의 일체경이 왕성하게 개판되자, 점차 박재의 사례도 증가하였다. 사료적으로는 지쇼治承 3년(1179) 9월에 고후쿠지興福寺에서의 당본唐本 일체경 공양供養이 박재의 빠른 사례로서 겐큐建久 7년(1196)에는 판版(도젠지東禪寺 소장)이 분명한 사례도 나타났다.

헤이안시대 후기의 일체경 서사

헤이안시대 후기가 되면 각지의 사찰과 신사에서 널리 권진勸進에 의한 일체경의 서사가 성행하여 많은 사례가 알려졌다. 다음에 대표적인 일체경을 소개한다.

▸ 호류지 일체경法隆寺一切經

호류지의 일체경은 죠토쿠承德 연간(1097~1099)부터 다이치大治 연간(1126~1131)경에 걸쳐 호류지에서 서사된 지본묵서紙本墨書의 일체경이다. 현재 호류지에 보사補寫를 포함해 660여 권(중요문화재)이 전존하는 이외, 항간에도 오타니대학大谷大學 박물관 소장 100여 권 남짓을 비롯해 많은 것이 각 기관에 분장分藏되어 있다.

호류지 일체경의 서사 경위는 호안保安 3년(1122)의 「승림행등연서일체경서사권진장僧林幸等連署一切經書寫勸進狀」에 상세하다. 그것에 의하면, 당시 일체경 서사 숭배의 성행에 대해 호류지에는 일체경이 구비되어 있지 않았던 것 같다. 그래서 일체경을 서사하여 별당別當 교진經尋에 의해 새로 세워진 쇼료인聖靈院에 안치하여 쇼토쿠聖德 태자 500회기回忌의 추선追善을 기원하기로 계획되었다. 에이큐永久 2년(1114)경에 승려 쇼켄勝賢이 권진하여 겐에이元永 원년(1118) 10월에 공양을 마쳤지만, 그것은 2,700여 권이었으므로, 잔권殘卷 4,400여 권의 서사 권진을 린코林幸가 행했다고 한다. 그러나 현존 사경 중에는 죠토쿠承德 3년(1099)의 오서를 가진 『대보적경』이 존재함에 따라 서사사업 자체는 쇼켄의 권진 이전부터 시작되었던 것으로 생각되며, 앞의 사키노코시코엔前五師興圓과 비구니比丘尼 쟈쿠묘寂妙가 원주願

主가 되어 죠토쿠 2년 2월부터 서사가 시작된『대반야바라밀다경』의 서사에서 호류지 일체경의 기점을 구할 수 있을 것 같다. 이 일체경은 그 권수로부터『정원신정석교목록』(5,390권)을 기본으로 항안恒安 찬撰『속정원록續貞元錄』(7,399권)을 목표로 한 것으로 생각된다.

호류지 일체경의 특징은 ①신사新寫 이외에 고사경古寫經을 이용(현존 최고 사경『금강장다라니경金剛場陀羅尼經』·승광각지식일체경僧光覺知識一切經 등), ②근방近傍 제촌諸村에서도 원주를 모집하고, 사찰의 승려나 유연有緣의 능서能書에도 권진, ③타사他寺 승려(야쿠시지藥師寺) 등에게 종연宗緣에 의한 권진, ④양각陽刻 흑방인黑方印「법륭사일체경法隆寺一切經」을 날인, ⑤「일체경음의료一切經音義料」로서 덴지天治 원년(1124)에『신찬자경新撰字鏡』(궁내청宮內廳 서릉부書陵部)을 서사, 등의 여러 점을 들 수 있다.

▸나나츠데라 일체경七寺一切經과 마츠오샤 일체경松尾社一切經

나나츠데라 일체경은 죠안承安 5년(1175)부터 지쇼治承 3년(1179)에 걸쳐 오와리노쿠니尾張國의 오오나카토미노야스나가大中臣安長(생몰연대 미상) 등이 발원하여 에이케榮藝·에이슌榮俊을 권진승勸進僧으로 하여 서사한 지본묵서紙本墨書의 일체경이다. 흑칠黑漆 당궤唐櫃에 넣어져 있는데, 그 당궤 뚜껑 뒤 등의 기청문起請文이나 원문願文에 의하면, 칠사진수七寺鎭守의 15소所 권현權現 대명신大明神의 보물 앞에 납치納置하는 것을 목적으로 하였다. 또한 그 취지를 기록한 6행의 인기印記가 책 말미에 자주 보인다. 이 일체경의 특징은 일반적으로 계선界線에는 먹墨을 사용하는 데 비해 주朱을 사용하는 점이다.

특히 『대반야바라밀다경』은 종계縱界·횡계橫界 모두 주朱를 사용하지만, 그것 이외에는 종계에 먹墨, 횡계에 주朱를 사용하였다. 현재 4,954권이 나나츠데라七寺에 전존한다(중요문화재). 근래 일체경 내에서 고일불전古逸佛典이 발견되어 주목받고 있다.

마츠오샤松尾社 일체경은 마츠오샤松尾社 신주神主 하타노치카토秦親任가 발원하여, 친족의 현세안온·제원諸願성취·후생정토後生淨土를 목적으로 에이큐永久 연간(1113~1118)에 서사된 지본묵서의 일체경이다. 권수에 양각陽刻 주방인朱方印「송미사일체경松尾社一切經」이 찍혀 있다. 마츠오진구지松尾神宮寺 구장舊藏에서 호넨인法然院 소장의 것이 유명하였지만, 묘렌지妙蓮寺에서 3,545권이 발견되어 중요문화재로 지정되었다.

▸ 일일돈사경一日頓寫經과 일필경一筆經

일체경은 방대한 비용과 노력을 필요로 하는 것이고, 앞에서 서술한 바와 같이 많은 사람들이 오랜 기간에 걸쳐 서사하는 것이 일반적이었다. 그러나 그것들과는 다른 일체경의 서사 예도 보인다. 예를 들면 호죠지法成寺 승려 지오慈應가 가호우嘉保 3년(1096) 3월 18일에 후지와라노요리미치藤原賴通(992~1074)를 비롯하여 경중京中의 상하 만인萬人, 남녀 귀천에게 권진勸進하여 하루 내에 일체경을 서사한 일이 고기록古記錄에 보인다. 이 일체경은 3월 21일에는 긴푸산金峰山으로 보내졌다고 한다. 이것은 일체경의 1일 돈사경頓寫經의 사례로서 하루만에 모든 서사를 마친 특이한 서사 형태였다. 또한 유품에서도 특이한 사례가 전존하니,「색정법사일필일체경色定法師一筆一切經」을 들 수 있다. 이 일체경은 무나카타진자宗像神社의 좌주座主 겐유兼祐의 아들인 시키죠법사色定法師 료유良祐(1159~1243)가 분지文治 3년(1187)부터 안테이安貞 2년(1228)에 걸쳐 『개원석교록』에 기초한 일체경의 총권수 5,048권을 혼자서 서사한 것으로 일필경一筆經으로서 저명하다(중요문화재 고쇼지興聖寺 소장·무나카타다이샤宗像大社 보관). 이것들의 특이한 형태의 사경은 특히 강한 원주의 소원이 깃들여진 것을 상상할 수 있다.

▶ **장식 일체경裝飾一切經**

지본묵서紙本墨書의 일체경 서사가 사찰과 신사에서 왕성하게 행해지는 가운데 귀현貴顯에 의해 매우 사치스러운 감지紺紙나 자지紫紙에 금자金字나 은자銀字 등으로 서사된 장식경도 유행하였다.

감지는 남색으로 짙게 물들인 요지料紙로 칠보七寶의 하나인 유리瑠璃를 표현한 것으로 생각되며, 유리지瑠璃地의 불국토를 표현한 것으로 여겨진다. 그 요지에 금자나 은자로 서사하고, 그 후 저아猪牙로 닦아 마무리한다. 그 오래된 예는 나라시대의 이른바 이월당소경二月堂燒經인 감지은자甘紙銀字『대방광불화엄경大方廣佛華嚴經(60華嚴)』(중요문화재, 도다이지東大寺 소장)에서 찾을 수 있다. 또한 자지紫紙는 자초紫草로 물들인 요지로, 옛 나라시대의 이른바 고쿠분지경國分寺經, 고쿠분지國分寺의 탑에 안치되었다는 자지금자紫紙金字「금광명최승왕경金光明最勝王經」(국보, 나라국립박물관 소장)이 이른 예이며, 헤이안시대 중기의 것으로서 자지은자『반야심경』(중요 미술품, 진코인神光院 소장)이 전존한다. 다음은 헤이안시대의 대표적인 감지의 일체경을 소개한다.

츄손지경中尊寺經은 후지와라노기요히라藤原清衡(1056~1128)의 발원에 의해, 에이큐永久 5년(1117)부터 덴지天治 3년(1126)에 걸쳐 오슈奧州 히라이즈미平泉에서 서사되어 츄손지中尊寺에 봉납된 감지금은자 일체경으로 장식경 중에서도 특기할 만하다. 요지料紙는 감지를 사용하였고, 금자와 은자로 번갈아 경문을 서사한 금은교서金銀交書라는 사경이다. 표지에는 보상화당초문寶相華唐草文을, 안단(견반見返)에는 석가설법도釋迦說法圖를 중심으로 한 여러 종류의 도양圖樣을 각각 금은니金銀泥로 그려 넣었다. 또한 경권의 축단軸端은 발형도금撥型鍍金 어자지魚子地 사변화문四弁花文의 축수軸首를 부착하였다. 이 일체경은 뒤에 도요토미 히데츠구豊臣秀次(1568~1595)에 의해 고야산高野山으로 옮겨졌다고 한다. 유품은 현재 곤고부지金剛峯寺에 4,296권(국보)이, 간신지觀心寺에 160권(중요문화재)이 전래하는 이외 항간에도 분장되어 있다. 또한 기요히라清衡의 아들 모토히라基衡(생몰 연대 미상)의 아버지 추선追善을 위한 감지금자인 『묘법연화경』, 손자 히데히라秀衡(1122~1187)의 조부 추선을 위한 감지금자 일체경도 「중존사경中尊寺經」으로 불린다. 그 유품은 현재, 전자는 1부(중요문화재)가 닛코日光 린노지輪王寺 외에, 후자는 2,742권(국보)이 츄손지(다이쵸쥬인大長壽院)에 전래되고 있다.

한편 교토에는 진고지경神護寺經이 유명하다. 진고지경은 권수에 양각 주인朱印 '진고지神護寺'를 찍은 감지금자 일체경으로 『진고지약기神護寺略記』에 「금니일체경정원록金泥一切經貞元錄」이라고 기록한 것에 해당한다고 한다. 이것에 의하면, 토바 법황鳥羽法皇(1130~1156)

은 규안久安 5년(1149)경에 발원 서사하게 하고, 고시라카와 법황後白河法皇(1127~1192)은 분지文治 원년(1185)에 진고지에 시입施入했다고 한다. 오서 등은 없지만, 경질經帙에는 보상화당초문寶相華唐草文을, 안단(견반見返)에는 석가설법도를, 각각 금은니로 그려 놓았다. 유품은 진고지에 2,317권(중요문화재)이 전래되었으며, 항간에도 분장되었다. 또한 진고지에는 피개조被蓋造인 흑칠도黑漆塗를 한 경상經箱 45합合(중요문화재)과 경질經帙 202매(중요문화재)가 전존한다. 후자는 겉은 색사色糸로 호상縞狀 문양을 엮은 대나무 책자簀子로, 주위를 붉은 바탕의 비단을 테두리로 하고, 이지裏地는 맹총萌葱으로 물들인 능綾으로 하였다. 권뉴卷紐는 능형菱形을 나타낸 조뉴組紐로 하고, 권뉴의 매듭 부분과 이음새에는 날개를 펼친 나비를 본뜬 금강제金剛製 금구金具를 붙였다.

그밖에도 토바 법황鳥羽法皇의 보리菩提를 추모하기 위하여 황후의 비후쿠몬인美福門院 후지와라노토쿠코藤原得子(1117~1160)가 발원한 감지금자 일체경이 있고, 토바 법황 3주기에 해당하는 헤이지平治 원년(1159) 7월 2일에 고야산 금당 근처의 육각경장六角經藏에 봉안되었다. 그 영대 공양료永代 供養料로서 기이노쿠니아라카와쇼紀伊國荒川莊가 기증되었기 때문에 「황천경荒川經」이라 불러지고 있다. 현재 곤고부지金剛峯寺에 3,575권(중요문화재) 등이 전존한다.

또한 일체경은 아니지만, 지극히 사치스러운 장식경으로 「구능사경久能寺經」(뎃슈지鐵舟寺 외 소장)과 「평가납경平家納經」(이츠쿠시마진자嚴島神社 소장)을 들 수 있다. 전자는 토바 법황이나 황후인 대현문원待賢門院 후지와라노타마코藤原璋子(1101~1145)·비후쿠몬인美福門院 토쿠코得子 등이 결연하여, 『묘법연화경』·『무량의경』·『관보현경』을 채전彩箋 묵서한 것이고, 후자는 다이라노키요모리平清盛(1118~1181)가 쵸칸長寬 2년(1164)에 다이라야이치몬平家一門의 현당現當 2세의 번영을 기원하며 『묘법연화경』·『무량의경』·『관보현경』·『아미타경』·『반야심경』을 채전 묵서하여 이츠쿠시마진자嚴島神社에 봉납한 것으로서 모두 장식경의 최고봉이라고 할 수 있다. 이외 『묘법연화경』·『무량의경』·『관보현경』·『아미타경』·『반야심경』을 채전 묵서한 「자광사경慈光寺經」(지코지慈光寺 소장)이나 「하세데라경長谷寺經」(하세데라長谷寺 소장)도 유명하다.

이와 같은 다양한 일체경은 원정기院政期의 일체경 서사로의 열의熱意의 전개 가운데 각각의 사찰과 신사 등에서 독자성을 가진 서사사업이 새롭게 전개되었음을 보여주는 것으로 생각된다. 원院이나 섭관가攝關家에 의한 일체경의 서사사업에 의한 사회적인 임팩트는 원정기에 각각의 집단이 자기를 사회 속에 어떻게 자리매김할 것인가를, 일체경 서사사업을 장으로 표현하는 사회를 만들어내고, 그것이 일체경 서사 번창의 배경이 되었다고 생각할 수도 있을 것이다. 그리고 그것을 뒷받침해 주는 존재로서 각 지역에 서사 권진勸進에 응한 민중이 존재하였다고 생각하는 것은 원정기의 불교를 생각하는 데 흥미 깊은 것이라 할 수 있다.

말법末法과 일체경회一切經會

불교의 시대관으로 『대방등대집경大方等大集經』 등에 정법正法·상법像法·말법末法의 삼시설三時說이 설해져 말법 세상에는 불법의 가르침이 멸한다고 하였다. 일본에서는 에이쇼永承 7년(1052)을 말법 원년으로 생각했지만, 이 시기는 섭관기攝關期에서 원정기院政期로의 이행기移行期로 정치체제를 비롯해 중앙·지방에 국한되지 않고 다양한 변화가 일어난 시기였기 때문에 사회에 널리 불안감이나 위기감이 생겨났다. 그것을 배경으로 말법 세상이 더욱 강하게 의식되어 이후의 불교 위상에 그림자를 드리우게 된다.

말법 원년으로 알려진 에이쇼永承 7년 이후 일체경의 서사가 성행하는 가운데 그것에 부수付隨하여 일체경을 공양하는 법회, 「일체경회一切經會」도 성행하였다.

일체경회는 승려들을 청하여 전독轉讀, 혹은 진독眞讀하여 공양하는 법회이다. 이 법회에서는 일체경의 서사 완성에 해당하는 것과 매년 연중행사로 거행되는 것이 있었다. 연중행사로서의 일체경회는 점차 보급되어 엔랴쿠지延曆寺·닌나지仁和寺·호우곤고인法金剛院·교간지行願寺·가모샤賀茂社·기온샤祇園社·이와시미즈하찌만구우石清水八幡宮나, 가마쿠라鎌倉의 쓰루가오까하찌만구우鶴岡八幡宮나 쇼초쥬인勝長壽院에서 관례 행사가 되었다. 또한 일체경회에는 관현무악管弦舞樂도 행해졌으며, 그곳은 귀족의 유락遊樂의 장이기도 하였다.

일체경회의 첫 사례는 엔큐延久 원년(1069) 우지뵤도인宇治平等院의 일체경회라고 하지만, 그 이전에도 일체경회를 엿볼 수 있는 사료가 산견散見된다. 8세기 중반, 덴표天平 원년(749) 윤5월에 쇼무聖武 천황이 '태상천황사미승만太上天皇沙彌勝滿'이라 칭하고, '이화엄경위본以花嚴經爲本(『화엄경』을 근본으로 함)'으로 하여 '일체대소승경론一切大乘小乘經律論, 초소장등抄疏章等, 필위전독강설必爲轉讀講說(일체의 대승소승의 경율론, 소초장 등을 반드시 전독 강설한다.)'라고 서원하여, 다이안지大安寺·야쿠시지藥師寺·간고우지元興寺·고후쿠지興福寺·도다이지東大寺 이외 소우후쿠지崇福寺·고젠야쿠시지香山藥師寺·겐코지建康寺·홋케지法華寺에 보시물布施物과 간전지墾田地를 시입한 기사가 『속일본기續日本記』에 보인다. 이것은 쇼무聖武 천황이 일체경의 항구적인 전독, 강설을 의도한 것이고, 일체경회의 남상濫觴으로 보아 좋을지도 모른다. 게다가 8세기 말, 엔랴쿠延曆 11년(792) 3월, 닌묘仁明 천황(810~850)의 황녀 다카이코나이친왕高子內親王(?~866)은 치꾸젠노쿠니筑前國 무시로다노고오리席田郡의 장전莊田 28정町 3단段 4백보百四步를 간제온지觀世音寺에 시입하였는데, 그 가운데 일부는 일체경료소一切經料所라 하여 일체경 공양의 법회의 존재를 알 수 있다.

말법末法과 매경埋經

일체경은 아니지만, 말법과 사경과의 관계로 매경에 대해서도 언급해 두고자 한다. 매경은 헤이안시대 중기인 10세기 말엽부터 행해지기 시작한 것으로 생각된다. 불전을 서사하여 땅속에 매납埋納하는 것으로서, 그 매납한 무덤을 경총經塚이라고 한다. 매경의 본래 목적은 말법사상을 배경으로 말법 후 56억 7천만 년 후에 도솔천兜率天 내원內院에서 수행 중인 미륵보살彌勒菩薩이 하생下生하여 석가모니 재세시와 마찬가지로 불법이 전파된다고 하며, 그때까지 사경을 남겨 결연結緣하려는 것이었다. 그 후 극락왕생極樂往生·출리해탈出離解脫·현세이익現世利益의 공덕을 얻고자 한 것과 추선공양追善供養(역수공양

逆修供養)에도 이용되었다.

가장 이른 확실한 예는 후지와라노미치나가藤原道長가 쵸토쿠長德 4년(998)에 발원하여 간코寬弘 4년(1007)에 만든 나라현奈良縣 긴푸센金峯山의 매경이라 생각된다. 전존하는 금동등원도장경통金銅藤原道長經筒(국보, 긴푸센지金峯山寺 소장)의 각명刻銘에 의하면, 이 매경은 감지금자의 『법화경』·『무량의경』·『관보현경』·『아미타경』 외 15권을 8월 11일에 긴푸센죠金峯山上에 매납한 것으로, 이 경통經筒은 겐로쿠元祿 연간(1688~1704)에 본당 재건 시에 발견되었다고 한다. 특히 쵸겐長元 4년(1031) 히에이잔比叡山 요코카와橫川의 가쿠쵸覺超 등이 덴쵸天長 연간(824~832)에 엔닌圓仁이 서사한 여법경如法經을 보존하는 방법으로서 매납을 기도한 것을 계기로, 여법경 공양이 전국적으로 확산되었고, 여기에 말법사상이나 정토사상, 산악신앙이 어우러져 더욱 성행하게 된 것으로 생각된다. 여법경 공양은 일정한 규칙에 따라, 특히 『법화경』을 서사 공양하고 매경하는 행위를 말하며, 매납되는 불전은 주로 『법화경』으로 『무량의경』·『관보현경』을 추가한 법화삼부경, 나아가 『아미타경』·『반야심경』 등이나, 『미륵상생경』·『미륵하생경』·『미륵성불경』이 더해졌으며, 밀교에서는 『대일경』·『금강정경』·『소실지경蘇悉地經』·『이취경理趣經』이 중심이었다. 또한 매납용기인 경통 등에도 고안이 집중되어 부납품副納品도 증가해 갔다. 또한 소재는 지본紙本이 중심이었지만, 차츰 불후성不朽性을 의식하여, 와경瓦經이나 동판경銅板經이나 활석경滑石經 등도 나타났다. 헤이안시대의 경총經塚은 500개의 사례가 넘는데, 주된 것으로 구라마데라경총鞍馬寺經塚(교토부京都府)·긴푸센경총金峯山經

塚(나라현奈良縣)·아사마야마경총朝熊山經塚(미에현三重縣)·시토리신사경총倭文神社經塚(돗토리현鳥取縣) 등이 있다.

헤이안시대 후기의 판경版經

일체경의 개판開板은 에도시대를 기다려야 하지만, 헤이안 시대 후기에는 특정 불전을 개판하는 것도 행해졌으므로 마지막으로 그 점을 언급해 두고자 한다.

판경版經은 간코寬弘 6년(1009)에 후지와라노미치나가藤原道長가 시행한 천부법화경千部法華經 접경공양摺經供養이 사료상의 초견에 해당하지만, 현존하는 가장 오래된 판경은 덴기天喜 원년(1053)과 호안保安 원년(1120)의 오서奧書를 가진 『불설육자신주왕경佛說六字神呪王經』(중요문화재, 이시야마데라石山寺 소장)이다. 그 뒤를 잇는 것은 죠랴쿠承曆 4년(1080)의 가점오서加點奧書를 가진 『법화경』 권2(개인 소장)가 된다.

또한 각 사원에서 각각의 교학이나 신앙에 관련되는 불전이 개판되었고, 난토南都의 고후쿠지興福寺, 기이紀伊의 고야산高野山, 오미近江의 엔랴쿠지延曆寺의 것이 유명하다.

난토의 고후쿠지興福寺에서는 헤이안시대 말기부터 에도시대에 걸쳐 개판·인행印行되었지만, 그것들은 가스가판春日版이라고 불리고 있다. 가장 오래된 것으로는 간지寬治 2년(1088)의 간기를 가진 『성유식론』(나라奈良, 쇼소인 성어장正倉院聖語藏), 그것에 다음으로 에이큐永久 4년(1116)의 묵서가 있는 『성유식론요의등成唯識論了義燈』(호쥬인寶壽院 소장)과 호안保安 4년(1123)의 묵서가 있는 『성유식논술기成唯識論

述記』(호쥬인 소장)가 있으며, 당초 법상종法相宗의 유식론唯識論 관계의 불전이 주류였다. 다만 지죠治承 4년(1180)에 헤이시平氏에 의한 난토南都 화공火攻에 의해 판목은 소실되었다.

와카야마현和歌山縣의 고야산高野山에서 개판·인행된 판경은 고야판高野版으로 불리고 있다. 고야판은 헤이안시대 후기부터 개판된 흔적은 있지만, 현존 최고는 겐쵸建長 5년(1253)에 개판된 『삼교지귀三教指歸』(호쥬인 소장)로, 현존하는 예로 볼 때 그 간행은 가마쿠라시대부터 에도시대 말기에 이르는 것으로 생각된다. 그 개시는 난토南都의 개판의 영향을 받은 것으로 생각되고 있다.

히에이잔比叡山 엔랴쿠지延曆寺에서 개판·인행된 것을 중심으로, 교토京都의 천태종天台宗 사원이 간행한 것도 널리 포함한 것으로 에이잔판叡山版이 있다. 에이잔판은 옛 헤이안시대 중기부터의 개판이라고 전하지만, 가장 오래된 것은 고안弘安 연간(1278~1288)에 쇼센承詮이 개판한 천태 3대부(법화 3대부=『법화현의法華玄義』·『법화문구法華文句』·『마하지관摩訶止觀』)와 담연湛然에 의한 주석서이다.

이와 같이 헤이안시대 후기부터 개인이나 사찰에 의해 불전이 개판되었지만, 앞에서 언급한 것과 같이 일체경의 개판은 근세까지 이루어진 일은 없고, 그 개판·인행은 약 600년 후인 에도시대의 슈존판宗存版을 기다려야 한다.

参考文献

赤尾榮慶·賴富本宏 編,『寫經の鑑賞基礎知識』(至文堂, 1994年).
飯田剛彦,「聖護藏經塚『神護景雲二年御願經』について」(『正倉院紀要』 34, 2012年).
石田茂作,『寫經より見たる奈良朝佛教の硏究』(東洋文庫, 1930年, 原書房, 1982年復刻).
上川道夫,『日本中世佛教史料論』(吉川弘文館, 2008年).
小松茂美,『平家納經の硏究』(講談社, 1976年).
榮原永遠男,『奈良時代の寫經と內裏』(塙書房, 2000年).
榮原永遠男,『奈良時代寫經史硏究』(塙書房, 2003年).
園田香融,「南都佛教における救濟の論理(序説) −間寫經の硏究−」(日本宗教史硏究會編『日本宗教史硏究』 4 <救濟とその論理>, 法藏館, 1974年).
福山敏男,『日本建築史硏究』 續編(墨水書房, 1971年).
堀池春峰,「平安時代の一切經書寫と法隆寺一切經」(同氏『南都佛教史の硏究』 下, 法藏館, 1982年).
宮崎健司,『日本古代の寫經と社會』(塙書房, 2006年).
山下有美,『正倉院文書と寫經所の硏究』(吉川弘文館, 1999年).
京都國立博物館·京都佛教各宗學校連合會編,『佛法東漸 −佛教の典籍と美術−』(京都國立博物館·京都佛教各宗學校連合會, 2015年).
上代文獻を讀む會編,『上代寫經識語注釋』(勉誠出版, 2016年).

제2장 일본 중세의 일체경

1. 가마쿠라기鎌倉期의 일체경

가마쿠라 막부와 대장경

중세일본에서 성립한 무인정권武人政權인 가마쿠라 막부鎌倉幕府 및 그 동량棟梁인 장군將軍은 대륙大陸 불교에 강한 관심을 보였다. 그리고 많은 사원에 대장경의 시입施入을 행하고 일체경회 등의 법회를 집행하게 하였다. 가마쿠라 막부의 성쇠를 그린 사서史書『오처경吾妻鏡』에 의하면, 분지文治 2년(1186), 무사시노쿠니武藏國 신지히지眞慈悲寺의 승려 우진有尋의 요구에 응하여, '일체경'을 안치하여 막부기원소幕府祈願所로서의 성격을 갖게 하였다. 그 외에도 가마쿠라에 건립된 사찰과 신사에서는 종종 일체경회가 거행되었으며, 장군이나 그의 부인 등이 직접 법회에 참석하여 예배하였다. 예를 들면 초대 장군 미나모토노요리토모源賴朝(1149~1199)가 막부 개창기에 츄손지中尊寺 대장수원大長壽院(2층 대당大堂)을 모방하여 건립한 가마쿠라의 에이후쿠지永

福寺에서는 송판 대장경宋版大藏經 5,000권의 공양회가 엽상방葉上房 에이사이榮西(1141~1215)에 의해 진행되어 장군이 그 자리에 참석하였다. 후세에 기록된 『신편상모국풍토기고新編相模國風土記稿』에 의하면, 이때 공양된 송판 대장경은 3대 장군 미나모토노사네토모源實朝(1192~1219)가 조선국에 의뢰하여 송나라로부터 얻은 것이라고 한다. 사네토모의 대륙 불교에 대한 동경이 매우 강했던 것은 잘 알려져 있다. 유명한 일화로서, 쵸겐重源(1121~1206)의 초대를 받아 일본에 와서 그와 함께 도다이지東大寺 부흥사업에 종사한 남송南宋의 공인工人 진화경陳和卿이 사네토모實朝와 대면하였을 때, 사네토모의 전생이 송나라 의왕산医王山의 장로長老였으며, 그때 진화경이 제자였다는 전생담前生譚을 전달하였으며, 사네토모도 그 이야기를 믿었다고 한다. 이로부터 사네토모는 대륙으로 건너가고 싶은 마음이 강하여, 진화경에게 명하여 도송선渡宋船까지 만들게 하였다.

화경和卿을 일본에 데려온 쵸겐도 송나라에서 대장경을 가져왔다. 그의 사적事蹟을 기록한 『나무아미타불작선집南無阿彌陀佛作善集』에는 쵸겐이 도다이지 별소別所 정토당淨土堂(하리마노쿠니播磨國 죠도지淨土寺)과 야마시로노쿠니山城國의 가미다이고지上醍醐寺에 '당본일체경唐本一切經'을 각각 시입했다고 기록되어 있다. 그중 가미다이고지의 일체경에 대해서는 뒤의 사료史料이지만 칠조원청七條院廳에서 나온 문서에는 다음과 같다.

七條院廳

可早任權少僧都藏有寄文, 以醍醐寺唐本一切經, 爲御所祈願

所事,

右去年十月日解狀偁, 謹檢案內,建立精舍而寄進御願者, 承前之例也,爰造東大寺上人大和尙重源, 聊依宿願,從大唐淩蒼海萬里之波浪, 渡七千餘軸之經論, 卽建久之比,於淸瀧社以專寺座主爲唱導, 啒百口碩德, 擧題名, 兼卜當山之勝地, 起立一字之經藏, 併彼經論悉以安置, 崇重異他, 恭敬超餘(中略)

虫損

建保六年三月日 主典代…判

別當大宰權帥藤原朝臣(光隆)判 判官代中宮權大進藤原判

權大納言藤原朝臣 中務大輔藤原朝臣

中納言藤源朝臣 判

中納言源朝臣 判

權中納言兼左衛門督藤原朝臣(忠信)判

勘解由長官藤原朝臣(盛經)判

前上總介平朝臣

겐포建保 6년(1195) 다카쿠라高倉 천황의 후궁에서 고토바 상황後鳥羽上皇의 어머니에 해당하는 칠조원七條院(후지와라노쇼쿠시藤原殖子, 1157~1228)의 원청院廳이 낸 이 문서에 의하면, 다이고지醍醐寺의 진언승眞言僧인 죠유 법사藏有法師의 기문寄文(기진문寄進文)에 의해 다이고지의 『당본일체경唐本一切經』을 기원소祈願所로 삼아야 한다고 되어 있다. 이 『당본일체경』은 쵸겐이 숙원宿願이 있어 창해만리蒼海萬里의 풍랑을 넘어 대당大唐으로부터 일본으로 가져온 경론이며, 겐큐建

久 연간(1190~1199)에는 쵸겐 자신이 다이고지 진수鎭守의 세이류곤겐사淸瀧權現社에서 100명의 석덕碩德을 초빙하여 승지勝地를 점쳐 경장을 건립한 것이었다. 쵸겐이 건립한 경장은 기동조寄棟造의 대불양大佛樣(다이부쓰요) 건축으로 쇼와昭和 14년(1939)에 소실될 때까지 동 대장경을 보관하고 있었다. 쵸겐에 의해 다이고지에 시입된 『당본일체경』은 송판 대장경으로 1행 17자, 『대반야경』을 비롯한 655첩이 개원사장開元寺藏, 그것 이외의 것은 동선사장東禪寺藏이라고 하는 혼합장이다. 반야경전이 처음에 있다는 점에 특징이 있다고 한다. 절본折本의 형식으로 6,014첩이 현재 전해지고 있다.

또한 대장경은 가마쿠라시대의 일본사회에 있어서 종교적·정치적으로 중요한 역할을 하였다. 특히 두 차례에 걸쳐 경험한 몽골의 내습이 큰 영향을 미쳤다. 몽고습래蒙古襲來라는 외압에 대해 막부幕府·조정朝廷은 방루防壘 등의 현실적 대응을 행하는 것과 함께 여러 사찰과 신사에서 기도 등 종교적인 대응에도 몰두하였는데, 그중에서 대장경에 중요한 역할을 맡겼던 것이다. 고안弘安 3년(1280) 3월 사이다이지西大寺 에이손叡尊(1201~1290)은 당시 가메야마龜山 천황(1249~1305)으로부터 칙명을 받아 제자 쇼카이性海 등 100여 명의 승려를 이끌고 이세진구伊勢神宮(내궁內宮·외궁外宮)를 참배하고 가메야마龜山 천황이 보낸 대장경을 내·외의 양궁에 헌납하였다.

이것은 '이적퇴난異賊退難 국가안전國家安全'을 목적으로 한 것이었다(『밀종연표密宗年表』). 같은 시기 고안弘安 7년(1284)에는 기타노텐만구北野天滿宮의 승려들이 일체경 서사와 경장 건립을 기도企圖하여 조정에 주청하였지만, 그 「권진소勸進疏」에 '이국습래異國襲來'에 대해서 여러 신사들의 신들이 '천주天誅'를 가할 수 있도록 활약을 한 즈음 기타노텐만구의 신도 영험을 나타냈다고 하여 이 역시 몽고습래의 난을 양재禳災·국토안전國土安全이라는 역할이 대장경에 기대되게 되었다고 하는 점이 가마쿠라시대의 특징 중 하나이다.

기타의 청래대장경請來大藏經

이밖에도 동시대에는 많은 대장경이 청래請來되고 있다. 가마쿠라시대 중기의 율승律僧인 죠교淨業(1187~1259)는 현밀顯密을 겸학한 인물이다. 겐포 4년(1216)에 뜻을 두고 입송하여 철옹 수일鐵翁守一에게서 사사師事하여 율을 배웠다. 당시의 이종理宗으로부터 돈쇼슈시曇照宗師라고 하는 호를 받고, 죠큐承久 2년(1220)에 귀국하고 나서는 교토에 가이고지戒光寺를 개창하고 율을 홍보하는 데 힘썼다. 죠교는 귀국에 즈음 대장경을 가져왔다고 전해지고 있다. 다만 그가 청래한 대장경이 그 후 어떻게 되었는지에 대해서는 불분명하다. 또한 오우미노쿠니近江國 간잔지菅山寺의 센교專曉도 입송하여 건지建治 원년(1275)에 송판 대장경(사계장思溪藏)을 청래하였다. 그 후 게이쵸慶長 18년(1613) 9월 도쿠가와 이에야스德川家康가 이 송판 대장경을 구한 것에 응해 5,471권이 조죠지增上寺에 기증되었다(『본광국사일기本光國師日記』).

또한 나라奈良 사이다이지西大寺에는 원판元版의 대장경이 현장現藏되어 있어 이미 상세한 조사가 이루어졌다. 조사보고에 의하면, 14세기 전반 사이다이지에 가장架藏되었다는 점은 분명하나 전래의 경위나 과정에 대해서는 불분명한 점이 많다고 한다. 사이다이지는 가마쿠라시대의 율승으로 저명한 에이손叡尊이 계율 부흥 활동의 거점으로 삼았던 사원이다. 에이손이 대륙으로부터의 대장경 청래를 희구한 것은 잘 알려져 있으며, 관계가 강했던 가마쿠라 막부의 중신重臣 호죠사네토키北條實時(1224~1276), 그리고 미나모토노요리토모源賴朝의 중심으로서 정소政所 공사봉행公事奉行 등의 중책을 담당한 나카하라노치카요시中原親能의 처 가메가야젠니龜谷禪尼라는 두 이름에서 각각 고쵸弘長 원년(1261)과 고안弘安 2년(1279)에 송판 대장경이 기증되었다. 이에 대해서는 현존을 확인할 수 없으며, 사계장思溪藏이나 적사장磧砂藏, 혹은 혼합장混合藏일 것으로 추정되고 있다. 또한 앞에서 서술한 조사보고에서는 사이다이지 소장의 원판元版은 보령사장普寧寺藏이 3,450첩帖, 적사장(보각補刻) 4첩, 판版 미상未詳 2첩으로 되어 있으며, 보령사장이 가장 많다.

색정법사 서사경色定法師書寫經

가마쿠라시대의 선승禪僧인 시키죠色定 법사(안카쿠료유安覺良祐, 1160~1242)도 이 시대의 대장경을 이해하는 데 빠질 수 없는 중요한 인물 중의 한 사람이다. 치쿠젠노쿠니筑前國의 무나카타사宗像社(후쿠오카현福岡縣 무나카타군宗像郡 겐카이쵸玄海町 다지마田島) 좌주座主의 아들로 태어나 무나카타사宗像社 일궁좌주一宮座主가 된 시키죠는 29세 때에 대장경 서사를 발원하고, 혼자서 서사사업에 착수하였다. 이 사업은 분지文治 3년(1187) 4월 11일에 기필起筆하여 안테이安貞 2년(1228)까지 수십 년에 걸쳐 수행되었다. 시키죠는 비용과 요지料紙 등을 조달하기 위해 교토는 물론 남해도南海道를 중심으로 한 제국諸國을 행각行脚하고 기증을 권하며 돌아다녔다고 전해진다. 시키죠 법사 목조좌상에는 '대일본국 진서축전주종상大日本國鎭西筑前州宗像 제일궁좌주색정법사第一宮座主色定法師/일체경입론일필서사행인一切經立論一筆書寫行人'으로, 이 서사가 시키죠 한 사람의 붓으로 이루어졌음을 알 수 있다.

또한 서사 오서奧書에는 '본경주本經主 강수綱首 장성張成, 묵근강수墨勤綱首 이영李榮, 필근대수방筆勤大樹房' 등의 이름이 보이는데, 그들이 시키죠의 사경사업을 함께 담당했던 사람들이었다. 강수綱首는 무역선의 책임자를 가리키는 말로, 장성과 이영은 모두 하카타博多 강수(송상인宋商人)였다고 추정된다. 장성이 본경주로 기록되어 있는 것으로 보아 장성이 가져온 송판 대장경이 저본이 되었을 것이다. 시키죠가 그 송나라의 상인들과 접점을 가진 이유로는 시키죠의 활동 거점이었던 무나카타사宗像社가 일송무역日宋貿易을 적극적으로 행한 것이나, 13세기 초의 무나카타사 대궁사大宮司 우지타다氏忠의 아내(장씨張氏)가 송나라 사람이었던 것 등의 연결고리를 상정할 수 있다. 또한 시키죠 자신도 입송했다고 전해지며, 다양한 측면에서 송나라와 연관이 있는 인물이었다. 에이사이榮西와도 관계가 깊었던 듯하여 에이사이의 제자라는 오전誤傳도 있을 정도이다. 시키죠 법사가 서사한 대장경은 무나카타사에 납입되어 있었지만, 메이지明治시대의 신불분리神佛分離에 즈음하여 무나카타사와 관계가 깊었던 고쇼우지興聖寺(후쿠오카현福岡縣 무나카타군宗像郡 겐카이쵸玄海町 다지마田島)로 이관되어 4,331권이 전해지고 있다(현재는 무나카타다이샤宗像大社에 기탁되어 있다).

2. 남북조南北朝·무로마치기室町期의 일체경

아시카가다카우지 발원경足利尊氏發願經

가마쿠라 막부가 멸망한 후, 고다이고 천황後醍醐天皇(1288~1339)을 중심으로 한 겐무建武 정권이 탄생하였다. 그러나 고다이고 천황에 의한 천황 중심의 전정專政에 대해 불만을 품은 무사들은 아시카가다카우지足利尊氏(1305~1358)를 중심으로 반反 고다이고로 움직이게 되었다. 겐무建武 3년=엔겐延元 원년(1336)에는 고다이고 쪽을 압도한 아시카가다카우지가 무로마치室町 막부를 열고 무로마치 막부 초대 장군이 되어 고묘光明 천황(1321~1380)을 옹립해 북조를 세웠다. 한편 천황의 자리에서 쫓겨난 고다이고는 요시노吉野로 피해 요시노에서 남조南朝를 세우게 되었다. 여기에서부터 약 60년 가까이 내란이 계속되어 열도列島 각지에서는 북조北朝 측과 남조南朝 측의 다툼이 빈발하였다.

고다이고는 남조를 수립한 지 얼마 되지 않은 엔겐延元 4년=랴쿠오曆應 2년(1339), 요시노 지역에서 52년의 생애를 마쳤다. 고다이고는 밀교를 중심으로 불교에 깊이 경도된 인물로서 재위 중인 고다이고가 법복法服 차림으로 그려진 초상화가 남아 있는 등, 그것만으로도 불교에 대한 경도傾倒가 얼마나 강했는지 알 수 있다. 또한 자신의 중궁中宮이었던 기시禧子의 순산 기원을 빌어 가마쿠라 막부를 저주하고자 했던 일화 등도 남아 있을 정도이다. 고다이고의 사후 수년을 지난 분나文和 3년(1354), 아시카가다카우지는 일체경의 서사를 발원하고 사업에 착수하였다. 이것이 「아시카가다카우지 발원일체경足利尊氏發

願一切經」이다. 아시카가 씨의 역사를 그린 『원위집源威集』에 의하면, 이 분나 3년은 다카우지의 모친(가쇼인도노果証院殿)의 13주기에 해당되며 「장군가어대원將軍家御大願」으로서 발원된 것이라 한다. 당시 정치 정세가 안정되지 않아 남조 측의 여러 세력이 각지에서 봉기하여 자주 교토가 위협받는 등 긴박한 상황이 계속되는 가운데의 일이었다. 다카우지는 전부터 고다이고 천황을 비롯하여 남북조 내란에서 목숨을 잃은 망혼을 추모하기 위해 애쓰고 있었다. 그것은 덴류지天龍寺 건립, 제국諸國에 안고꾸지安國寺 이생탑利生塔 건립 등에 잘 나타난다. 그밖에도 스루가노쿠니駿河國 세이켄지淸見寺에 소장된 지장보살 화상畵像을 다카우지 자신이 그린 것이나, 분나文和 원년(1352)에 『대반야경』을 개판한 것 등으로부터 다카우지의 불교신앙이 독실함을 엿볼 수 있다. 그런 상황에서 발원된 것이 일체경 서사였다. 때마침 다카우지와 적대하고 있던 아시카가타다후유足利直冬 쪽의 세력 등이 봉기하고 있는 상황이었지만, 다카우지는 이를 '마魔의 장애障碍'이고, '천도天道는 정리正理에 가담해야 한다.'며 모친의 회기법요回忌法要와 일체경 공양의 불사를 취소하지 않았다고 한다.

다카우지 발원發願의 서사 일체경은 미이데라三井寺(온죠지園城寺)나 덴류지天龍寺, 그리고 스루가노쿠니駿河國의 세이켄지淸見寺 등에 납입되게 되었던 것이다. 『삼정속등기三井俗燈記』에 의하면, 일찍이 미이데라에는 엔친圓珍이 청래한 대장경이 있었으나 소실되었고, 그 후 가마쿠라 막부 집권 호죠야스토키北條泰時가 모친 호죠마사코北條政子 추선追善을 위해 서사한 대장경이 봉납되었지만, 그것도 또한 분포文保 연간(1317~1319)에 소실되어 버렸다고 한다. 이 분포의 소실은 분포 3=겐오元應 원년(1319)에 온죠지園城寺 계단戒壇 설립의 움직임에 반발한 엔랴쿠지延曆寺 대중들이 온죠지를 불태운 때의 일을 가리키는 것이라 생각된다. 그 후 겐고元弘 연간(1331~1334)에 가마쿠라 막부에서 송판 대장경이 기증될 약속이 있었으나, 고다이고에 의해 중지되었기 때문에 이번에 다카우지尊氏가 기부하게 되었다는 유래가 전해진다. 다만 실제로는 교토의 도지인等持院에 봉납되어 당일 미이데라로 옮겨진 것이라고 한다. 미이데라에 현재 소장되어 있는 것은 600여 권이며, 그밖에도 몇 개의 소장이 확인되고 있다.

아시카가다카우지 발원경足利尊氏發願經 서사에는 슌오쿠묘하春屋妙葩(1311~1388) 등을 비롯한 당대의 저명한 승려들이 많이 참여하였다. 이 서사사업에 참가한 종파는 교토·난토南都의 여러 대형 사찰들과 가마쿠라·교토의 선禪·율律 사원이고, 특히 선종禪宗이 많았음이 지적되고 있다. 이 서사경은 1행 17자로 서사된 간기로 보아 저본이 동선사장東禪寺藏의 송판 대장경이라고 여겨져 왔으나 최근의 연구에 의해 동선사장과 사계장思溪藏, 그리고 보령사장普寧寺藏의 혼합장이었음이 밝혀졌다. 서사 오서奧書의 예를 들면 다음과 같다.

靈龜山天龍資聖禪寺寓居比丘妙葩焚香敬書

昌稟一校訖

周察再校訖

發願文

願書藏經功德力 世々生々聞正法

頓悟無上菩提心 登佛果位酬聖德
後醍醐院証眞常 考妣二親成正覺
元弘以後戰亡魂 一切怨親悉超度
四生六道盡沾恩 天下太平民樂業
文和三年甲午歲正月廿三日
征夷大將軍正二位源朝臣尊氏謹誌
(『中阿含經』卷第十二 園城寺藏)

다카우지의 발원문을 보면 '후제호원증진상後醍醐院証眞常 고비이친성정각考妣二親成正覺 원홍이후전망혼元弘以後戰亡魂 일체원친실초도一切怨親悉超度' 등으로 되어 있어 고다이고 천황, 다카우지의 모친, 그리고 남북조 동란에서 목숨을 잃은 적군과 아군 일체의 망혼 공양을 위하여 발원한 것이 분명하다. 마지막에 '정이대장군정이위원조신존씨근지征夷大將軍正二位源朝臣尊氏謹誌'가 있지만, '다카우지尊氏' 부분은 본인의 자서自署에 의한 것이다. 이처럼 다카우지 발원일체경이라고 하는 것은 남북조 동란이라고 하는 열도 사회의 구조 자체를 바꾸어 놓았다고까지 하는 정치동란의 수습을 도모한다는 목적 하에 시행된 사업인 것이다. 그리고 아시카가다카우지의 개인뿐만 아니라, 당해기 사회가 불교에 망혼공양·진혼이나, 거기에서 초래될 질서의 안정을 바랐다는 시대적인 특질이 여실히 반영된 것이라고 하겠다.

기타노샤 서사일체경北野社書寫一切經

시대가 조금 내려가 3대 장군將軍 아시카가요시미츠足利義滿(1358~

1408)의 시대, 메이토쿠明德 3년(1392) 12월에 요시미츠義滿가 교토의 우치노內野라고 하는 장소에서 만부경회萬部經會를 처음으로 집행하였다(『가명연대기假名年代記』). 우치노內野라고 하는 것은 센본도오리千本通의 서쪽, 이치죠一條와 니죠二條 사이에 해당하는 장소를 가리키는 지명이지만, 여기에서 만부경회가 설행된 데는 이유가 있었다. 전년도인 메이토쿠 2년, 요시미츠가 막부에 반기를 든 유력 슈고다이묘守護大名 야마나우지키요山名氏清(1344~1391)를 이 땅에서 무찔렀다는 우치노 합전內野合戰이 있었다. 많은 영국領國을 보유하고 있어, 육분六分의 일중一衆이라 불릴 정도의 위세를 자랑하던 야마나우지의 힘은 이로써 일거에 쇠퇴하여 무로마치 막부의 지배체제가 안정되게 된 것이다. 그리고 메이토쿠 3년 윤閏 10월 만부경회가 설행되기 직전에는 남북조의 합일合一도 실현되었다. 그와 같은 시기에 개최된 법회의 목적은 우치노 전戰에서 전사한 야마나우지를 비롯한 망혼의 추선에 있었다(『한림호로집翰林葫蘆集』). 우치노는 초대 쇼군 아시카가다카우지도 적대한 나와나가토시名和長年를 토벌한 땅이며, 무로마치 막부의 정권 기반 안정을 위해 많은 피를 흘린 장소였던 것이다. 그러한 것도 있어서 요시미츠는 여기에서 추선공양의 만부경회를 설행하기로 하였을 것이다. 요시미츠의 이러한 행동은 다카우지에 의한 일체경 서사사업과 공통되는 것이다.

수년을 지난 오에이應永 2년(1395) 9월에도 만부경회가 집행되었는데, 이것은 요시미츠의 명에 의한 것이 아니었다. 원주願主는 '혼잔법사本山法師'(『황력荒曆』)라고도 하고 '강주백제사승江州百濟寺僧'(「동사왕대기東寺王代記」)이라고도 전하지만, 자세하지는 않다. 이 만부경회는

10일간에 걸쳐 운영되었지만, 그 다음날부터 이번에는 요시미츠의 명에 의해 다시 10일간 법회를 열었다. 이렇게 해서 우치노에서 행해졌던 만부경회였지만, 수년 후에는 법회 집행의 장소가 기타노北野로 옮기게 된다. 오에이應永 7년(1400) 10월 17일에는 기타노 우콘右近의 바바馬場의 임시 집假屋에서 오우미近江의 경법사經法師 1,000명이 10일간 법회를 열고 매일 조석 2좌의 경전 독송이 행해졌다. 이 법회 동안 상하 귀천의 남녀들이 수없이 결연하여 요시미츠 자신도 매일 청문하러 참석하였다(『지엽초枝葉鈔』). 이후 만부경회는 기타노샤北野社에서 설행되는 것이 상례로 되어 요시미츠 외에도 아시카가요시모치足利義持(1386~1428)·요시노리義教(1394~1441)·요시마사義政(1436~1490) 등 역대 장군들이 참예하는 막부에 있어서도 중요한 법회가 되었던 것이다.

만부경회는 당초의 건물을 갖추어 행해지고 있었지만, 오에이應永 8~9년 무렵에는 항상적인 어당御堂이 세워져 경왕당經王堂(간죠쥬지願成就寺)이라고 불리게 되었다.

이 경왕당의 만부경회를 관장했던 인물로 가쿠조보覺藏坊 조한增範이라는 승려가 있었다. 조한은 오에이 19년(1412), 일체경의 서사를 발원하여 착수한 인물이다. 『낙북천본대보은사연기洛北千本大報恩寺緣起』에 의하면, 조한은 원래 찬기국허공장원讃岐國虛空藏院(요다지與田寺)의 승려였지만, 후에 기타노샤의 법사法事·불사佛事를 감지監知한 인물이기도 하다. 그런 그가 기타노샤의 법락法樂에 대비하기 위해, 또한 천하태평天下泰平·보조장원寶祚長遠·만민풍요萬民豊饒를 위해 일체경 서사 봉납에 뜻을 둔 것이다. 실제로는 각지의 도속道俗 200여

명을 기타노 경왕당에 모아 오에이 19년 3월 17일에 서사를 시작해 약 5개월 동안에 「대장전부大藏全部」의 서사사업을 끝냈다. 이것이 「기타노샤일체경北野社一切經」이다. 남쪽으로는 큐슈九州, 동쪽으로는 에치고越後에 이르는 20개국이 넘는 국國의 사람들이 이 서사사업에 참여하였다고 하는데, 그 사업 완수의 속도도 주목된다. 이듬해인 오에이 20년(1413)에는 윤장輪藏도 건립되어, 서사된 경전은 그곳에 납입되게 되었다. 후에 경왕당이 다이호온지大報恩寺의 관할 하에 들어간 건에 의해 현재는 센본석가당千本釋迦堂 다이호온지에 보사본補寫本을 포함한 5,048첩이 전해지고 있다. 원래는 권자본卷子本이었다고 하지만, 현재는 절본장折本裝으로 반면半面 7행이다. 서사의 시작은 『대반야바라밀다경』으로서 집필執筆은 아와노쿠니阿波國 호린지法林寺(호린지法輪寺)의 한이範意라는 승려였던 것 같다.

기타노샤일체경의 저본에 대해서는 이미 상세한 연구가 이루어졌고, 저본의 대부분은 송나라 사계장思溪藏에 의하였고, 『대반야경』의 권531에서 534와 기타 15부의 경전이 고려판 대장경을 저본으로 한 것이다. 그것을 말해주듯 사계장에 의했다고 하는 대부분의 경전은 1행 17자이지만, 『대반야경』에 관해서는 1행 14자로 되어 있다. 또한 기타노샤일체경의 저본이 된 판본대장경의 전래에 대해서도 오에이 18년에 당시 장군 아시카가요리모치足利義持가 스오周防(현재 야마구치현山口縣 동부)의 오오우치 모리미大內盛見(1377~1431)로 하여 사자使者를 조선에 파견하였고, 조선에서 기증된 대장경이 이에 해당할 것이라는 견해가 나왔다. 또한 그 대장경이 조선에 있던 단계부터 사계장과 고려장이 혼합된 상태였을 가능성도 지적된다. 덧붙여서 오에이 19년

단계의 서사 오서를 보면, 다음과 같다.

大般若波羅蜜多經第一
如法書寫大藏經之內初一函
應永十九年壬辰三月十七日 立筆本願聖人金剛資覺藏
翁慶公禪定門
阿波國法林寺範囲筆

이것은 서사의 처음이 된 『대반야경』 권1의 말미에 기록된 서사 오서奧書이다. 여기에 '입필본원성인금강자각장立筆本願聖人金剛資覺藏'이라고 있는 것은 발원주發願主인 각장방覺藏坊 조한增範이고, 한이範意가 집필했음을 알 수 있다. 이와 같은 대규모 서사사업을 이룩한 조한이지만, 그가 이 일을 발원하는 전제에는 아와阿波 고꾸죠인虛空藏院에서의 경험이 있었을 것으로 생각된다. 조한이 수행한 고꾸죠인은 가마쿠라시대에는 찬기칠담의소讚岐七談義所로서 번창했던 사원이지만, 남북조 동란 속에서 황폐해졌다고 한다. 그 후 무로마치시대에 들어가서 조운增吽이 등장한다. 그는 황폐해진 고꾸죠인의 부흥에 힘썼으며, 정력적으로 포교 활동도 전개한 인물이다. 조운의 시기에는 경전의 서사사업도 행해졌고, 오에이 6년(1399)부터 9년(1402)에 걸쳐 조운이 관련되어 『대반야경』 600권이 서사되었고, 냐쿠오지若王寺(향천현대천군백조정여전산香川縣大川郡白鳥町與田山)에 봉납되어 현재 전래되고 있다(「약일왕사대반야경若一王寺大般若經」). 조한이 기타노샤일체경을 시작한 것이, 이의 약 10년 후인 것을 생각하면, 조한의 기타노샤

일체경의 배경에 조운시대의 고꾸죠인에서의 서사사업의 경험이 있었던 것은 의심할 여지가 없을 것이다.

무로마치시대室町時代의 대장경 청래請來

무로마치시대에는 대륙에서 자주 대장경을 구하였다. 그 이전 남북조시대에는 고코곤 천황後光嚴天皇(1338~1374)의 귀의歸依를 받아 야마시로노쿠니山城國의 호후쿠지寶福寺의 주지로 사기寺基 부흥을 담당했던 몬케이테이요文珪廷用가 명나라에 대장경을 구한 일이 확인된다.

무로마치시대에 접어들면, 큐슈九州의 대명大名이나 장군가將軍家 등 무가武家를 중심으로 조선에 대해 대장경을 요구하는 사례가 많아진다. 오에이 원년(1394), 큐슈탐제九州探題의 이마가와사다요今川貞世(1326~?)는 조선회례사朝鮮回禮使 김거원金巨原과 승 범명梵明의 두 명에 더해 일본에 포로로 되었던 조선 사람 500명 이상을 본국으로 돌려보내고, 그해 말에 사자使者를 파견하여 대장경을 구하고 있다. 다음다음해의 오에이 3년에는 스오노쿠니周防國를 본거지로 하여 많은 국國을 지배하고 있던 대대명大大名 오오우치 요시히로大內義弘(1356~1399)도 사다요貞世와 마찬가지로 포로를 돌려보내 왜구를 단속할 것을 전하는 것과 함께 대장경을 구하고자 하여 조선왕조로부터 대장경을 기증받은 것 같다.

이후 장군과 대립한 요시히로義弘는 토벌되어 세상을 떠나게 되었지만, 요시히로 사후 가독家督 다툼을 제압하고 오오우치가大內家를 이은 것은 요시히로의 동생인 오오우치 모리미大內盛見이었다. 모리미盛見는 군사적 측면에서의 실력이 있는 한편, 문화적·종교적인 의식도 높은 인물이고 고잔五山의 선승들과의 교류도 두터워 스스로 참선했다고 한다. 모리미가 큐슈 방면에 있어서의 지배권을 확립한 지 얼마 되지 않은 오에이 14년(1407), 죽은 형 요시히로와 같이 조선을 향하여 편지를 보내 대장경을 요구하였다. 이는 오오우치 씨大內氏의 씨사氏寺인 스오노쿠니周防國의 고류지興隆寺(야마구치현山口縣 야마구치시山口市)에 안치되게 된 것으로 교섭의 사자가 된 것은 중화통문中和通文·통옥通玉 등 치쿠젠노쿠니筑前國 하카타博多 죠텐지承天寺(후쿠오카현福岡縣 후쿠오카시福岡市 하카타구博多區)의 승려들이었다. 죠텐지 승려들은 국제 교류를 통해 왔으며, 그 이전에도 조선왕조에 대장경을 요구했었다. 모리미는 서장書狀의 가운데 오랫동안 조장경造藏經의 뜻을 품고 있었음을 서술하고, '일장一藏을 하사하여 주실' 것을 절절이 호소하고 있으며, 이에 응한 조선에서 대장경을 기증한 사실이 『태종실록太宗實錄』 권14에 기록되어 있다. 모리미의 불전을 요구하는 자세는 그 후도 변함이 없었고, 오에이 17년(1410)에는 『화엄경청량소초華嚴經淸涼疏鈔』를, 또한 오에이 18년·25년에도 조선에 대장경을 요구하고 있다. 모리미 이후 역대의 오오우치 가家 당주當主도 똑같이 조선왕조에 사신을 파견하여 대장경을 요청하였다. 이처럼 무로마치시대에 가장 많은 대장경이 요구된 것은 오에이 연간(1394~1428)의 일이었다. 이 시기 일본은 '오에이의 평화'라고도 불릴 정도로 정치적으로는 안정되었고, 그러한 시대 배경도 영향을 주어 대장경 및 기타 문물의 활발한 수입이 행해진 것이라 생각된다.

또한 오에이 연간 대장경 요청에서 주목할 만한 것은 오에이 30년(1423)경의 장군 아시카가 요시모치足利義持가 조선을 향해 대장경의 판목을 요구한 일이다. 요시모치는, 조선에는 복수의 판목이 남아 있다고 전해 들었기 때문에 일장판一藏板을 양도해 달라고 청원하였다. 그러나 이에 대하여 다음다음해의 조선 측의 답서에서는, 조선에는 1부만 판목이 있기 때문에 양도할 수 없다고 거절의 답신이 내려졌고, 결국 판목은 일본에 가져올 수 없었던 것 같다(『선린국보기善隣國寶記』). 판목을 구하는 행위가 이때에 이루어지고 있는 것은 수없이 이루어진 대장경 청구의 역사에서 중요한 변화라 할 수 있을 것이다. 판목에 대해서는 이와 같이 일본에 온 것은 없었지만, 그 이후에도 대장경 자체의 요청은 계속되었다. 그것을 요구한 주체는 지금까지 살펴본 것처럼 오오우치 씨를 중심으로 하는 장군이나 관령管領이라는 막부추요幕府樞要에 위치한 여러 수호대명守護大名이었다. 가져온 대장경은 아시카가 요시모치足利義持의 이세진구伊勢神宮 겐코쿠지建國寺에의 대장경 및 경장료소經藏料所의 기증이나, 오오우치 씨의 씨사氏寺 고류지興隆寺에의 대장경 기증이나 윤장輪藏 건립이라는 사례에서도 알 수 있듯이, 청구자가 신앙하는 사찰과 신사에 봉납되었던 것이다.

그 후 고쇼康正 2년(1456)에는 장군인 아시카가 요시마사足利義政가 조선을 향해 교토 고잔五山의 하나인 겐닌지建仁寺를 중건하기 위한 자재 기증을 청원하였고, 이때 대장경도 받았다. 요시마사義政는 조선의 기증을 받아 쵸로쿠長祿 2년(1458)에는 1만 관一萬貫이라는 막대한 돈과 대장경을 겐닌지에 기증하였다. 이것은 '고려봉가高麗奉加', '고려권진高麗勸進' 등으로 불리고 있으며(『음량헌일록蔭凉軒日錄』), 겐닌지 중건이라는 일대 사업이 일본뿐만 아니라 조선으로부터의 기증이라는 동아시아 세계 속에서 이루어졌음을 보여준다. 또한 이 사업을 추진한 아시카가 요시마사는 대장경이나 불교 자체에 대해 강한 애정을 품은 인물로 보이며, 조선에서 들여온 대장경이 들어 있는 겐닌지 내의 자시각慈視閣에 직접 가서 흑칠黑漆의 상자에 든 대장경을 보았다(『와운일건록臥雲日件錄』). 또한 분메이文明 13년(1481)에는 야마토노쿠니大和國의 온죠지圓成寺에 납입하기 위해, 18년에는 에치고越後 안고꾸지安國寺에 납입하기 위해 대장경을 조선에 요청하였다. 오오우치씨도 같은 목적을 갖고 요청·기증하였으며, 오오우치 마사히로大內政弘(1446~1495)는 쵸쿄長享 원년(1487), 야마토노쿠니의 하세데라長谷寺에 납입하기 위해 대장경을 조선에 요구하였으며, 오오우치 요시오키大內義興(1477~1528)는 에이쇼永正 7년(1510)에 오우미노쿠니近江國의 히요시쥬젠지샤日吉十禪師社에 대장경을 기증하였다.

이상과 같이 무로마치시대에 있어서 대장경의 특질特質은 크게 두 시기로 나누어 이해할 수 있다. 남북조南北朝에서 무로마치 초기에 걸쳐서는 남북조 동란이라는 열도列島 사회를 휩쓸었던 전란에서의 탈각脫却과 사회질서의 안정을 도모하기 위해, 특히 망혼亡魂의 추선追善을 목적으로 한 사업으로서 일체경 서사 등이 이루어졌다. 그러나 그 이후 오에이의 평화라고 불리는 정치적 안정기를 맞이한 3대 장군 아시카가 요시미츠足利義滿의 시대 이후는 장군이나 대명大名 등 유력 수호대명守護大名이 자신이 신앙하는 기원소祈願所나 씨사氏寺 등 여러 사찰과 신사에 기증하는 것을 목적으로 하여 조선을 향해 요청하는 방향으로 전환되어 간 것이다. 무로마치시대에 있어 대륙으로의 대장경 요청은 오에이 연간을 피크로 하여, 일본이 전국 동란의 시대에 들어가는 덴분天文 연간(1532~1555) 이후는 볼 수 없게 된다.

參考文獻

生駒哲郎, 「足利尊氏發願一切經考」(『東京大學史料編纂所研究紀要』 18, 2008年).
伊東尾四郎, 「宗像の古寫經 -色定法師の一筆經」(東邦佛教協會編輯 『佛教文化大講座』 大鳳閣, 1933~1934年 9月).
奈良縣教育委員會事務局文化財保存課 編, 『西大寺所藏元版一切經調査報告書』(奈良縣教育委員會, 1998年).
羽田聰, 『足利尊氏願經の原本調査を中心とした中世一切經の資料的硏究』(科學硏究費補助金硏究成果報告書, 2013年).
馬場久幸, 「北野社一切經の底本とその傳來についての考察」(『佛教大學總合硏究所紀要』別冊, 2013年).

제3장 일본 근세의 일체경

1. 근세의 대장경

근세 대장경의 특색은 대장경의 출판이 이루어진 것이다. 그때까지 사본에 의해 계승되고 있던 일체경이나 각 종파의 종전宗典만이 간행되고 있었지만, 하나로 갖춘 대장경으로서 출판되고, 또한 수요에 응해 유포流布해 간 상황은 근세의 출판 사상에서도 유례가 없다.

출판의 의의를 다시 적을 필요도 없지만, 불특정 다수에게 동시에, 정확하고 빠르게 경전을 제공할 수 있다는 데 있다. 한번 정확하게 판목版木에 새기고 나면, 사경을 하는 것보다도 쉽고, 깔끔하고 읽기 쉬운 글자로 오자탈자誤字脫字·연자연행衍字衍行도 없기 때문에 처음에 방대한 자금이 필요한 것을 제외하면 이보다 더 좋은 기술은 없다. 만에 하나 잘못이 발견되더라도 어느 책이나 같은 부분이 잘못되어 있기 때문에 정오표 같은 것을 만들면 문제는 없다.

여기서는 먼저 대장경 출판에 이르는 전사前史를 서술하고, 다음으로 출판과 그 영향에 대해서 개설하고자 한자.

도쿠가와 이에야스德川家康의 간행사업

도쿠가와 이에야스(1542~1616)가 어떤 의도를 가지고 출판에 관여했는지 확실치는 않지만, 후시미판伏見版(엔코지판圓光寺版)이라고 불리는 개판開版을 행하였다. 그것은 게이쵸慶長 4년부터 11년(1599~1607)까지 8년간으로 산요겐키츠三要元佶(1548~1612)에게 명하여 목활자를 이용해 만들게 한 것이다. 그에게 10만 개의 목활자를 주었으며, 교토 후시미伏見 엔코지圓光寺에서 『공자가어孔子家語』를 비롯하여 8부 80책을 출간한 것으로 알려져 있다. 또한 이에야스家康는 스루가駿河에서 은퇴한 후 곤치인金地院 스덴(崇傳, 1569~1633)·하야시도슌林道春(린라산林羅山, 1583~1657)에게 명하여 이번에는 동활자銅活字 10만 개를 사용하여 겐나元和 원년(1615) 『대장일람집大藏一覽集』 125부와 『군서치요群書治要』를 인쇄·간행하게 하였다.

이들의 활자인쇄기술은 분로쿠文祿 원년부터 게이쵸慶長 3년(1592~1598)에 걸쳐 도요토미 히데요시豊臣秀吉(1536~1598)가 벌인, 이른바 분로쿠文祿·게이쵸慶長의 역役 무렵, 조선으로부터 끌려온 인쇄기술자에 의해 일본에 전해진 것이라고 한다.

또한 이에야스家康는 조죠지增上寺에 사계판思溪版·원元 보령사판普寧寺版·조선朝鮮의 고려재조판高麗再雕版의 3판 대장경을 기증하였다. 이러한 것을 감안하면, 이에야스는 대장경의 출판을 계획했던 것이 아닌가 하는 추측도 할 수 있다.

2. 슈존판 일체경宗存版一切經

일본 중세는 수세기에 걸친 전국戰國 난세의 시대였다. 그러나 그것도 17세기 에도시대에 들어서면서 비로소 평온해지고, 다양한 분야의 부흥이 시작된다. 불교계에서도 오랜 염원이었던 일체경의 간행이라는 대난사업大難事業이 전후前後 무려 세 차례나 연달아 이루어졌으니 놀랄 수밖에 없다. 그들의 일체경은 발원주의 이름을 따서 슈존판宗存版(기타노 경왕당판北野經王堂版이라고도 함), 덴카이판天海版(간에이지판寬永寺版이라고도 함), 데츠겐판鐵眼版(오바꾸판黃檗版이라고도 함)으로 통칭된다. 이 중 처음의 슈존판 일체경의 존재가 널리 알려지게 되는 것은 다이쇼大正 4년(1915)의 제1회 대장회大藏會 이후의 일이었다. 그때까지 왜 슈존판이 문제가 되지 않았는가 하면, 덴카이판이나 데츠겐판과 같이 전장全藏을 갖춘 일체경이 남아 있지 않다는 것과 대원大願을 일으켰던 슈존의 전기傳記가 전혀 알려지지 않은 것이 그 주된 이유로 생각된다. 그런데 근년 슈존판에 사용된 목활자·괘선罫線·자간재字間材·행간재行間材 등의 인쇄용재印刷用材가 약 184,000점이 히에이잔比叡山 엔랴쿠지延曆寺에 전장傳藏되고 있는 것을 알 수 있고, 중요문화재로 지정되었고, 또한 종래 알려지지 않았던 슈존판의 판본도 다수 발견되었을 뿐만 아니라 슈존판이 저본으로서 고려판과의 밀접한 관계도 구명되게 되는 등, 동판同版을 재평가하는 움직임도 활발해지고 있다.

슈존宗存의 약전略傳과 죠묘지常明寺

일본 최초의 판본 일체경을 발원한 슈존의 전기는 안타깝게도 아직도 불분명한 점이 많다. 얼마 남지 않은 슈존판 간기와 도치기橡木·린노지輪王寺의 무로마치시대 간본 『금광명최승왕경金光明最勝王經』의 이면裏面에 쓴 슈존 자필의 사경이나 석교가釋敎歌 등으로 알려진 그의 실상實像은 대략 이하의 대로이다.

슈존은 천태종의 사문으로 법인法印·권대승도權大僧都의 승강僧綱·승계위僧階位에 서품되었고, 쇼죠보聖乘坊의 방호坊號를 가지고 있었다. 이세내외양태신궁내원伊勢內外兩太神宮內院의 고니찌산高日山 호락꾸인法樂院 죠묘지常明寺 별당직別當職으로 근무했지만, 태어난 지역·생년월일·속성俗姓 등은 알려져 있지 않다. 그가 소지하고 있던 린노지輪王寺의 『금광명최승왕경』에는 「지마주국분사집물십권지내志摩州國分寺什物十卷之內」의 묵서가 보인다. 『속천태종전서續天台宗全書』 「사지일寺誌一」에 수록된 말사장末寺帳에 의하면, 시마노쿠니志摩國 고쿠분지國分寺도 이세노쿠니伊勢國 죠묘지常明寺와 함께 에도江戶 도에이잔東叡山 간에이지寬永寺의 직할 말사直末이며, 게다가 고쿠분지가 소재한 도시군答志郡 내에는 죠묘지 말사의 엔쿄지圓鏡寺도 있기 때문에, 슈존은 시마노쿠니 고쿠분지에서 출가하여, 뒤의 이세노쿠니 죠묘지의 별당직에 보임되었을지도 모른다. 덧붙여 위의 「사지일寺誌一」에 수록된 별본말사장別本末寺帳에는 죠묘지가 기이노쿠니紀伊國 운가이지雲蓋寺(원원院이라고도 함)의 말사였다고도 기록되어 있다. 운가이지도 간에이지의 말사이므로, 죠묘지는 손말孫末로 바뀌졌을 것이다.

슈존이 별당직으로 근무한 죠묘지는 그가 간행한 겐나元和 원년(1615)의 『죠메이지연기常明寺緣起』에 의하면, 게이타이繼體 천황 임인세壬寅歲(522)에 신명神明의 탁선託宣으로 건립되었고, 쇼토쿠태자聖德太子를 비롯한 전교대사傳敎大師 사이쵸最澄, 홍법대사弘法大師 구카이空海 등등의 유석지留錫地로, 본존 약사여래는 신명神明, 협시일광월광보살日光月光菩薩은 내궁외궁內宮外宮이라고 한다. 그리고 히에이잔이 왕성王城의 귀문鬼門에 해당하는 것과 마찬가지로, 죠묘지는 태신궁내궁太神宮內宮의 귀문이고, 본존은 같은 약사여래라고, 사원연기寺院緣起에 있을 법한 내용을 강조하지만, 죠묘지가 헤이안시대의 원정기院政期부터 존재했다는 사실은 이 사찰의 별당別當 쇼쥰性順이 에이호永保 2년(1082)에 서사한 『고고장등비초高庫藏等秘抄』가 아이치愛知 신푸쿠지眞福寺에 있고, 또한 미에三重의 고묘지光明寺에 다이치大治 원년(1126), 닌페이仁平 원년(1151)의 죠묘지 승려가 서명화압署名花押한 문서가 『헤이안유문平安遺文』에 보이는 것에서도 확실하다.

죠묘지는 슌죠보俊乘房 쵸겐重源(1121~1206)의 『도다이지중도참예이세대신궁기東大寺衆徒參詣伊勢大神宮記』에 '외궁일녜의광충신송운상명사자시신궁숭중씨사야外宮一禰宜光忠申送云常明寺者是神宮崇重氏寺也'라고 되어 있는 것에 의하면, 원래 외궁일녜의도회外宮一禰宜度會 씨氏의 씨사氏寺임을 알 수 있다. 쵸겐은 분지文治 2년(1186)에 도다이지 재건 성취 기원을 위해 이세진구伊勢神宮 신전神前에 『대반야경』 6부의 서사 공양을 죠묘지에서 설행하고, 그 가운데 2부를 이 사찰에 안치 봉납하기도 하였다. 이처럼 중세·근세를 통해 신불일체神

佛一體가 되어 번영해 온 죠묘지도 안타깝게 메이지明治의 배불훼석排佛毁釋으로 폐사되어 지금은 없다.

게이쵸慶長 17년(1612) 말에 상낙上洛한 슈존은 야마시로노쿠니山城國 이와시미즈하치만구石淸水八幡宮의 일체경장에서 차용한 경전 20여 권을 도류사끼逗留先의 게이라쿠니조京洛二條 고고마치御幸町 묘만지妙滿寺 앞에서 서사를 운영하던 니시다쇼베이노죠西田勝兵衛尉 댁宅에서 전게前揭의 『금광명최승왕경』 지배紙背에 사경寫經하였지만, 니시다西田는 그 다음 9월에 슈존이 간행한 『대장목록大藏目錄』 상중하 3권의 개판 시주였던 것이 크게 주목된다.

슈존은 위의 사경과 개판開版의 중간에도 중요한 사적事績을 남겼다. 그것이 바로 접사摺寫에 의한 일체경을 자방自坊의 죠묘지에 봉납하는 대원大願을 일으킨 『일체경개판권진장一切經開板勸進狀』의 기초起草에 다름 아닐 것이다(릿쇼대학도서관立正大學圖書館 가부토기문고장兜木文庫藏). 게이쵸 18년 정월의 일이었다. 상하귀천에 널리 정재淨財를 바라는 「권진장勸進狀」의 성질상, 이것도 슈존은 인쇄에 부쳐 여러 곳에 회장回狀한 것이, 교토 고류지廣隆寺 소장의 그것에 의해 알려져 흥미롭다.

슈존판 일체경 중에서 제일 먼저 개판된 『대장목록』은 고려 고종高宗 35년 무신戊申(1248) 간행의 고려판 재조본 대장경에 기초한 것을 간기에서 알 수 있고, 그것은 그대로 이 목록이, 이후 인행印行되어 가는 슈존판 일체경의 목록이 되고, 슈존판 저본이 고려판이었던 사실을 말한다. 이와 같이 슈존은 게이쵸 18년(1613)부터 간에이寬永 원년(1624)까지 햇수로 12년 동안 140점 이상의 경전 불서를 간행한 것이 여러 곳에 현존하는 간본에서 확인할 수 있다.

슈존판 경전의 간기刊記

슈존판의 경전에는 4종류의 간기가 있다. 갑인세甲寅歲는 게이쵸慶長 19년(1614), 을묘세乙卯歲는 동 22년=겐나元和 원년(1615), 정사세丁巳歲는 겐나 3년(1617)으로 각각 제시하고 있지만, 문제는 '대장도감봉大藏都監奉/칙조勅雕(조調·조彫라고도 함) 조造'라는 문자를 어떻게 해석하느냐 하는 것이다. 이것과 동문同文의 것은 고려판에서도 볼 수 있기 때문에 단순히 '고려국'을 '대일본국'으로 바꿔 놓은 것에 불과하고 슈존판이 대장도감을 설치한 관판官版은 아닐 것이라고 하는 것이 일반적이다. 이 '봉칙조雕(조調·조彫라고도 함) 조造'에 대해서는 죠묘지 도리이鳥居에 걸려 있던 '양태신궁내원兩太神宮內院/고니찌산高日山 죠묘지常明寺'의 사액寺額(미에三重 죠묘지장常明寺藏)이 제107대 고요제이後陽成 천황天皇 신필宸筆의 칙액勅額이었다는 것과 겐나 3년의 고요제이인後陽成院 붕어崩御와 함께 슈존판에서 '칙조조勅雕造'의 문자가 사라진 것들의 두 가지 점에 의해 슈존은 동 천황의 칙명을 받들어 일체경 간행의 대사업을 시작한 것은 아니었겠느냐라고 생각하기에 이르렀다.

슈존판의 경전은 현재까지 120점 정도의 존재를 인정할 수 있지만, 그중 『연명지장보살경延命地藏菩薩經』·『지장재물증장다라니경地藏財物增長陀羅尼經』·『수생경壽生經』·『소제역병신주경消除疫病神呪經』·『천수천안관세음보살광대원만무애대비심다라니경千手千眼觀世音菩薩廣大圓滿無礙大悲心陀羅尼經』·『대황신시여복덕원만다라니경大荒神施與福德圓滿陀羅尼經』·『여의허공보살다라니경如意虛空菩薩陀羅尼經』·『문수사리오자유가근본비밀대지신주대다라니경文殊師利五字瑜伽根本秘密大智神呪大陀羅尼經』·『예수시왕생칠경預修十王生七經』 등의 의위경疑僞經은 고려판 대장경에는 입장되어 있지 않다. 슈존이 이러한 신주神呪나 다라니 경전을 중시한 것은 『일체경 개판권진장』에도 '경주다라니經呪陁羅尼의 기특 영험은 이루 다 헤아릴 수 없다(經呪陁羅尼之奇特靈驗不可勝計).'라고 기록된 것에서도 잘 이해할 수 있을 것이다.

슈존판 경전의 체재

슈존판 경전은 절본장折本裝으로 1절 5행을 원칙으로 하지만, 1행의 글자 수는 14자와 17자로 2종류가 있고, 지질은 황벽黃蘗 염색의 저지楮紙로, 세로 1척尺(30.3cm) 가로 1척 5촌寸(45.4cm)의 것이 사용되었다. 이 용지 한 장에 14자로 된 경우는 22행, 17자로 된 것은 23행을 인쇄하였다. 전자는 간기인 게이쵸 19년 갑인세, 겐나 원년인 을묘세의 전부와 동 3년 정사세의 일부, 후자는 겐나 3년 정사세의 대부분이 형식을 취하고 있기 때문에 간기가 없는 경전도 인쇄년印刷年 추정이 어느 정도 가능하다. 또한 글자 수에 상위相違가 있어도 1행의 상하 높이는 7촌寸(21.3cm)으로 거의 일정하다. 14자 수는 고려판을 모방한 것이겠지만, 17자 수는 용지의 절약을 위한 것이 아닐까 생각된다. 덧붙여서 고려판과 슈존판의 큰 차이는 전자가 정판본整版本(목판본)인 데 비해 후자는 목활자본木活字本(고활자본古活字本)인 점, 전자에는 상하로 계선界線이 그어져 있지만 후자는 그것을 볼 수 없는 점, 자체字

體가 전자는 가늘지만 후자는 굵은 것, 전자는 백한지白韓紙, 후자는 황화지黃和紙라는 것 등을 들 수 있다.

고활자古活字 슈존판의 특색

슈존판의 큰 특색 중 하나는 지금까지 중국·한반도의 대장경이나 일본의 경전불서 인쇄가 목판에 의한 정판본整版本이었던 것인 데 반해 분로쿠文祿·게이쵸慶長의 역役 무렵 조선에서 가져온, 당시로서는 최신의 인쇄기술을 이용한 고활자판이었다는 점이다. 슈존은 일체경을 고활자판으로 만든 이유를 『일체경 개판 권진장』에서 '서사書寫는 전전展轉하여 낙손자落損字, 궐감闕減의 구句가 있고, 접사摺寫는 교합校合하여 낙손자, 결멸缺滅의 구가 없다(書寫者展轉而有落損字闕減之句. 摺寫者校合而無落損字缺滅之句).'라고 하였다. 일리가 있다고 하겠다.

슈존판의 자체字體는 해서체楷書體이지만, 다른 고활자판에 비해 새김이 깊어서 자체가 굵은 것이 특징으로 언뜻 보아도 알아볼 수 있는 독특한 풍격風格을 갖추고 있다. 이것은 말할 것도 없이 엔랴쿠지延曆寺에 소장된 슈존의 고활자 자체自體가 이미 그렇게 되어 있기 때문일 뿐이다. 특히 활자 쪽은 어떠한 복잡한 문자에 이르기까지 일점일획도 소홀히 하지 않고 모두 균질 균등하게 훌륭한 조출彫出이 이루어지고 있어 이미 그것은 일종의 예술작품이라 해도 과언이 아닐 만큼 아름다움을 갖고 있다.

이 엔랴쿠지의 184,000점 이상에 이르는 방대한 목활자나 인테르(공목空木) 등의 인쇄 자료가 틀림없이 슈존판 것이라는 것을 증명하는 사실은, 먼저 첫째로 적지 않게 현존하는 슈존 판본의 자체와 활자의 그것과 완전히 일치한다는 점. 둘째로 슈존판의 가로·세로 글자 수 촌법寸法에서 슈존판에 쓰인 활자의 크기를 산출한 결과, 엔랴쿠지의 활자와 완전히 같은 것. 셋째로 『대반야경』에서 사용된 '반야바라밀다'·'경권제經卷第'·'조역詔譯'·'삼장법사현장봉三藏法師玄奘奉' 등의 연속 활자가 아이치愛知 혼쇼지本證寺 등에 소장된 슈존판 『대반야경』의 그것과 잘 합치한다는 점. 넷째로 소량 남아 있는 특수한 후리가나(振り假名)를 붙인 범자梵字 활자活字가 교토 고류지 소장의 슈존판 『반야심경비건般若心經秘鍵』에서 사용된 그것과 정확히 일치하는 점. 다섯째로 게이쵸 19년 갑인세의 『적조신변삼마지경寂照神變三摩地經』, 겐나元和 3년 정묘세의 『상두정사경象頭精舍經』, 같은 해 『마하지관과해摩訶止觀科解』 권제6지 1의 각 슈존판의 일부분을 엔랴쿠지의 활자나 인테르를 사용하여 실제로 조판하고 용지도 원본에 가까운 상태에서 뜬 색조色調의 화지和紙로 인쇄해 본 결과, 오인할 정도의 현대판 슈존판이 만들어진 점 등에 의해 분명하다고 해야 한다.

슈존판의 인쇄 장소

그렇다면 이와 같은 공전空前의 목활자에 의한 일체경을 슈존은 어디에서 인쇄했을까. 이것에 대해서는 120점 정도의 실물이 남아 있는 슈존판의 경전에는 명시하는 바가 전혀 없지만, 겐나 3년(1617)의 『현계론顯戒論』·『마하지관과해摩訶止觀科解』, 같은 해부터 다음 4년에 걸쳐 접사摺寫된 『법화문구과해法華文句科解』·『법화현의과문法華玄義科文』의 천태계 슈존판의 간기에 '니시쿄西京 기타노北野의 경왕당經王堂에서 죠묘지常明寺의 슈존宗存이 이것을 간접刊摺하게 하여 마쳤다(於西京北野經王堂常明寺宗存令刊摺之畢).'라고 하므로, 슈존판이 기타노텐진北野天神의 사두社頭에 있던 교토 최대의 건조물 경왕당經王堂에서 인쇄되었다는 것이 판명되었다. 이 판을 기타노 경왕당판北野經王堂版이라고 부르는 이유가 여기에 있다.

기타노 경왕당은 정식 명칭을 간죠쥬지願成就寺라고 하고, 메이토쿠明德 2년(1391)의 메이토쿠 난으로 아시카가요시미츠足利義滿(1358~1408)에게 살해당한 야마나우지키요山名氏淸(1344~1392)를 비롯한 적과 아군의 전사자 공양을 위해 요시미츠義滿 자신이 건립한 당堂이었다. 『만제준후일기滿濟准后日記』 오에이應永 32년(1425) 10월 5일 조條에 의하면, '오늘부터 기타노北野의 경왕당經王堂에서 1만 부 『법화경』, 해마다 이와 같이 시행된다. 청승請僧 1,000명, 근국近國의 산사에서 낙洛으로 왔다. 항년恒年과 같다고 운운云云. 오늘 교도가꾸經堂額 이것을 친다. 경왕당이라고 운운. 어필御筆이라고 운운.'(이 편액扁額에 해당된다고 하는 것이, 지금도 교토 센본석가당千本釋迦堂 다이호온지大報恩寺에 소장되어 있고, 아시카가요시미츠足利義滿의 필筆이라고 전한다.)이라고 보이는 것과 같이 관례로 되어 있던 만부회萬部會에는 1,000명의 승려들이 입당入堂할 수 있는 대규모 당堂으로, 항행桁行 19칸, 양간梁間 16칸, 정면 폭 5m, 깊이奧行 48m, 높이 26m인 기동조寄棟造(우진각지붕형식)의 거대 건축이었다. 그러나 무로마치 막부의 쇠퇴와 함께 경왕당도 황폐해졌지만, 이것을 게이쵸 7년(1602)부터 5개년에 걸쳐 부흥한 것이, 낙일落日에 가까운 도요토미 히데요리豊臣秀賴(1593~1615)였다. 슈존은 새로 단장한 그 경왕당을 인쇄공장으로 하여 일본 최초의 목활자에 의한 일체경을 간행한 것이다. 슈존이 실제로 경왕당을 차용하여 그곳에 인쇄용구 용품을 두었다는 것은 가까운 센본석가당 다이호온지에 소장된 게이쵸 18년(1613), 겐나 5년(1619), 동 6년의 문서로부터 확인할 수 있다. 교토의 한 명소였던 경왕당도 그 후 너무나 광대하여 유지하기가 어려워졌고, 마침내 간분寬文 9년(1669) 센본석가당 다이호온지 수리 때 재료로 전용되어 지금은 그 웅장한 모습을 쵸묘지와 똑같이 볼 수는 없다.

세계 최초의 활자인쇄경

이미 기술한 대로 슈존은 이 경왕당에서 게이쵸 18년부터 간에이 원년까지 12년간에 걸쳐 경전불서의 인쇄에 정열을 불태운 것이었다. 고려판을 저본으로 한 슈존의 일체경이 만약 전장全藏이 완성되었다면, 그것은 639함, 1,522부, 6,557권에 달하는 장대한 것이 되었을 터이지만, 고요제이後陽成 천황의 명을 받들어 시작된 이 일체경도 유감스럽게도 겐나 3년(1617)에 천황의 죽음과 함께 끊어져 버렸고, 후에는 수요가 많은 천태전적으로 슈존판은 바뀌어 간 것이다. 현재 알려진 슈존판의 최종 간년刊年은 『법원주림』 권제100의 '이세태신궁일체경본원상명사종존경재伊勢太神宮一切經本願常明寺宗存敬梓/관영원년갑자십이월이십칠일寬永元年甲子十二月二十七日'로 되어 있다. 아마 다음해인 간에이 2년(1625)쯤에 슈존은 세계 최초의 활자인쇄에 의한 일체경 본원本願으로서의 생애를 마쳤을 것으로 생각된다.

슈존판의 대표적인 소장기관으로서는 교토 즈이코지瑞光寺, 아이치愛知 신푸쿠지眞福寺, 동同 혼쇼지本證寺를 들 수 있으며, 각각 70점 이상을 소장하고 있지만, 도치기橡木 린노지輪王寺에는 슈존 자필

사경과 와카和歌가 있어, 그의 사상면을 살펴볼 수 있는 귀중한 자료가 되고 있다. 또한 최근 슈존판의 경經 단간斷簡이 에도시대 초기에 간행된 전적의 표지 속에 보강재補强材로 사용된 것이 알려졌고, 슈존 재세 중에 슈존판의 경전화經典化가 실제로 이루어졌는지 의문시하는 견해도 제시되었다. 더욱이 슈존판의 저본이 고려판임에 따라, 그 영향 관계를 한일韓日 쌍방에서 재검토하려는 움직임도 나타나고 있다.

슈존판을 둘러싸고 이상과 같이 향후의 과제도 많고, 그런 만큼 지극히 매력적인 일체경이라고 할 수 있을 것이다.

3. 덴카이판 일체경天海版一切經

덴카이판 일체경은 일본 최초의 활자대장경이다. 대장경 간행은 막대한 자금과 인원과 시간을 필요로 하고, 중국과 고려에서도 어려운 사업이었다. 일본에서는 근세 초가 되면, 먼저 슈존이 계획했지만 완성에 이르지 못했고, 간에이지寬永寺 개산開山의 지겐대사慈眼大師 덴카이天海(1536?~1643)가 에도 막부 3대 장군 도쿠가와 이에미츠德川家光(1604~1651)의 지원을 받아 완성한 것이다.

덴카이는 개판에 앞서 3년 전부터 겐닌지建仁寺 소장 고려판의 목록을 필사하게 하는 등의 준비를 거쳐 간에이 14년(1637)부터 일본 부슈武州 에도 도에이잔東叡山 간에이지寬永寺 일체경一切經, 즉 「덴카이판 일체경」의 개판에 착수하였다. 그러나 그의 재세 중에는 완성되지 않고, 사망 후에는 아마도 고카이公海 등 유제遺弟를 중심으로 이에야

ス家康 33주기에 맞추어 간행을 서둘러 게이안 원년(1648)에 완성되었고, 덴카이에게는 지겐慈眼대사의 시호가 추증되었다. 그래도 햇수로 12년의 세월이 필요했던 것이다. 덴카이판은 목활자에 의한 활자인쇄로서 근세 초두 고활자판의 마지막을 장식하는 것으로서 저명하며, 실제로 간에이지에는 방대한 덴카이판 목활자가 남아 있다. 이 활자는 3개년의 예비조사를 거쳐 1998~2001년도 과학연구비 국고보조금에 의한 연구조사(연구 성과보고서 『寬永寺藏天海版木活字を中心とした出版文化財の調査·分類·保存に關する總合的硏究』 과제번호 10308002, 2002년)가 이루어졌고, 2003년 5월에 중요문화재로 지정되었다.

그런데 덴카이판에는 종래부터 사서辭書 등에 이른바 '정설적定說的 견해'가 있는데, 그것은 주로

① 규모는 1,453부, 6,323권, 665함
② 저본은 가와고에川越 기타인장喜多院藏 남송사계판南宋思溪版 일체경으로 츠쿠바筑波 사이쇼오지장最勝王寺藏 사계판思溪版을 대교본으로 하였다.
③ 가와세카즈마川瀨一馬가 주창한 설에서는, 처음에는 목활자로 인행되었지만 쇼호正保 무렵부터 정판整版(판목인쇄版木印刷)으로 바꾼 것

등이다. 이러한 잘못된 '정설적 견해'의 정정도 포함해 활자 조사의 과정에서 판명된 새로운 사실 등도 함께 서술한다.

덴카이판의 개요概要

덴카이판은 기타인장喜多院藏 송宋 사계판을 기본적 저본으로 하고, 그밖에 원판元版이나 명明 만력판萬曆版, 그 외에 의해 1지 24행, 1행 17자, 6행마다 행간을 약간 비운 1지 4절의 절본을 기본 장정으로 하지만, 일부에 대철본袋綴本도 존재한다. 판심版心에는 전적명典籍名과 천자문에 의한 권차와 정수丁數를 적고, 천지天地에 단변의 계선界線이 인행印行되었다. 발행부수는 30부 정도로 추정되고 있다.

규모는 종래 앞에서 기술한 ①과 같이 권말의 목록에 의한 숫자에 기초하였다. 그러나 최근의 마츠나가치카이松永知海에 의한 실사 결과 1,453부란 목록을 포함하지 않은 부수인데, 권수의 6,323은 극히 짧은 경전도 1권으로 세고, 목록 5권을 포함한 것이기 때문에 부와 권의 기재記載가 모순되는 것을 알았다. 따라서 통례의 일체경을 세는 방법에 의하면, 목록을 포함하여 665함, 1,454부, 5,781권이 맞다라고 수정하였다.

또한 사전辭典 등에는 덴카이판 간행을 위해 간에이지에 경국經局이 설치되었다고 하지만, 그것을 뒷받침할 확실한 증거는 없다. 아마도 권말 간기의 '경관분직림씨행숙화계거사經館分職林氏倖肅花谿居士/간행栞行'의 '경관분직經館分職'을 부국部局의 역할로 간주했을 것이다. 그러나 이 간기는 간에이 21년(1643) 5월 28일의 「보살계갈마문菩薩戒羯磨文」에 따른 것으로, 그 이전에는 단지 '하야시시코야도하나타니거사林氏幸宿花溪居士'이다. 이 사실은 덴카이天海 입적 후에 하야시코야도林幸宿가 '경관분직'을 칭한 것이 되고, 덴카이를 대신하여 하야시코야도가 실질적 통괄자가 된 것을 의미할 것이다. 하야시코야도는 하야시라잔林羅山의 일족으로 생각되며, 당시 이러한 개판사업에 종사한 유직가有職家와 같은 입장이라고 할 수 있다. 마찬가지로 당초에는 '정이대장군征夷大將軍 … 가광공무운장구家光公武運長久'의 기술記述이 쇼호正保 2년(1645) 12월 26일의 『미사색부오분율彌沙塞部五分律』에서 '가광공길상여의家光公吉祥如意'로, 또한 쇼호 3년 정월 23일의 『불설허공장보살다라니경佛說虛空藏菩薩陀羅尼經』에서는 지금까지의 한 글자마다의 활자가 아닌 '정이대장군征夷大將軍'이나 '(가)광공길상여의(家)光公吉祥如意' 등의 연속 활자가 사용된 것이 활자 조사로부터 판명되었다.

②의 저본에 대해서 말하자면, 명백히 가와고에川越 기타인장喜多院藏 송 사계판 일체경이다. 그것도 조죠지장增上寺藏이나 대교본對校本으로 알려진 사이쇼오지장最勝王寺藏 사계판에는 없는 결자缺字가 기타인장에 있는 경우는 덴카이판天海版도 결자로 되어 있고, 기타인장이 결지缺紙인 경우나 원元 보령사판普寧寺版으로 보충한 경우도 기타인장본에 준하고 있다. 즉 덴카이판은 기타인장본에 충실한 것이고, 사이쇼오지장 사계판이 어떻게 교합校合에 활용되었는지는 분명하지 않다. 또한 사계판에는 없는, 이른바 후後 사계판 목록에 해당하는 서목書目은 명 만력판 등을 저본으로 사용하고, 또한 무함武函인 『법화현의法華玄義』에서는 간어刊語에 '천태삼대부항자天台三大部項者, 예산승전지개판叡山承詮之開板 … 시경장기해재림종하완오일時慶長己亥載林鐘下浣五日'이라고 되어 있는 등, 우리나라(일본) 개판을 저본으로 하여 그 간어까지 판조版組해 버리고 있다.

따라서 모든 것을 기타인이나 사이쇼오지장이나 다른 대장경과 비교해야만 결론을 내릴 수 있지만, 사계판에 상당하는 부분은 기타인 장본 일체경에 충실하고, 후사계 목록 상당 부분은 다양한 저본을 사용하였을 것이라는 것이 목활자 조사에서 얻어진 결론이다.

덴카이판 목활자

조사調査 전의 목활자는 간에이지 개산당 경내의 지장당地藏堂 안에에도 후기 작성으로 보이는 활자 수납용 단사簞笥 10도棹와 크고 작은 27상자의 나무상자에 잡다하게 넣어져 있었다. 그것들을 하나씩 문자별·형상별로 분류하여 새롭게 제작한 상자에 교체해 채웠다. 그 결과 중요문화재로 지정된 덴카이판 목활자는 총수 264,688개였다. 이 중에는 덴포天保 4년(1833)에 린노지궁輪王寺宮 슌닌친왕舜仁親王(1789~1843)의 명으로 중조重彫된 수만 개의 활자를 포함한다. 또한 지정품 외에 정도의 차이는 있지만 파손되거나 벌레에 의해 손상을 입은 활자가 수만 개 있어 아마도 전체 수는 30만 개 전후에 달할 것이다. 게다가 덴카이판과 명백하게 다른 목활자가 약 6,000개 있어 그 용도가 무엇인지는 알 수 없었다.

법량法量은 가장 많은 본문용 전각활자全角活字가 세로 1.26cm×가로 1.38cm×높이 1.84cm이며, 가로 폭만 0.66cm인 반각활자半角活字도 있는데, 이것은 할주割注와 음의音義, 판심의 천자문 분류나 첩수帖數 등에 사용되었을 것으로 보인다. 또한 반각활자에는 '甚右'·'リ右'라고 하는 인명人名으로 보이는 활자가 있고, 1지紙의 종이가 이어지는 부분에 인자印字하였다. 아마도 조판자組版者(식수植手)로 생각된다. 이것은 송 사계판 판목의 종이 잇기 부분에는 판목의 제작 책임을 밝히기 위한 것인지 조자공명彫字工名이 새겨져 있고, 그것에 따랐는지 활자판에서는 어느 정도의 의미가 있는지 알 수 없지만 실제로 인행印行되어 있다. 고활자판에서는 다른 것에서 유례가 없는 덴카이판만의 특징이다. 더욱이 범자梵字나 기호의 활자, 또는 앞에서 언급한 '정이대장군征夷大將軍'·'광공길상여의光公吉祥如意'나 '문적門跡'·'탐제探題'·'삼장법사三藏法師' 외에 연속 활자, 행간재行間材나 충전물(詰物)로 사용한 것 같은 스페이스 활자, 예비재豫備材인지 미조未彫 활자재活字材도 있었다.

또한 법량적法量的으로는 덴카이판과 일치하지만, 대장경에는 불필요한 부훈식자付訓植字에 사용된 것 같은 훈점 활자訓點活字, 가타카나 활자, 오쿠리가나送り假名 'トモ'·'コト'의 약자로 생각되는 'ㇳ'·'ㇾ' 등의 활자가 있고, 후시미판伏見版과 똑같은 예처럼 용도가 불분명하다. 그 반면 천지의 계선에 사용해야 하는 괘선상罫線狀의 판 등의 인쇄 부속품은 거의 없어, 그 점은 슈존판과는 대조적이다. 또한 범자 활자는 슈존판이 제대로 된 싯다마트리카체(siddhamātṛkā 실담자체悉曇字體)인 데 비해 란자(Rañjana, 蘭札)체와 같은 범자이지만, 이 역시 송 사계판이나 원 보령사판 범자체를 답습한 것이다.

그런데 ③의 쇼호正保 이후 정판설整版說에 대해서는 활자 조사調査라든가, 병행해서 보충적으로 행해진 다이토구台東區의 간에이지 소장 판목 정리 조사 결과에서는 덴카이판 일체경에 상당하는 판목은 발견할 수 없었다. 이 가와세카즈마川瀨一馬의 설은 근거 제시나 논증도 하고 있지 않기 때문에 어떠한 이유에 의한 견해인지 전혀 이해가 안 된다. 생각하건대, 덴카이판 후반 정판설은 앞에서 기술한 것처럼 도쿠가와이에미츠德川家光의 권말 원문願文이 쇼호正保 3년경에 연속 활자로 바뀌는 것에서, 상하上下의 문자에 파고듦이(상하의 문자가 서로 침해) 생겨 일견 정판으로 보이는 연속활자의 인면印面을 가와세가 정판으로 잘못 본 것으로 추측할 수밖에 없다. 게다가 상당하는 판목도 존재하지 않는 것으로부터 새롭게 덴카이판 정판이 발견되지 않는 한 덴카이판은 끝까지 활자에 의해서 인쇄되었다고 결론짓지 않을 수 없다.

그런데 덴카이판 목활자는 앞에서 서술한 바와 같이 덴포天保 4년(1833)에 중조重彫되어 『법화경』「신력품」과 『인왕호국반야경』 등이 재간再刊되었고, 사업은 도에이잔東叡山 어용御用의 서사書肆 이즈미야쇼지로和泉屋庄次郎에게 맡겨졌다. 그것은 덴포의 중조판용重彫版用으로 보이는 활자에 '천장泉庄'의 묵서가 있고, 또한 이즈미야和泉屋의 관여는 영업 기록 『경원당서기慶元堂書記』에서도 증명된다. 이것은 엄밀하게는 이판異版이지만, 훈점訓點 활자나 가타카나 활자 등의 존재로부터, 혹은 이즈미야 등의 상업 출판에 이용되었을 가능성까지 시야에 들어온다. 만약 그렇다면, 덴카이판 일체경의 활자는 에도 후기의 출판 사업에도 은혜를 가져다 준 것이어서 우리나라(일본) 출판 문화에 활용된 덴카이의 유산이라고도 할 수 있다.

지금까지 서술한 바와 같이 덴카이판 일체경은 우리나라 최초의 인행본印行本 대장경이다. 그리고 그 저본은 덴카이가 주지를 맡은 적이 있는 가와고에川越 기타인喜多院 소장의 송 사계판 일체경을 기본으로 하였다. 이 선택은 에도 근향近鄉에서 용이하게 차람借覽할 수 있고, 다른 소장자도 복수인 사계판이라면(사실은 어떻든) 교합도

가능하고, 견실하고 실용성이 높은 방법이다. 또한 「후사계판목록」에 의한 제함濟函 이하의 51함분은 쇼호正保 3년(1646) 이후의 간행이므로 각종 저본을 얻을 수 있는 전망이 있어 간행을 단행했다고 생각된다.

이 어려운 사업은 덴카이의 이른바 집념과 도쿠가와德川 막부의 위신을 건 원조 아래 완성되었다. 발행부수가 적은 것은 아쉽지만, 이것을 일관되게 활자인쇄로 시행한 것은 우리나라 출판문화사에 남을 업적으로 평가받아도 좋을 것이다.

4. 데츠겐판 대장경鐵眼版大藏經

데츠겐판鐵眼版의 개요

일본에서 최초의 유포판 대장경을 완성한 것은 오바꾸 승려黃檗僧侶 데츠겐도코鐵眼道光(1630~1682)이었다. 그는 인겐隱元(1592~1673)을 따라 내조來朝한 오바꾸黃檗 제2대 모꾸안쇼도木庵性瑫(1611~1684)의 법사로 일본에 대장경이 유포되어 있지 않은 것을 탄식하고, 대장경을 중국에서 구입하려고 간분 3년(1663) 10월에 모연募緣의 『화연지소化緣之疏』를 썼다. 그 후 출판의 뜻을 세우고, 강경講經 때마다 그 뜻을 말하는 가운데 데츠겐은 오사카大坂의 묘우니妙宇尼로부터 백은白銀 1천 냥의 희사를 받았다. 이에 뜻을 굳힌 데츠겐은 즉각 인겐隱元에게 보고를 하자 간분 9년, 인겐으로부터 출판사업에 필요한 토지와 그 저본이 되는 명판 대장경(만력판)을 받았다. 후에 판목고版木庫 및 접인공방摺印工房을 유소類燒 등으로부터 지킬 필요를 느낀 데츠겐은 법숙法叔의 다이비쇼젠(大眉性善, 1616~1673)으로부터 산내山內의 토지 교환을 받아 공방을 이설하여 판목을 완성시켰다. 또한 모재募財의 거점을 오사카 난바難波의 즈이류지瑞龍寺(처음에는 야쿠시도藥師堂)에 마련하고 전국을 돌아다녔다. 또한 교토의 기야마치木屋町 니조二條에는 접인摺印의 대장경을 제본해 포장 출하하는 인방印房이 만들어져, 출판의 3개의 거점이 생겼다. 간분 11년의 일이다.

판목고는 메이지明治 5년(1872), 육군성陸軍省에 접수되어, 우지천宇治川 근처에 세워진 탄약 제조공장에서 만든 탄약의 저장고로서 이용되었고, 판목은 그 사이 일시적으로 법당에 안치되었다. 그 후 오바꾸 산문山門의 북쪽에 위치한 현재 위치의 언덕 위에 연못을 둘러싼 'ㄷ'자 모양으로 목조 단층의 판목고 및 공방이 만들어졌고, 그 판목 48,275매가 쇼와 32년(1957)에 국가의 중요문화재로 지정을 받아 내진내화耐震耐火의 철근콘크리트제의 현재 판목고가 되었다.

데츠겐판의 간기刊記

데츠겐이 출판한 대장경의 저본은 호상豪商 가츠쇼인勝性印이 인겐隱元에 기증한 것으로 일부에 오쿠리가나가 붙여져 있었다. 또한 '만력판' 정장正藏에는 입장되어 있지 않거나, 진언종眞言宗 쇼곤카쿠겐淨嚴覺彦(1639~1702)의 요청에 의한 비밀의궤류秘密儀軌類의 출판이 있었으며, 또한 대반야경을 비롯한 개판改版·개각改刻도 이루어지고 있었음을 알 수 있다. 만력판 정장의 복각만도 전 6,930권이라는 방대한 분량의 출판을 정판으로, 더욱이 아무런 자금적 뒷받침도 없는 일개의 승려가 행한 것은 칭찬할 만한 가치가 있다. 데츠겐은 이 대원大願을 실행하기 위해 전국을 행각하며 정재를 모았다. 지금 이들의 개요를 경전의 권말에 기록된 간기刊記에서 볼 수 있다.

간기라는 것은 데츠겐이 대장경을 판각함에 있어, 어느 국國의 누구로부터 얼마나 희사를 받았는지를 기록하고, 다음으로 전적명권차典籍名卷次, 원문願文을 싣고, 나아가 '하년하월황벽산보장원지何年何月黃檗山寶藏院識'라는 순서로 데츠겐의 모연 활동에 대한 정보를 적고 있다. 이른바 오부奧付이다.

첫 번째 간기가 간분 11년(1671) 1월이고, 마지막 해 간기는 덴나天和 원년(1681)이다. 데츠겐은 이듬해 3월에 입적하였기 때문에, 더욱이 입장入藏 예정 전적은 더 있었을 것이다. 정재淨財의 금액은 백금 1천 냥을 희사한 묘우니妙宇尼로부터 22명이 합쳐 6전錢 3푼分 5리釐를 희사한 예 등, 이름의 기재도 없는 사람들의 정재를 얻었음을 알 수 있다. 지역을 보면, 북쪽은 데와노쿠니出羽國로부터 남쪽은 류큐고꾸琉球國까지 넓은 범위에 이르고 있다.

간기의 수에 대해서 살펴보면, 초쇄初刷 쇼메이지본正明寺本에서는 1,023건, 겐로쿠기元祿期의 쇄본刷本인 시시가타니獅谷 호넨인본法然院本의 간기에는 1,322건, 아카마츠신묘赤松晋明(1893~1974, 호조인寶藏院 제59대 주지, 접인본 판목에서 간기 부분을 직접 접인摺印하여, 7분책으로 철한 1질一帙. 류코쿠대학 도서관 소장)의 간기에는 1,257건이 있었다. 그 간기 수의 많고 적음에 대해서 정리해 보면, 간기 총수는 1,425건이 된다. 이들의 간기를 검토하면, 다음과 같이 4가지로 분류할 수 있다.

I. 처음에는 화각본和刻本을 저본으로 사용하고, 그곳에 데츠겐의 간기를 붙였지만, 후쇄의 쇄본에서는 '만력판'의 화각본으로 바꾸었으며, 그와 함께 데츠겐의 간기도 삭제하고 있는 것이 있다. 예컨대

『대방광불화엄경소연의초』는 데츠겐 당시에는 「절강성소경율사장판浙江省昭慶律寺藏板」을 화각하여 출판한 것을 저본으로 하고, 또한 그 판목에 데츠겐의 간기를 붙였지만, 후쇄의 쇄본에서는 '만력판'을 복각한 화각본으로 바꾸었으며, 이에 따라 데츠겐의 간기도 삭제하였다. 그밖에는 『열반경소』 등이 있다.

II. 데츠겐은 '만력판' 정장에는 장외藏外의 전적에도 간기를 붙인 것을 들 수 있다. 사례로는 『능가경아발다라보경참정소楞伽經阿跋多羅寶經參訂疏』·『대방광불신화엄경합론大方廣佛新華嚴經合論』·『묘법연화경륜관妙法蓮華經綸貫』·『묘법연화경태종회의妙法蓮華經台宗會議』·『교관강종教觀綱宗』·『교관강종석의教觀綱宗釋義』 등의 간기이다.

III. 간기만을 나중에 보각한 예로서 『잡아함경』·『대승무량수장엄경』 등을 들 수 있다.

IV. 『유마힐경』·『보우경寶雨經』·『대장원법문경大莊園法門經』 등. 아카마츠신묘赤松晋明 『간기집刊記集』이 빠뜨렸다고 생각되는 간기가 있다.

한편 데츠겐을 부조扶助해 대장경 간행사업을 이어받은 호슈도소寶洲道聰(1644~1719)는 겐로쿠 13년(1700)에 「보장원규약寶藏院規約」을 했기 때문에 사업의 계승을 원하였다. 그 가운데

> 나는 그 일을 맡아 그 뜻을 계승하여, 그 아직 채우지 못한 것을 채우고, 그 아직 끝나지 않은 것을 마치겠다.

라고 하였다. 데츠겐 모각摹刻의 간기는 연월의 기재나 개판의 문제가

있다 하더라도 1,425건의 간기는 데츠겐과 그의 의지를 기울인 제자 호슈에 의한 모연 활동을 알 수 있는 중요한 자료라고 할 수 있다.

전장全藏은 아니지만 엔포延寶 6년(1678)까지 제본製本이 끝난 데츠겐판 대장경이 고미즈노오 상황後水尾上皇(1596~1680)에게 헌상獻上되었고, 최종적으로 시가현滋賀縣 히노日野 쇼메이지正明寺에 하사되었다.

데츠겐판의 체재와 특징

데츠겐판은 목활자에 의한 덴카이판과는 다른 정판整版 인쇄이다. 정판이라고 하는 것은 1매의 판에 활자를 새긴 것으로 데츠겐판은 벚나무를 사용하여 가로 약 82cm, 세로 약 21cm, 두께 약 1.8~2cm의 마디가 없는 판면에 2면, 안팎을 합해 4면분을 새겼다. 한 면은 1행 20자, 20행이며 중앙의 부분은 판심이라 하여 위에서부터 삼장三藏 등의 분류·전적명·권수·정수丁數·천자문 권차卷次 등을 새겼다. 이것은 방책본方冊本으로 철해져 있기 때문에 판심으로부터 직접 읽고 싶은 경전 부분을 찾을 수 있어 종래의 절본折本이나 권자본卷子本, 혹은 점엽장본粘葉裝本 등과는 비교할 수 없을 정도로 읽는 이에게는 편리한 장정이었다. 그것은 저본인 명나라의 만력판 그대로를 답습한 것이고, 정판으로 방책본이라는 제본으로 만든 것은 데츠겐이 처음부터 많은 사람들이 대장경을 읽게 하기 위하여 편리한 것이라 여겼기 때문이라 생각된다. 일반적으로는 데츠겐판이란 만력판 정장의 복각만을 말하지만, 그것만이 아니다. 완성을 서두른 때문인지 염가로 하기 위해서인지 화각본和刻本을 넣어 삽입판으로 만들거나 '만력판'

정장에는 입장入藏되지 않은 것을 출판하거나 하고 있는 것을 알 수 있다.

또 하나 특기할 만한 것은 고려판 대장경을 저본으로 한 출판이 있었다는 점이다. 이것은 진언종 신안류新安流의 시조이고, 범학梵學을 부흥시킨 승려로서도 유명한 쇼곤카쿠겐淨嚴覺彥이 데츠겐에게 출판을 의뢰한 것이었다. 쇼곤은 진언종의 기본이 되는 의궤儀軌에 관한 『불설비밀의궤중법경총목佛說秘密儀軌衆法經總目』이라고 하는 목록을 만들고, 그 보급을 도모하였다. 그곳에서 간행되고 있는 데츠겐판 대장경에 의해 의궤 전적을 갖추려 하였지만, 그곳에 입장도 되지 못하고, 화각본에도 없는 전적을 데츠겐에게 부탁하여 새롭게 개판開版해 받았다.

이러한 저본의 출입은 있지만, 일반적으로 데츠겐판이라 일컬어지는 명明 만력판 정장正藏 분에 대해서는 275질에 포함되어 반포되었다. 자금도 후원하는 협력자도 없이 시작한 대장경 간행은 데츠겐의 열정과 그것에 응답한 사람들의 합력合力으로 완성되었다. 덴나天和 원년(1681)의 일이었다. 그해는 기근이 있어 데츠겐이 난민 구제를 위한 시재施財 협력을 위해서 쓴 편지가 남아 있다.

이렇게 만들어진 데츠겐판 대장경은 『대장경청거총첩大藏經請去總牒』이라고 하는 당시의 판매대장販賣臺帳 같은 책에 의하면, 무려 405장藏이 전국 각지에서 납입되었다고 한다. 또한 『전장점청천자문주점全藏漸請千字文朱點』이라고 하는 대장臺帳에는 쇼와昭和 16년(1941)까지 약 2,343부분에 이르는 데츠겐판 대장경의 납입 기재記載가 있다. 그것에 의하면, 배본配本은 한 번에 이루어진 것이 아니라 여러 차례로 나누는 것이 일반적이었으며, 그중에는 80여 차례에 이르는 배본도 있었다. 제본製本 관계도 있지만, 대금 지불도 고려하면 당연한 것이라 고 할 수 있다.

호넨인판法然院版의 대교록對校錄과 출판

한편 유포판流布版인 데츠겐판 대장경이 만들어짐에 따라 전국 공통의 대장경 저본이 출현하였다.

근세의 대장경 출판은 슈존·덴카이·데츠겐의 3인에 불과하지만, 데츠겐판의 보급에 의해 고려판과의 전장全藏에 걸친 비교 대교對校가 이루어졌다. 그의 처음은 호넨인 중흥中興 제2세 닌쵸忍徵(1645~1711)이다. 그의 전기에 의하면, 간행 도중 데츠겐판의 『대승본생심지관경大乘本生心地觀經』을 읽다가 문의文意가 통하지 않는 부분이 많았다. 우연히 안넹화상安然和尙이 저술한 『보통수보살계광석普通授菩薩戒廣釋』에 인용하는 경문과 비교하면, 역시 탈락한 부분이 있었다. 이후 데츠겐판 경문을 열람하여 의미가 통하지 않는 부분이 있을 때마다, 데츠겐판과 선본善本을 대교하여 잘못을 바로잡아 나가려고 생각하였다. 이에 겐닌지建仁寺의 고려판과 데츠겐판과의 대교를 결정하고, 에도 시바芝의 조죠지增上寺에서 지키겐直絃을 상수上首로 하는 학생 10여 명을 불러들였다. 고려판과 데츠겐판을 비교하여 주필朱筆로 데츠겐판에 그 상위점相違點을 기입하는 방식으로 정확을 기하기 위하여 1권에 대해 3명이 대교對校하였다고 한다. 호에이寶永 3년(1706) 2월 19일에 시작하여, 햇수로 5년의 세월을 소비해 호에이 7년 4월에 대교사업을 마쳤다. 이러한 일은 이 대사업을 추진한 호슈寶洲가 교호

享保 18년(1733)에 저술한 『각대장대교록모연서刻大藏對校錄募緣書』에 상세하다.

닌쵸의 달견達見은 모연서募緣書에도 있는 바와 같이, 그 대교한 결과를 대장경 대교록大藏經對校錄으로 출판하고자 한 것이었다. 그러나 대교 후 이듬해 세상을 떠났기 때문에 그의 출판은 그의 제자에게 계승되었다. 대장경 대교록에는 크게 두 종류가 있는데 ① 상위한 점만을 출판하는 교정부校正部와 ② 데츠겐판에 입장入藏이 없고, 또한 고려판에 입장의 전적을 출판하는 결본보결부缺本補缺部이다. 종래 대교록은 ①의 교정부뿐인 것처럼 알려져 왔지만, ②의 결본보결부도 중요하고, 데츠겐판에 입장되지 않았다. 혜림 『일체경음의』 100권의 출판 등은 높은 평가를 받고 있다. 또한 『여북양장상위보결록麗北兩藏相違補缺錄』에는 개개의 보결補缺 이유가 기록되어 있다.

일본의 불교는 덴나天和 원년(1681)에 일단 완성을 본 데츠겐판 대장경에 의해 크게 전환되었다고 해도 과언은 아니다. 정판整版에 의한 데츠겐판은 명 만력판 정장과 거의 동일시되며, 이 유포판이 출현함에 의해 이후의 각 종파 종전宗典 출판에서는 왕성하게 교정校訂이나 교이校異가 만들어지기 시작했던 것을 들 수 있다. 물론 그 이전 시대에서도 사본끼리 교정이나 교이 등을 하긴 했지만, 아무리 엄밀한 선본을 만들어 보았자 사본이기 때문에 한 점 한 점이 서로 다르므로, 그것은 언제나 개별적인 것이었기 때문에 보급되지는 않았다. 그러나 고려판과의 간본刊本끼리 대교에 의해 그 사업의 중대성을 승려들은 깨닫게 되었다. 그 후 진종眞宗의 에치젠越前 죠쇼지淨勝寺 단잔쥰게이丹山順藝(1785~1847)에 의해서도 대교가 이루어진다. 분세이文政 9년

(1826)부터 덴포天保 7년(1836)까지, 단잔丹山은 두 아들들과 함께, 역시 겐닌지 고려판과 데츠겐판과의 대교사업을 일으켜 완성하였다. 또한 덴포 8년 9월에 겐닌지가 화재에 의해 대장경도 극히 일부를 남겨 두고 소실되었고, 곧바로 히가시혼간지東本願寺는 11월에 단잔에 명하여 그 대교의 부본副本을 만들게 하였다. 현재 오타니대학大谷大學 도서관에 소장되어 있는 대교본은 그 부본이다.

근세 불교학 및 각 종단의 종학에 직접적인 영향을 준 것은 데츠겐판이라고 할 수 있다. 데츠겐판 대장경은 쉽게 구할 수 있어, 통독通讀·검색이 편리하다. 한편 입수가 곤란하지만, 문의文義가 쉽게 통하는 귀중한 고려판 대장경. 근세 석학들이 양장兩藏의 특징을 살펴보면서, 대장경 속에서 불도 수행의 지침을 찾아내려 한 사실은 경장에 들어 있는 경전의 교정校訂에서 찾을 수 있을 것이다.

参考文獻

▸一 近世の一切經

松永知海,「近世における大藏經の出版とその影響」(鈴木健一編,『形成される教義 -十七世紀日本の<知>-』, 勉誠出版, 2015年).

▸二 宗存版一切經

叡山學院 編,『八十五回大藏會展 -延曆寺藏宗存版木活字-』(叡山學院, 2000年).

岡雅彦,「瑞光寺藏宗存版について」(『國學院大學紀要』 45, 2007年).

小山正文,「宗存版一切經ノート」(『同朋佛教』 20·21, 1986年).

小山正文,「林松院文庫の宗存版」(『日野照正博士頌壽記念論文集 歷史と佛教の論集』, 自照社出版, 2000年).

小山正文,「宗存版『大藏目錄』」(『同朋大學佛教文化研究所紀要』 22, 2002年).

小山正文,「寬永二十年版『黑谷上人語燈錄』の表紙裏より抽出された宗存版」(『同朋大學佛教文化研究所紀要』 26, 2006年. のち, 渡邊守邦,『表紙裏の書誌學』, 笠間書院, 2012年).

是澤恭三,「常明寺宗存の出版事業」(『書誌月報』 17, 1984年).

齋藤彥松,「宗存版の研究」(『同志社大學圖書館學會紀要』 3, 1960年).

滋賀縣教育委員會事務局文化財保護課 編,『延曆寺木活字關係史料調査報告書』(滋賀縣教育委員會, 2000年).

禿氏祐祥,「高麗本を模倣せる活字版大藏經に就て」(『六條學報』 228, 1920年. のち, 龍谷大學佛教史學會·史學 編,『龍谷大學佛教史學論叢』, 富山房, 1939年 所收).

馬場久幸,「日本近世の大藏經刊行と宗存」(『圓佛教思想と宗教文化』 63, 2015年), 原文 韓國語.

馬場久幸,「近世の大藏經刊行と宗存」(『佛教大學國際學術研究叢書五 佛教と社會』, 思文閣出版, 2015年. のち, 馬場久幸,『日韓交流と高麗版大藏經』, 法藏館, 2016年 所收).

水上文義,「新指定重文·延曆寺藏『宗存版木活字』について」(『天台學報』 43, 2000

年. のち, 水上文義,『日本天台教學論 -台密·神祇·古活字-』, 春秋社, 2017年 收錄).

▸三 天海版一切經

川瀨一馬,『增補 古活字版の研究』(Antiquarian Booksellers Association of Japan, 1967年).
研究成果報告書,『寬永寺藏天海版木活字を中心とした出版文化の調査·分類·保存に關する總合的研究』(課題番號 10308002, 研究代表者渡邊守邦, 2002年).
小野玄妙,「天海版一切經の底本及び校本」(『ピタカ』 4-6, 1936年).
野澤佳美,「天海版大藏經の底本に關する諸說の再檢討」(『立正史學』 77, 1995年).
松永知海,「天海版一切經覺書」(『石上善應教授古稀記念論文集 佛教文化の基調と展開』, 山喜房佛書林, 2001年).
水上文義,「近世古活字版佛典の梵字活字 -宗存版と天海版の場合-」(『叡山學院研究紀要』 24, 2002年).
水上文義,「天海版一切經木活字の特色」(『印度學佛教學研究』 51-1, 2002年).
水上文義,「新指定重文·寬永寺藏『天海版一切經木活字』について」(『天台學報』 45, 2002年).
水上文義,「古活字の時代における天海版一切經木活字の位相」(『村中祐生先生古稀記念論文集 大乘佛教思想の研究』, 山喜房佛書林, 2005年. のち, 水上文義,『日本天台教學論 -台密·神祇·古活字-』, 春秋社, 2017年 收錄).

▸四 鐵眼版大藏經

阿住義彦 編,『自在院藏「黃檗版大藏經」調査報告書』(眞言宗豊山派自在院, 2009年).
上越教育大學附屬圖書館 編,『上越教育大學所藏 黃檗鐵眼版一切經目錄』(上越教育大學附屬圖書館, 1988年).
佛教大學佛教文化研究所 編,『獅谷法然院所藏 麗藏對校黃檗版大藏經並新續入藏經目錄』(佛教大學佛教文化研究所, 1989年).
松永知海,「「黃檗版大藏經」の再評價」(『佛教史學研究』34-2, 1991年).
松永知海 編,『『全藏漸請千字文朱點』簿による『黃檗版大藏經』流布の調査報告書』(佛教大學アジア宗教文化情報研究所, 2008年).

제4장 일본 근대의 대장경 출판

1. 금속활자판 대장경金屬活字版大藏經

에도시대 말기부터 메이지明治시대 초기에 걸쳐 서양의 금속활자인쇄 기술이 전해진 이래 다양한 분야의 전적이 이 기술을 이용해 인쇄 발행되게 되었다. 불교전적도 또한 금속활자인쇄본이 증가하였고, 이윽고 대장경도 활자인쇄에 부쳐지게 되었다. 에도시대에 온전히 사용되어 왔던 목판인쇄의 오바꾸판黃檗版 대장경은 메이지시대 이후 오늘날에 이르기까지 인쇄되고는 있지만, 학술활동에 있어서는 금속 활자본의 대장경이 오로지 이용되고 있다.

대일본교정대장경大日本校訂大藏經

일본에서 최초로 금속활자를 사용한 한역대장경은 『대일본교정대장경大日本校訂大藏經』이다. 이 대장경은 화지和紙의 국판菊判(230×152㎜) 대철장袋綴裝으로, 5호 활자(10.5point 상당)를 사용하여 활자·서적

모두 소형인 것에 의해 『축쇄대장경縮刷大藏經』(『축장縮藏』으로 약칭)이라고도 불린다. 메이지 14년(1881) 8월에 간행이 개시되어 같은 17년(1884) 12월에 본편本編의 간행이 종료되고, 다음해인 18년 12월에 『목록』이 출판되어 햇수로 5년의 대사업이 완료되었다.

『축장』 출판사업의 중심인물은 본래 천태종 본산파本山派 슈겐도修驗道 대선달大先達이고, 메이지유신明治維新 후 환속해 교부성敎部省이나 내무성內務省 사사국寺社局 등에서 종교행정을 담당한 시마다미츠네島田蕃根(1827~1907)와 폐불훼석廢佛毁釋에 즈음하여 불교 호지護持에 진력한 정토종의 후쿠다교카이福田行誡(1809~1888)이다. 두 사람은 폐불훼석으로 피폐한 불교 재흥을 기원하여 사람들이 용이하게 대장경을 열독閱讀할 수 있도록 근대적인 활자인쇄에 의한 대장경 출판을 기도企圖하였다. 시마다島田는 조죠지增上寺 소장의 송·원·고려의 3대장大藏 등을 저본이나 교본으로서 사용할 것을 후쿠다福田에게 자문하여 동의를 얻어 메이지 13년(1880)에 홍교서원弘敎書院을 세워 사업을 시작하였다. 경영은 에도시대 이래의 서사書肆 야마시로야山城屋의 이나다사키치稻田佐吉와 산토나오토山東直砥(1840~1904)가 서로 의논하여 준비를 하였고, 산토山東가 사장이 되었다. 산토는 전 고야산高野山의 승려로 교육계나 출판계에서 이름이 알려진 인물이었다. 또한 실제로 인쇄·출판의 지도를 맡은 것은 미국에서 인쇄기술을 배워 온 이로카와세이이치色川誠一였다.

홍교서원은 이 대규모 사업이 경제적인 사정으로 두절되는 것을 피하기 위해 당시로서는 드문 예약 출판으로 간행할 계획을 세우고, 1투套에 120엔円·1,000부 예정으로 예약을 모집하였다. 처음에는 반응이 좋지 않았으나, 동東·서西 혼간지本願寺가 각 500부(일설에는 각 1,000부)를 인수하는 것을 계기로 사업이 궤도에 올랐고, 최종적으로는 1투 160엔·2,500부라고 하는 공전空前의 대규모 출판이 이루어졌다.

참고로 니시혼간지에서는 메이지 19년도 결산에 장경 대금으로 59,480엔円 61전錢 9리厘를 계상計上하고 있지만, 『축장』의 예가預價가 120엔이고, 『축장』 500부 분의 가격과 거의 일치한다. 또한 이것과는 별도로 지형판비紙型版費로서 메이지 16년도부터 18년도까지 3년간에 합계 55,837엔 7전을 지출하여 사업을 지원하였다.

혼간지의 지원뿐만 아니라, 각 종파가 홍교서원의 사업을 원호援護하였고, 말사에게도 구입 중개 등을 실시하였다는 사실은 조죠지에 남아 있는 『대장경신입서류大藏經申込書類』·『대장경대가취환출납기大藏經代價取換出納記』·『대장경대가하부大藏經代價下簿』 등의 『축장』 간행 시의 서류에 의해서도 살펴볼 수 있다.

경제적인 지원뿐만 아니라 편집·교정의 인재도 당연히 많게는 불교 각 종파의 관계자들이었다. 교정자는 처음에 잡지·신문 등에 모집광고를 냈으나 사람을 구하지 못했고, 나중에는 각 종파에서 인재를 선발하여 임명하게 되었다.

시마다島田는 만년 『축장』 출판의 동기에 대해서 에도시대 전기에 시시타니獅子谷 호넨인法然院의 닌쵸忍澂가 데츠겐판 대장경(오바꾸판)의 오류를 겐닌지建仁寺 소장의 고려장으로 대교한 사적事蹟에 감동한 것과 메이지유신 이후 기독교도가 적당한 크기의 바이블을 포교에 이용해 크게 성과를 올리고 있는 것을 보고, 불교 흥륭을 위해서

휴대에 편리한 소형의 활자판에 의한 출판을 도모하였다고 술회하였다. 『축장』의 출판이 불교계 부흥의 계기가 된 것은 분명하고, 시마다의 『축장』 출판의 목적은 충분히 달성되었다고 말할 수 있을 것이다.

그런데 『축장』은 내용에 있어서 근대 이전의 대장경과 비교하여 몇 가지 큰 특징이 있지만, 그중 하나로서 여러 종류의 대장경을 대교하고, 그 결과를 동일 지면에 인쇄한 것을 들 수 있다. 본문은 조조지 소장의 고려재조본을 저본으로 삼고, 동 소장의 송 사계장·원 보령사장 및 홍교서원 소장의 데츠겐판(일반적으로 명장明藏이라고 하지만, 명장 대신에 데츠겐판을 사용한다.)을 대교본對校本으로 교합校合하고, 이동異同을 두주頭注로 표시한 것이다. 또한 소형 활자를 사용한 것은 수장收藏이나 휴대에 매우 편리하였지만, 반엽半葉 20행 415자라는 조판組版으로 소자小字인 점과 함께 열독함에 있어서는 다소 불편하였다.

그 구성에 있어서도 당나라 중기 이후의 대장경이 『개원석교록』의 입장록入藏錄을 기준으로 배열되어 있는 것에 비해, 『축장』은 명나라의 석釋 지욱智旭 찬 『열장지진閱藏知津』의 분류에 기초하여 일본찬술의 불전을 수록하고 있는 것도 특징 중 하나로 들 수 있다.

『축장』은 그 내용의 참신함과 함께 휴대가 매우 편리하다는 점 등에 의해 각계에 받아들여져 메이지시대의 불교학 연구의 발전에 큰 영향을 주었다. 근현대의 일본에 있어서 불교학의 발전은 이 『축장』의 출판이 기초가 되었다고 해도 과언이 아니다. 일본뿐만 아니라 해외에도 영향을 주었고, 구미에서도 이용되어 "Tokyo edition"으로 알려져 있다.

또한 중국에서는 선통宣統 원년부터 민국民國 2년(1909~1913)까지 라가릉羅迦陵(1864~1941)이 『축장』을 저본으로 상해에서 『빈가정사교간대장경頻伽精舍校刊大藏經』이라 칭하는 대장경을 간행하였다. 이것은 4호 활자(13.75point 상당)로 간행한 중국 최초의 활자본 대장경이지만, 『축장』을 바탕으로 하면서도 약간의 중국찬술서와 일본찬술부 전부를 생략하고, 두주에 기록된 대교對校도 생략하였기 때문에 학술적 가치가 떨어지고 연구상의 이용가치는 낮다고 한다.

『축장』 편찬의 순서에 대해서는 「대일본교정대장경범례大日本校訂大藏經凡例」와 「대장경대교강령大藏經對校綱領」이, 고려장이 역대 간본대장경 가운데 교정이 두루 미친 가장 좋은 텍스트로 평가하여 저본으로 삼은 것, 송宋·원元·명明 삼본三本 대교對校라고 하지만, 명장明藏은 실제로는 데츠겐판으로 대용하고 있는 것 등을 적고 있다.

실제의 작업은 처음에 명장(실은 데츠겐판)에, 고려장에 기초하여 증산增刪을 더하고, 정정訂正을 하여 저본으로 하여 구두句讀를 끊고, 그 원고를 한 명이 읽고, 다른 세 사람이 각각 송판宋版·원판元版·데츠겐판鐵眼版을 보고 이동異同이 있는 부분에서 소리를 내어 지적하고, 그 사유를 즉시 원고에 기재하는 순서였다.

이것은 활자화할 때에 고려장 그 자체를 직접 저본으로서 하지 않은 것을 보여주는 것이며, 대체로 고려장의 내용을 반영하되, 전기轉記 때의 오류 등을 일으키기 쉬운 방법이었다. 현대와 같이 사진기술이 발달하지 않은 당시의 상황에서는 어쩔 수 없는 방법이지만, 『축장』 본문과 고려장 원본을 비교하여 불일치의 부분이 많은 것은 이 방법에 기인했을 가능성이 높다.

그런데 『축장』 간행 완료 50년 후인 쇼와 10년(1935)에 시마다미츠네島田蕃根가 작성하였던 정오표를 기초로 재교정再校訂을 실시한 『소화재정축쇄대장경昭和再訂縮刷大藏經』이 스즈키레이신鈴木靈眞을 회장으로 하는 축쇄대장경간행회로부터 출판되었다.

『소화재정본昭和再訂本』은 전全 40질, 418책, 별책목록 1책의 합계 419책을 1,000부 발행할 예정으로 간행하기 시작하였다. 그러나 전 419책의 현존 여부를 확인할 수 있는 것은 없고, 혹은 완결되지는 않았을 것으로도 생각된다. 간행 시에는 이미 『대정장大正藏』이 간행되고 있어 수요가 많지 않았을 가능성이 있다.

일본교정대장경日本校訂大藏經·대일본속장경大日本續藏經

『축장』에 이어 간행된 것은 메이지 35년부터 38년(1902~1905)에 걸쳐 간행된 『일본교정대장경』이다. 『대일본교정훈점대장경大日本校訂訓點大藏經』·『여명대교전부훈점축쇄대장경麗明對校全部訓點縮刷大藏經』 등이라고도 하며, 표지제첨 등에 '만卍'의 표장表章을 사용하였기 때문에 『만장경卍藏經』이라고도 한다. 정토진종淨土眞宗 혼간지파本願寺派의 승려 마에다에운前田慧雲(1855~1930)과 나카노 타츠에中野達慧(1871~1939)가 중심이 되어 교토의 조쿄쇼인藏經書院(당초는 도서출판 주식회사)에서 출판된 것으로 실질적인 편집자는 나카노中野이다.

이 대장경은 교토 호넨인法然院 닌쵸가 겐닌지建仁寺 소장 고려재조본과 대교한 데츠겐판을 저본으로 삼고 『축장』보다 큰 4호 활자(13.75 point 상당)를 사용하고, 화지和紙 사륙배판四六倍判(269×190mm) 대철장袋綴裝, 36투套 347책으로, 2단조段組 20행 22자 자힐字詰로 하여

열독의 편리를 도모함과 함께 모두 구두점句讀點·가에리텐返り點을 붙인 것이 특징이다.

조쿄쇼인에서는 이것에 이어 메이지 38년부터 다이쇼大正 원년(1905~1912)에 걸쳐 『대일본속장경大日本續藏經』(『만속장卍續藏』) 150투套 751책을 출판하였다. 『만속장』은 『만장경』에 수록되지 않은 불전, 특히 중국찬술의 전적을 집대성하는 것을 기도企圖한 것으로서 장소류章疏類나 선적禪籍 등 중국불교를 연구하는 데 필수적인 전적이 풍부하게 수록되어 있으며, 후에 편찬된 『대정장』에 미수록의 전적도 많다. 『만정장』은 현재에는 거의 이용되지 않지만, 『만속장』은 오늘날에도 그 이용가치가 떨어지지 않고 있으며, 『만속장』이 조쿄쇼인의 사업을 불후不朽의 것으로 만들고 있다. 다만 정장·속장 모두 교정校訂에 대해서는 반드시 정확하지는 않다고 하며, 『만속장』 저본의 내원來源이 반드시 명확하지 않은 것이 많다는 것도 문제점으로 지적되고 있다.

쇼와 50년부터 헤이세이平成 원년(1975~1989)에 걸쳐 국서간행회國書刊行會에서 출판된 『신찬대일본속장경新纂大日本續藏經』은 구판舊版 출판 시에 결권이었던 부분에 대해, 약간의 것에 대해, 새로 발견된 자료로 보충하는 등 개정改訂하였지만, 큰 폭의 개정은 아니다.

조쿄쇼인이 편수編修에 사용한 장서 대부분은 현재 교토대학京都大學 부속도서관에 〈조쿄쇼인문고藏經書院文庫〉·〈일장기간분日藏旣刊分〉·〈일장미간분日藏未刊分〉으로 소장되어 있어 출판에 즈음한 노력의 모습을 엿볼 수 있다. 또한 『만속장』도 『축장』과 마찬가지로 중국에서 수요가 있어, 민국民國 9년(1920)에 상해상무인서관上海商務印書館

에서 영인影印되었다.

하쿠분칸 축쇄대장경博文館縮刷大藏經

도쿄의 출판사 하쿠분칸博文館에서 메이지 44년(1911)에 간행하기 시작한 『축쇄대장경縮刷大藏經』은 국판菊版(227×152mm) 양장본, 2단조段組 28행 35자로, 『축장』보다 더 소형의 6호 활자(8point 상당)를 사용하여 훈점訓點을 붙이고, 상란上欄 외에 송·원·명 3본에 의한 교기校記가 있다. 내용은 『축장』을 계승하고 있지만, 제1책·제2책이 『대반야바라밀다경大般若波羅蜜多經』이며, 경전의 배열은 전통적인 대장경에 근거하고 있으며, 다이쇼 3년(1914)에는 제8책 『아함경』이 간행되었다. 겨우 3책의 미완성 대장경이긴 하지만, 최초의 양장본洋裝本 대장경으로서 의의意義가 있다.

대정신수대장경大正新脩大藏經

메이지시대 초에 진종대곡파眞宗大谷派의 승려 난죠분유南條文雄(1849~1927)·가사하라켄쥬笠原研壽(1852~1883)의 2명이 영국으로 유학하여 막스 뮐러(1823~1900)의 아래에서 서양의 불교학을 배운 것이 일본인에 의한 근대 불교학 연구의 시작이었다. 그 후 다카쿠스쥰지로高楠順次郎(1866~1945) 등이 잇따라 해외로 유학하였으며, 메이지 말년에는 제국대학帝國大學과 종문대학宗門大學 등에서 서양류의 근대적인 불교연구의 환경이 정비되었다. 이와 같은 환경 가운데 다이쇼시대가 되었고, 새로운 대장경의 출판이 시작되었다. 다카쿠스쥰지로·와타나베카이교쿠渡邊海旭(1872~1933)를 도감都監으로 하여 편찬한 것이 『대정신수대장경大正新脩大藏經』이다.

이 대장경은 다이쇼 12년(1923)에 '간행 취지'가 공표되었고, 다음 13년 5월부터 거의 매월 1책씩 간행되어, 도중 관동대지진도 있었지만, 쇼와 3년(1928)에는 정장 55책이 완결되었다. 당초 계획은 각 책 1,000여 쪽 안팎, 전 55권 예정이었지만, 뒤에 속편續編 30권, 도상부圖像部 12권, 『소화법보총목록昭和法寶總目錄』 3권을 증보하여 쇼와 9년(1934)에 전 100권이 완결되었다. 사륙배판(257×190mm) 양장본, 본문은 5호 활자(10.5point 상당) 3단조 29행 17자이며, 난외교주欄外校注는 6호 활자(8point 상당)이다. 초판 간행 시에만 화장본이 출간되었다.

저본底本·교본校本은 『축장』을 본떠 조죠지 소장의 고려판·송·원·명판의 4종류 대장경을 사용한 것 외에 새롭게 궁내성宮內省 도서료圖書寮 소장의 동선사판東禪寺版·개원사판開元寺版 대장경이나, 쇼소인正倉院 성어장聖語藏(원래는 도다이지東大寺 손쇼인尊勝院의 장서)의 천평고사경天平古寫經 등 많은 교본을 사용하여 편찬된 것으로 오늘날에도 그 학술적 가치를 갖고 있다. 정편正編 완성 시에 기록된 '간행경위요약刊行經緯要略'에 의하면, 『대정장』 출판은 다이쇼 11년에 도쿄제국대학東京帝國大學 범문학연구실梵文學硏究室에서 다카쿠스高楠를 중심으로 하는 모임이 있어 대장경의 출판에 대한 논의가 있던 것에서 발단했다고 하고 있다. 당시 『축장』은 1부 1,000엔 이상이나 되는 한편 그것도 입수하기 어려웠다고 한다. 또한 다카쿠스는 전년 이시야마데라石山寺에서 고사경古寫經의 조사를 하고 나서 통행通行의 대장경과 고사경古寫經의 대교對校의 필요성을 느꼈으며, 그것이 새로운 대장경을 출판한 큰 동기가 되었다고 한다.

간행에 즈음해 다카쿠스와 와타나베는 5대 특색으로서 이하와 같은 방침을 내걸었다.

첫째는 엄밀박섭嚴密博涉의 교정에 노력하기 위해 일본 국내 고사경은 물론 돈황 등 중앙아시아에서 새롭게 발견된 중국 고사경까지도 그 자료로 사용하여 교정을 실시한다.

둘째는 주도청신周到淸新한 편찬을 위해 종래의 대장경 편성에 얽매이지 않고 새로운 학문의 성과를 이용해 계통적 조직을 만들어낸다.

셋째는 범한대교梵漢對校를 시행하고, 최신 연구 성과를 통합하여 산스크리트와 빨리경전을 참고하여 교정한다.

넷째는 경전의 내용색인內容索引·대장경 제간본諸刊本의 대조표對照表·내외 현존 범본梵本이나 고사본古寫本 목록을 작성하여 연구의 자료로 삼는다.

다섯째는 휴대의 편의를 고려하고 또한 저렴한 가격으로 간행한다. 이 때문에 종래 선장본線裝本의 형태로 출판되어 온 대장경을 사용하기 편리한 양장본洋裝本으로 하였다(다만 선장본의 것도 아울러 간행되었다.).

이 방침은 기존 대장경 출판의 주요 목적이 불법홍륭이었던 것에 비해 연구목적을 주안점으로 하고 있음을 보여주고 있다. 결과적으로도 『대정장』은 간행 이래, 일본뿐만 아니라 널리 세계 각지에서 불교연구의 기초적 문헌으로서 이용되어 쇼와 35년(1960)에 재판再版이, 근년에는 장정裝訂을 간편하게 한 보급판도 출판되어, 그 목적을 충분히 실현하고 있다.

내용에 있어서 특기할 만한 것은 새로운 분류의 채용을 들 수 있다.

종래의 대장경이 『개원석교록』이나 『열장지진』 등 전통적인 불교관에 기초한 분류가 이용되고 있었지만, 『대정장』에서는 대승·소승의 구별을 채택하지 않고, 아함부를 처음에 두어, 근대 불교학의 성과를 기초로 한 분류를 이용하였다. 또한 송·원·명판 대장경과의 상세한 대교를 각주로 표시하는 것은 『축장』과 같지만, 산스크리트나 빨리의 경전명 외에 저본이나 대교본의 정보, 품제品題나 조권調卷의 이동 등을 기록한 「감동목록勘同目錄」을 『소화법보목록昭和法寶目錄』에 수록한 것 등, 불교연구에 유용한 편집을 하고 있다. 그 외 20세기 초에 돈황에서 발견된 다수의 고사본 등을 이용한 「고일부古逸部」의 존재도 큰 특색이다.

다만 활자인쇄의 상례로서 오식誤植을 많이 볼 수 있는 것이나, 저본이나 교본校本의 번자翻字에 즈음하여 오기誤記나, 목판이나 사본에 있는 이체자異體字의 처리 등에 문제점이 있다고 말해지고 있다.

이 『대정장』의 오식 등에 관한 불비不備의 주된 요인은 『대정장』 본문의 식자植字 저본에 『고려장』의 원본原本을 이용하지 않고, 『축장』을 번각한 『빈가장頻伽藏』을 이용하고 있던 것이나, 대교對校에도 『축장』을 이용했던 것에 의한다는 지적이 있다.

그런데 『대정장』의 출판 목적의 하나는 연구용 대장경 출판이었는데, 본문의 구성이나 교정 등과 함께 대장경 자체뿐만 아니라 연구용 공구서工具書를 함께 간행한 것도 큰 특색이다. 즉 『대정신수대장경색은大正新脩大藏經索隱』의 편찬이다.

『색은索隱』의 편찬 계획은 『대정장』 간행 계획이 일어나면서 거의 동시에 일어난 것으로 『대정장』의 외호 고문을 맡았던 주일 영국대사찰스 엘리엇(Charles Eliot, 1862~1931)과 주일 독일대사인 빌헬름 졸프(Wilhelm Solf)의 건의에 의한 것이었다. 처음에는 『대정장』의 매 권에 『색은』을 붙여 간행할 예정으로 제1권 아함부 상上이 간행되자, 그 『색은』이 간행·배포되었지만, 엘리엇, 졸프 두 사람의 평가는 좋은 것이 아니었다고 한다. 그 후 계획이 변경되어 총 25권의 구성으로 대장경 전권 간행 후인 쇼와 15년(1940)에 새롭게 편찬된 『색은』이 간행되었다. 이 『색은』은 결국 「아함부」·「법화부」·「목록부」 3책의 미완으로 끝났지만, 그 흐름은 쇼와 33년(1958)부터 「대장경학술용어연구회大藏經學術用語硏究會」에 의해서 편찬·간행된 『대정신수대장경색인大正新脩大藏經索引』으로 계승되었다.

또한 다카쿠스高楠는 여러 외국에서 『대정장』이 이용되기를 바라고, 외무성外務省의 조성助成을 이용하여 적극적으로 해외로 기증을 실시하고 있을 때, 구미에서도 "Taisho Tripitaka"·"Taisho Revised Tripitaka" 등으로 불려 이용되고 있다.

장외藏外의 각종各種 총서叢書

메이지 이래 『축장』 등 수종數種의 한역대장경이 출판되었고, 이들 이외에 한역경전의 일본어 번역을 목표로 한 총서도 편찬되었지만, 주요한 것으로서는 아래의 것들이 있다.

『국역대장경國譯大藏經』은 다이쇼 6년부터 쇼와 3년(1917~1928)에 고쿠민분코칸코카이國民文庫刊行會에서 간행된 전 31책의 총서로, 주요 경론經論을 가키쿠다시書き下し로 쓴 것이다.

다음으로 『소화신찬국역대장경昭和新纂國譯大藏經』 전 48책이 쇼와

3년부터 7년(1928~1932)에 도보쇼인東寶書院에서 간행되었다. 이것은 주요 경론 외에 각 종파의 종전宗典을 종전부宗典部도 아울러 수록하고 있는 것이 그 특징 중 하나이다.

그 이후 다이토출판사大東出版社에서 간행한 『국역일체경國譯一切經』은 앞의 두 종류 책에 비해 큰 규모로서, 우선 『인도찬술부印度撰述部』로 전 155책이 쇼와 5년부터 11년(1930~1936)에 간행되었다. 『화한찬술부和漢撰述部』 전 102책은 쇼와 11년부터 간행이 시작되었지만, 도중에 간행이 중단되었다가 쇼와 63년(1988)에 겨우 완성되었다.

이들의 '국역國譯'이라고 칭하는 총서의 대부분은 불전의 연구에 크게 도움이 되는 것이었지만, 본격적인 일본어 번역이 아닌 한문을 훈독訓讀하는 단계의 것들이 대부분이었다.

근래 다이조출판大藏出版에서 간행되고 있는 『신국역대장경新國譯大藏經』은 원칙적으로 『대정신수대장경』을 저본으로 하여 훈독함과 동시에 새로운 연구 성과를 기초로 주注를 더한 것으로 현재 계속 간행중이다.

이밖에 메이지 이후의 불전 출판의 특색으로는 한역 이외의 대장경 출판이 있다. 메이지 이전에는 일본인에게 있어서 불교전적이라고 하면, 극히 소량의 실담悉曇 문헌을 제외하고는 일반적으로는 한역경전 및 일본인의 저술 이외에는 없었지만, 메이지 이후 남아시아나 동남아시아 제국, 혹은 티베트의 언어로 기록된 불교전적 연구에도 관심이 모아졌고, 이들의 언어에 의해 기록된 불교전적도 다수 전래되었다. 그 대표적인 것으로서 티베트어 불전이 있으며, 도요문고東洋文庫·도후쿠대학東北大學·도쿄대학東京大學·오타니대학大谷大學 등에 다수의 티베트 불교전적이 수장되어 있다. 이들을 연구자료로서 영인 출판하는 것은 일찍부터 요망된 것이지만, 쇼와 30년부터 36년(1955~1961)에 걸쳐 간행된 오타니대학 소장 북경판北京版 서장대장경西藏大藏經을 영인한 『서장대장경西藏大藏經』이 그 시초이다. 오늘날에는 데게판 등 여러 판본의 티베트 대장경이나 단독의 불전이 영인본으로, 혹은 마이크로필름으로 이용할 수 있게 되어 있다.

또한 빨리어의 불교전적은 남아시아나 동남아시아 여러 나라에서 전해져 왔지만, 이들을 일본어로 번역한 것이 『남전대장경南傳大藏經』으로 『대정장』의 자매편으로 간행된 것이다.

대장경 연구大藏經研究

『축장』 이래 각종 대장경의 출판에 수반해 대장경에 관한 연구가 진행되었는데, 그 선구로는 정토종의 승려 우가이테츠죠養鸕徹定(1814~1891)의 『고경수색록古經搜索錄』·『고경제발古經題跋』·『속고경제발續古經題跋』·『역장열위譯場列位』·『대장접본고大藏摺本考』를 들 수 있다. 데츠죠는 에도시대 말부터 메이지 초기의 폐불훼석으로 다수의 경전이 시중에 유출되어 있을 때, 그것들을 수집하거나, 혹은 여러 사찰을 방문해 경전의 오서奧書와 간기刊記 등을 수집하였고, 앞에서 언급한 것과 같은 책들을 저술하였다. 데츠죠의 저술은 오늘날에서 보면 오류도 적지 않지만, 고사경古寫經·고판경古版經 연구에 유용한 자료를 제공하고 있다.

다음으로 근대 학술사상의 선구적 연구로서 난죠분유의 『A Catalogue of the Chinese Translation of the Buddhist Tripitaka, the sacred canon of the Buddhist in China and Japan』(Oxford, 1883)을 들 수 있다. 이 목록 해제는 난죠가 영국 유학 이전에 수학하였던 전통적인 불교학과 유학에 의해 배운 서양의 학술을 합쳐서 만든 성과이다.

본격적으로 대장경에 관한 조사나 연구가 행해지기 시작한 것은 메이지 말년부터 다이쇼시대에 걸쳐서였다. 고사경이나 고판경의 조사는 메이지시대부터 이루어졌으나, 많게는 오서奧書 등 역사자료를 수집하기 위한 활동의 일환이거나, 문화재 보호의 일환이었지만, 『만속장』 편찬이나 『대일본불교전서』 편찬이 시작되자, 고사古寫·고판古版의 불전에 대해 관심을 갖는 불교학이나 불교사학 연구자들이 나타나기 시작하였다.

이 시기의 대표적인 대장경 연구로서 도키와다이죠常盤大定(1870~1945)의 『대장경조인고大藏經雕印考』가 있다. 이것은 중·한·일 간본대장경 간행의 역사, 각 대장경의 구성, 현존본의 전래 사정 등에 대해서 종합적으로 고찰을 추가한 본격적인 대장경 연구이다.

그 후 『대정장』의 간행이 시작되자, 그 저본·교본이 된 고사·고판에 대한 관심이 높아져 각지의 대장경 조사가 이루어지고, 아울러 연구도 활발해졌다. 이 시기 중심이 된 연구자는 오야 겐묘小野玄妙이다.

오야小野는 『대정장』 편집부 책임자의 1인으로서 시종 『대정장』 편집에 종사함과 동시에 전국 사원의 경장經藏을 조사하여 불전서지에 관한 보고서나 논문을 수없이 발표하였다. 그 업적은 개별적으로 보면, 현재로서는 정정해야 할 부분도 많지만, 아직 그 가치를 잃지 않은 것도 적지 않고, 『불서해설대사전佛書解說大辭典』 전 11권(다이조

출판大藏出版, 1933~1936년)의 별권으로 출판된 『불교경전총론佛教經典總論』은 역대 한역대장경의 조직과 변천을 고찰한 선구적인 저작이다.

그 후 1930년대부터 50년대에 걸쳐 정력적으로 대장경 연구를 행한 사람은 오가와 칸이치小川貫弌이다. 오가와는 중국에서의 조사활동도 실시하였으며, 특히 송원판 연구에 큰 성과를 거두었으며, 쇼와 39년(1964)에 교토대장회京都大藏會 50주년 기념으로 간행된 『대장경大藏經-성립과 변천成立と變遷-』(백화원百華苑)의 대부분은 오가와의 집필이다.

그 후 대장경 연구는 일시적으로 감소했지만, 1970년대 후반부터 치쿠사마사아키竺沙雅章(1930~2015)가 많은 논고를 발표한 이래 판본학적인 방법에 의해 대장경 연구를 행하는 새로운 단계에 이르고 있다. 여기에는 일본 국내에서의 대장경 조사가 활발해진 것과 함께 중국이나 한국에서 고판古版 대장경의 영인출판이 활발해진 것에도 크게 영향을 주었다.

근대에 있어서 일본 이외의 한역대장경 출판

중국에서는 근대 이전에 있어서는 목판에 의한 대장경 출판이 활발했지만, 근현대에 있어서는 활자인쇄와 사진제판 기술을 사용하였다. 이른바 영인본影印本에 의한 출판이 활발하게 행해졌다. 특히 고판 대장경의 영인본이 많은 것이 큰 특징으로, 개보장開寶藏·금판金版·적사판磧砂版·홍무남장洪武南藏·영락북장永樂北藏·가흥장嘉興藏·청룡장淸龍藏 등 주요한 간본대장경이 영인되어 있다. 특히 1945년 이후 일본에서는 새로운 한역대장경 출판이 본격적으로 이루어지지 않은 데 비해 최근 잇따라 출판되고 있는 것도 주목된다. 또한 대만에서도 고판 대장경의 영인이 그 주류이다.

한국에서는 오로지 고려재조본 대장경의 목판인쇄, 혹은 그 영인이 주류이다. 해인사海印寺의 판목을 이용하여 새로 인쇄하는 것은 조선총독부 시대나 1945년 이후, 여러 차례 이루어졌으며, 이들 중 몇 부는 일본에도 전해졌다. 45년 이후는 영인이 주류이다.

2. 일본찬술·종문계전서宗門系全書

근세에 있어서 목판인쇄기술의 발전과 막부에 의한 종학宗學의 장려를 배경으로 한 목판 대장경의 개판開板을 계승하는 형태로 메이지시대 이후가 되면 금속활자 등의 근대적 기술로 인쇄한 『대정신수대장경』(이하 『대정장』)을 비롯한 한역대장경이 출판되기 시작하였다. 그러한 움직임에 동조하듯이 일본에 불교가 전해진 이후에 찬술된 이른바 일본찬술의 불교전적, 예를 들면 일본에서 일어난 각 종파의 종조宗祖나 고승의 찬술을 모은 전집全集, 종문宗門·종파宗派에 관한 전적을 수록한 전서全書 등도 연이어 출간되었다. 그것은 근대 출판된 한역대장경이 그러하듯이 오늘날의 일본불교 연구, 내지 객관적 시점에서 종문사宗門史 연구에 있어 기본적인 전거사료로 이용되고 있으며, 각 방면에서 추진되고 있는 불교문헌의 전자화에 대해서도 각 종파에 관련된 연구기관에서 해당 종문에 관한 모든 전서류全書類를 데이터베이스화하여 공개하는 형태로 진행되고 있다.

종문계宗門系 전서全書의 출판에 대해서는 근대에 들어와서 도래한 각 종파의 종조宗祖의 원기遠忌(50년마다의 기념법요記念法要) 등에 즈음하여 종문이 주도한 원기기념사업遠忌記念事業의 일환으로 편찬 출판된 것이 적지 않다. 원기에 행해지는 사업으로는 핵심이 되는 원기법요 이외에 노후화된 가람의 대규모 수복修復이나 새로운 가람의 신축 등이 많지만, 메이지 이후 근대적이고 객관적인 불교연구가 번성하는 것과 동시에 그때까지 종문 내나 특정의 사찰에 비장되어 온 것 같은 희구본稀覯本을 포함한 사료의 활자화가 되어, 교단 내에 있어서의 연구의 객관화를 촉진하는 것과 동시에 널리 일본불교사 전체의 흐름 가운데 각각의 종조의 사상이나 교단의 가르침을 위치 짓는 것이 가능하게 되었다고 할 수 있다.

다음은 그중에서도 일본찬술의 전체적 집대성의 대표인 『대일본불교전서大日本佛敎全書』와 각 종문계宗門系의 전서류全書類에 대한 개요를 살펴보고자 한다.

『대일본불교전서』

난죠분유南條文雄를 회장으로 다카쿠스쥰지로高楠順次郎·모치즈키신코望月信亨·오무라세이가이大村西崖(미술사가美術史家)를 주사主事로 설립된 불서간행회佛書刊行會에 의해 발행되었다. 메이지 45년(1912) 1월자 설립취지서에 의하면, 메이지 이후 새롭게 출판된 서적은 많지만, 불교관계의 전적은 그다지 많지 않고 비장秘藏된 얼마 안 되는 사료史料가 충해의 피해를 당하고, 또한 화재 등의 피해를 당하면 없어지기도 하고, 진본류珍本類가 되면 열람도 용이하지 않고, 다른 학술분야에 비해 불교학이 부진한 것도 당연하다고 한탄하고 있다.

게다가 우리나라의 정치나 문무文武, 그리고 여러 가지 상황들에 대해서 불교와의 관련 없이는 말할 수 없으며, 불교전적의 불비不備는 역사연구 전체 있어서의 불비가 된다고 서술하고, 일본찬술과 관련된 희구希覯의 서적을 뽑아 간행하려 하므로 널리 지원을 청한다고 하고 있다.

실질적인 편집은 오무라가 담당한 것 같으며, 다이쇼 원년(1912)부터 11년(1922)에 걸쳐 일본찬술의 불교전적 953부를 본편 150권·별권 10권·목록 1권으로 묶어서 간행되었다. 일설에는 모치즈키의 『불교대사전佛教大辭典』 간행이 자금 부족에 빠지자, 그것을 보충하기 위해 오무라가 기획했다고도 한다.

목록目錄·총기總記·제경諸經·화엄華嚴·법화法華·태밀台密·진언眞言·실담悉曇·정토淨土·융통염불融通念佛·시종時宗·계율戒律·삼론三論·법상法相·인명因明·구사俱舍·기신起信·선종禪宗·행사行事·종론宗論·사전史傳·보임補任·계보系譜·지지地誌·사지寺誌·일기日記·사조詞藻·잡雜의 28개 부문을 세우고, 개괄적으로 953부 3,396권의 전적을 수록하였다. 『전교대사전집傳教大師全集』·『홍법대사전집弘法大師全集』 등의 개인전집이나 『대정장』·『일본대장경』 등, 이 전서에 선행하는 전집 총서에 수록된 문헌은 생략되어 있으나 병용倂用하는 것에 의해 보완할 수 있다. 교리 전반에 관한 문헌은 물론 의궤儀軌·도상圖像·사지寺誌·전기傳記·일기日記 등 역사자료 이외의 시문집詩文集 등 광범위한 문헌을 수록하고 있다는 점에서 다양한 연구의 전거사료典據史料로 오늘날에도 이용되고 있다. 쇼와 48년(1973)에는 스즈키학술재단鈴木學術財團이, 구판舊版이 28개 부문으로 구성되어 있던 것을 18개 부문으로 재편성하고, 본편을 96권으로 재편성하는 것과 함께 해제 3권·목록·색인 1권을 덧붙여 전 100권의 신판을 간행하였다. 또한 쇼와 58년(1996)에는 명저보급회名著普及會에서 원판原版이 복각覆刻 간행되었다.

『정토종전서淨土宗全書』

이른바 종문계宗門系의 대규모적인 총서로서는 가장 먼저 간행된 것이고, 각 종파에 있어서 전서류全書類 간행의 선구가 된 것이다. 메이지 40년(1907)부터 다이쇼 3년(1914)에 걸쳐 호넨상인法然上人 7백회 대원기大遠忌를 기념하여 정토종전간행회淨土宗典刊行會가 편찬하여 전 20권이 간행되었다. 소의所依의 경전인 정토삼부경淨土三部經이나 이역경異譯經, 종조宗祖 법연法然을 비롯한 정토종 학장學匠의 찬술 등을 수록하고 있다.

쇼와 3년(1928)에 발회發會한 정토종전간행회에서 제21권 「해제」, 제22권 「색인」, 별권 「범한대역대소경梵漢對譯大小經과 영역삼부경英譯三部經」을 포함한 23권이 쇼와 9년(1934)부터 47년(1972)에 걸쳐 재간되었다. 또한 복각판이 정토종 개종 800년淨土宗開宗八百年 기념사업으로서 정편正編 23권이 쇼와 45년(1970)부터 47년(1972)에 걸쳐 산키보붓쇼린山喜房佛書林에서 출판되었다. 단지 복각판의 저본에 대해서는 초판본과 재판본이 혼재하고 있다.

다이쇼 4년(1915)부터 쇼와 3년(1928)에 걸쳐 종서보존회宗書保存會의 편찬으로 전 19권의 『속정토종전서續淨土宗全書』가 간행되었다. 속편의 재판이 쇼와 15년(1940)부터 이루어져 속간 11권을 포함한

30권이 계획되었으나 전쟁에 의해 수권數卷으로 중단된 것 같다.

또한 속편의 복각판復刻版도 쇼와 47년(1972)부터 49년(1974)에 걸쳐 정편正編과 함께 정토종 개종 800년의 기념으로 출판되었다.

그밖에 정토종계의 것으로 다이쇼 2년(1913)부터 쇼와 11년(1936)에 걸쳐 정토종 서산선림사파종무소西山禪林寺派宗務所에 의해 발행된 『서산전서西山全書』가 있다.

『진종전서眞宗全書』

다이쇼 2년(1913)부터 5년(1916)에 걸쳐 조쿄서원藏經書院에서 정편 46권·속편 28권·총목록 1권, 전 75권으로 간행되었다. 츠마키쵸쿠료妻木直良. 진종 각파의 본산이나 불교대학(현재의 류코쿠대학龍谷大學)이나 오타니대학의 협력으로 주로 에도시대 각파의 종학자 찬술로부터 진종 교의敎義 연찬硏鑽에 필요한 강의록류講義錄類나 진종사眞宗史에 관한 문서류가 수록되었다. 정편에는 칠고승七高僧·신란親鸞·가쿠뇨覺如·존가쿠存覺·렌뇨蓮如 저술의 강의록 합계 131점을 수록하였고, 속편에서는 주로 에도기에 일어난 법론法論 및 행신론行信論에 관한 술작述作, 혼간지사本願寺史·진종사眞宗史의 제 사료史料, 74권에는 성교목록聖敎目錄 24점을 수록하였다. 에도기의 강의록 등을 활자화하여 출판한 것은 획기적이며, 강의록은 특정의 종파나 학파를 편중하지 않고, 동서東西 양 혼간지本願寺의 것이 널리 선택되었으며, 종문사宗門史에서는 혼간지 이외의 사료도 수록한 점이 주목된다.

나카노타츠에中野達惠의 '일본대장경 편찬의 연유緣由'에 따르면, 『만속장경卍續藏經』이 완성된 후에 조쿄서원藏敎書院의 직원이나 직공의 고용을 확보하기 위한 사업으로서 『진종전서眞宗全書』의 간행을 나카노中野가 제언했지만, 우여곡절을 거쳐 편집은 츠마키쵸쿠료妻木直良가 담당하게 되었고, 결과적으로 나카노는 『일본대장경』의 편집에 전념하게 되었다.

쇼와 49년(1974)에서 52년(1977)에 걸쳐 국서간행회에서 목록을 포함하여 75책이 재간되었다.

『진종대계眞宗大系』

난죠분유南條文雄를 회장으로 진종전적간행회眞宗典籍刊行會에서 미하시토쿠겐御橋悳言(1876~1950)의 편집으로 당초 24권 예정으로 다이쇼 5년(1916)부터 간행이 시작되었지만, 나중에 13권을 추가하여 전 37권으로 만들었다. 도중途中, 다이쇼 12년(1923)의 관동關東대지진으로 간행회 사무소가 심대한 피해를 받았지만, 다이쇼 14년에 완결되었다. 진종 대곡파眞宗大谷派 학장學匠의 찬술로 한정하여 대표적으로 미간未刊된 것을 수록하고 있다.

쇼와 49년(1974)부터 동 51년에 걸쳐 국서간행회國書刊行會에서 재간되었다. 또한 『속진종대계續眞宗大系』 20권, 별권 4권이 쇼와 11년(1936)부터 19년(1944)에 걸쳐 편찬되었으며, 역시 진종전적간행회眞宗典籍刊行會에서 간행되었다.

『진종총서眞宗叢書』

쇼와 3년(1928)부터 6년(1931)에 걸쳐 진종총서편집소眞宗叢書編輯所에서 전 13권이 간행되었다. 권학勸學 마에다에운前田慧雲·고레야마에가쿠是山惠覺(1857~1931) 사師의 고희기념사업으로서 류코쿠대학 내의 편집소에서 편집되었으며, 삼부경三部經을 비롯한 성전류聖典類, 혼간지파本願寺派의 대표적인 주석서注釋書, 논제집論題集 외, 양사兩師의 저작 등이 수록되어 있다.

재판본再版本이 린센서점臨川書店에서 쇼와 50년(1975)에 간행되었다.

『신편진종전서新編眞宗全書』

쇼와 51년(1976)부터 이듬해에 걸쳐 신편진종전서간행회新編眞宗全書刊行會의 편집으로 사문각思文閣에서 전 30권이 간행되었다. 기간旣刊의 『진종전서眞宗全書』에서 진종학을 수학하는 자로서 필수의 저술을 선정하고, 미수록 자료와 저자의 전기 등을 추가하여 교의편敎義編 20권·사전편史傳編 10권으로 재편집한 것이다.

『천태종전서天台宗全書』

쇼와 10년(1935)부터 12년(1937)에 걸쳐 천태종전간행회天台宗典刊行會의 편찬으로 다이조출판大藏出版에서 전 25권이 간행되었다. 주로 일본 천태 관계의 전적을 에이잔문고叡山文庫를 비롯한 문고文庫·제사諸寺, 개인 장서에서 수집한 것으로서 일본 천태 연구에 필수적인 전서이다.

복각覆刻은 쇼와 48년(1973)에 다이이치쇼보第一書房에서 간행되었다.

『속천태종전서續天台宗全書』

쇼와 62년(1987)부터 헤이세이平成 29년(2016)에 걸쳐 천태종전편찬소天台宗典編纂所의 편찬으로 슌쥬사春秋社에서 간행되었다. 이미 간행된 전적이어도 중요하다고 인정되는 것에 대해서는 채택하였지만, 원칙적으로 메이지시대 이후에 활자인쇄로 발행된 서적, 즉『천태종전서』 정편이나 『대정장』·『대일본불교전서』, 또한 『전교대사전집傳教大師全集』·『지증대사전집智証大師全集』·『혜심승도전집惠心僧都全集』이나 『군서유종群書類從』 등에 수록되어 있는 전적에 대해서는 중복을 피해 채용되어 있지 않다.

또한 제1기 15권·제2기 10권이 간행을 완료했기 때문에 제3기 간행도 개시되었다.

『진언종전서眞言宗全書』

쇼와 9년(1934)의 고보대사弘法大師 입정入定 1,100년 원기遠忌의 기념사업으로서 쇼와 8년(1933)부터 14년(1939)에 걸쳐 44책이 간행되었다.

쇼와 52년(1977)에는 고야산대학高野山大學 진언종전서간행회眞言宗全書刊行會에 의해 교정판校訂版이 복간復刊되었다.

『속진언종전서續眞言宗全書』

쇼와 48년(1975)의 고보대사弘法大師 탄생 1,200년 기념사업으로 기획되어 속진언종전서간행회續眞言宗全書刊行會의 편찬으로 쇼와 63년(1988)에 걸쳐 간행되었다.

그밖에 진언종계의 전서로서 쇼와 39년(1964)부터 44년(1969)에 간행된 『지산전서智山全書』 20책, 쇼와 12년(1937)부터 14년(1939)에 간행된 『풍산전서豊山全書』 21책, 쇼와 48년(1973)부터 53년(1978)에 간행된 『속풍산전서續豊山全書』 21책이 있다.

『선학대계禪學大系』

메이지 43년(1910)부터 다이쇼 4년(1915)에 걸쳐 선학대계편찬국禪學大系編纂局의 편집으로 일갈사一喝社에서 전 8권이 간행되었다. 경론부經論部·조연부祖緣部·계법부戒法部·청규부淸規部·전기부傳記部·비판부批判部·잡부雜部의 7부로 나뉘어 간행이 계획되었으나 청규부·전기부·잡부는 미완성이다.

쇼와 52년(1977)에 국서간행회國書刊行會에서 복간復刊되었다.

『국역선종총서國譯禪宗叢書』

다이쇼 8년(1919)부터 쇼와 10년(1935)에 걸쳐 제1집 12권, 제2집 10권이 국역선종총서간행회國譯禪宗叢書刊行會에서 발행되었다. 수록 전적의 해제를 권두에 붙이고, 국역에는 각주脚注를 덧붙여 권말에 원문을 수록하였다.

제2집 제1권의 범례에 의하면, 다이쇼 2년(1923) 9월 1일 관동대진재關東大震災에 의해 이미 제8권까지 진행되었던 조판組版과 그 원본原本, 나아가 제8권 이후의 원고가 모두 잿더미로 돌아갔고, 그것을 넘어 출판에 이를 수 있었던 것은 '이송당주二松堂主의 간청과 의기義氣'에 의한 것이라고 서술하였다. 이 이송당주란 초판初版의 오부奧付에 있는 국역선종총서간행회의 대표자로서 여겨지고 있는 미야시타군베이宮下軍平라고 생각된다.

쇼와 49년(1974)에 복각판復刻版이 다이이치쇼보第一書房에서 간행되었다.

『선학전적총간禪學典籍叢刊』

각 대장경에 포함되지 않은 것을 포함한 중요한 선종전적을 오산판五山版·송판宋版·고려판高麗版 등에서 선본善本을 수집하여 영인影印으로 헤이세이 13년(2001) 린센서점臨川書店에서 전 11권 13책, 별권 1책으로 간행되었다. 야나기다세이잔柳田聖山·시이나코유椎名宏雄의 공편共編으로 권말에 해제가 붙여져 있다.

또한 린센서점에서는 오산판五山版禪 선적의 선본을 상세한 해제를 붙여 영인 출판하였다. 시이나코유 편編『오산판중국선적총간五山版中國禪籍叢刊』, 아이치현愛知縣 신푸쿠지眞福寺와 가나가와현神奈川縣 쇼묘지稱名寺에 소장된 선적을 중심으로 귀중한 사본 등 약 70점을 수록한『중세선적총간中世禪籍叢刊』(2018)도 간행되었다.

『조동종전서曹洞宗全書』

조동종전서간행회曹洞宗全書刊行會의 편찬으로 쇼와 4년(1929)부터 13년(1938)에 걸쳐 전 20권이 붓쿄샤佛教社에서 간행되었다. 쇼와 45년(1970)부터 48년(1973)에는 전 18권과 별권 대년표大年表에 교정校訂한 복각판이 간행되었다.

또한 쇼와 48년(1973)부터 51년(1976)에는『속조동종전서續曹洞宗

全書』 전 11권이 간행되었다.

3. 데이터베이스

근래 컴퓨터 기술의 진보와 보급에 수반해 불전의 전자화가 진행되고 있다. 지금까지 출판된 대장경뿐만 아니라, 장외불전藏外佛典이나 고사본古寫本의 텍스트 데이터베이스화도 진행되고, 고사본 및 불화佛畵를 디지털 화상으로 보존해 공개하는 움직임도 왕성하게 이뤄지고 있다. 디지털 데이터가 인터넷상에 오름으로써 보급과 항구화恒久化뿐만 아니라 컴퓨터와 인터넷 환경만 있으면 언제든지 쉽게 열람이 가능해져, 휴대와 복사도 편리해졌다. 그중에는 검색이 불가능한 것이나 특정의 그룹에 속하는 사람만이 텍스트에 접속할 수 있는 것도 있지만, 검색이 가능한 텍스트 데이터의 존재에 의해 용어 검색을 극히 단시간에 실시할 수 있을 뿐만 아니라 다른 문헌 간의 비교도 용이해져 문헌 연구를 현격히 발전시켰다. 적절히 수정 가능한 것도 디지털 데이터의 특징이다. 불전의 전자화는 세계적인 움직임이 되어, 1990년대 이후 잇달아 공개되고 있다. 텍스트 데이터베이스의 제작에 있어서는 당초 이체자異體字나 자체字體 코드의 문제 등 몇 가지 큰 문제가 있었지만, 현재는 그 대부분은 해결되었다.

여기에서는 한문·빨리어·티베트어의 주요한 대장경 전자 데이터베이스화에 관한 대처를 소개하고, 또한 산스크리트 불전이나, 일본불교 각 종파에서 독자적으로 행해지고 있는 불전 데이터베이스 등을 소개하고자 한다.

한문대장경 데이터베이스

한문으로 쓰인 대장경 가운데 가장 많이 이용되고 있는 『대정신수대장경』(이하 『대정장』)을 정본定本으로 한 데이터베이스는 일본의 SAT 대장경 텍스트 데이터베이스 연구회에 의한 「대정신수대장경 텍스트 데이터베이스大正新脩大藏經テキストデータベース(SAT)」와 대만臺灣의 중화전자불전협회中華電子佛典協會(CBETA)에 의한 「전자불전집성電子佛典集成」이 그 대표이다.

SAT는 텍스트의 신뢰성 확보와 다른 주요 연구기관과의 제휴가 주된 특징이 있다. 한편 CBETA에는 SAT에서 제공하지 않는 『만신찬속장경卍新纂續藏經』(이하 『만속장』)이 수록되어 있는 이외, 다른 대장경이나 장외불전 등이 적극적으로 전자화·공개되어 있고, 그것들을 일괄 검색할 수 있다는 특징이 있다. 현재는 양자가 제휴하고 있어 이용자의 편의를 도모하고 있다.

▸ 대정신수대장경 텍스트 데이터베이스(SAT)

SAT에서는 『대정장』 전 85권 및 도상부圖像部 12권이 디지털화되어 인터넷상에서 전문 검색이 가능하다. 텍스트에는 텍스트 번호와 권卷·페이지頁·단락段落·행行이 번호로 표시되어 있어 원문을 직접 확인할 때나 인용할 때 편리하다. 표시表示·비표시非表示도 변환 가능할 수 있다. 검색 시에는 자체字體에 신구新舊의 다름이 있어도 가능하고, 이본異本과의 이동異同도 확인할 수 있다. 교주校注에 대해서는 본문 중의 숫자가 붙은 버튼을 클릭하면 표시되도록 고안되어 있다. 외자外字도 범자梵字 등 문자코드로 표시할 수 없거나 문자가 원형圓形으로 배열되어 있어, 그 형태에 의미가 있는 것은 그 부분이 화상으로 표시된다. 『대정장』의 1페이지마다의 화상과 링크하고 있으므로 텍스트의 해당 부분을 페이지 단위로 조감할 수 있고, 확대 표시하는 것에 의해서 문자의 아주 작은 부분까지를 확인할 수 있다. 화상의 URL로 직접 해당 부분을 표시할 수도 있다. 또한 도상부 12권도 뒤에서 설명하는 IIIF(Triple I F) 대응 고정세高精細 화상으로 공개되고 있다. 태그 부착에 의해 특정 부분의 검색도 가능하다. 그밖에 『가흥대장경』도 인터넷상에 올라와 있다.

SAT 프로젝트는 1994년에 개시되었고, 2007년에 텍스트 데이터를 완성하여 이듬해인 2008년에 WEB에서 공개되었다. 그 후 2012년에는 WEB 서비스를 큰 폭으로 개정하여 페이지 화상 그 자체도 표시하게 되었다. 또한 『Digital Dictionary of Buddhism, 전자불교사전電子佛教辭典』의 표제어 검색과 링크가 되어 있기 때문에 본문을 드래그하여 선택하면, 선택된 문자열이 『전자불교사전』에 실려 있는 항목이라면 그 내용이 자동으로 표시되고, 사전의 해당 부분으로 이동할 수 있다. 게다가 INBUDS, SARDS, CiNii라는 논문 데이터베이스와도 링크되고 있어 같은 방법으로 본문을 드래그 선택함으로써 해당 부분으로 점프할 수 있다. 영어 대역對譯 코버스Corvus도 제시되어 로마자에 의한 읽기나 영어 단어를 입력하는 것으로 검색이 가능하게 되었다. 문자 정보에 대해서는 Chise, Chise Linkmap, HMS, Unihan database가 제공되고 있으며, 이체자의 동시 검색, 이체자를 구별한 검색도 가능하다. 게다가 『대정장』과 BDK(불교전도협회佛教傳道協會) 영역英譯 대장경과의 문장 단위에서의 대조도 할 수 있고, 일부의 텍스트에 대해서는 이미 산스크리트나 티베트어 번역 등과의 대조도 할 수 있다. 이러한 제휴 기능의 대상은 향후 한층 더 증가해 갈 예정이다.

2015년에는 도쿄대학종합도서관東京大學總合圖書館 소장 『만력판 대장경』(가흥장/경산장徑山藏)이 디지털화되었고, 오픈 라이센스(CC BY) 아래에 19만 매 이상의 판면版面 화상이 디지털 아카이브로서 공개되었다. 다른 화상 공개 사이트와의 딥링크를 실현하여 『가흥장』의 화상과 『대정장』의 텍스트 및 화상을 용이하게 대비할 수 있고, 영어판 인터페이스나 스마트폰·태블릿 단말에도 대응하는 것으로서 학술 연구의 편리성의 향상과 국제적인 활용이 기도企圖되고 있다.

2016년에는 SAT 대장경 텍스트 데이터베이스 연구회와 도쿄문화재연구소東京文化財硏究所와의 협동으로 국제적인 WEB 화상공유의 틀인 IIIF(International Image Interoperability Framework: 디지털 화상 상호운용을 위한 국제규격)에 대응한 고정세화상高精細畵像의 불전도상佛典圖像 데이터베이스인 「SAT大正藏圖像DB」가 공개되었다. 그 후 도쿄대학총합도서관東京大學總合圖書館과 함께 만력판 대장경 디지털판이 공개되었고, 2018년판에는 전면적인 IIIF에 대한 대응이 이루어졌다. IIIF의 대응 불전화상을 대상으로 한 협동協働 화상 공유 시스템 IIIF-BS(IIIF Manifest for Buddhist Studies)의 구축에 의해서 그 협동의 성과를 리얼타임으로 반영할 수 있게 되었다. IIIF-BS는 불전화상과 텍스트 데이터와의 대응을 행 단위로 등록할 수 있다. IIIF-BS에 화상 정보가 등록되므로 세계 중의 각 기관의 사이트에서 개별적으로 공개되고 있던 디지털 아카이브(archive)를 일원적一元的으로 취급하는 것이 가능해졌고, 다른 사이트로부터도 자동적으로 그 정보를 취득할 수 있게 되었다.

최근에는 「교토대학귀중자료디지털아카이브京都大學貴重資料デジタルアーカイブ」와의 쌍방향 링크가 실현되었고, 교토대학이 제공하는 귀중자료 디지털 아카이브에 등록된 사본이나 간본刊本의 디지털 자료에 첨부된 서지 상세 화면의 링크를 클릭하면, 해당하는 SAT 대장경 DB의 텍스트 데이터가 별도 탭으로 표시되게 되어 있다.

▸ **중화전자불전협회(CBETA)**

CBETA는 대만의 중화전자불전협회中華電子佛典協會에 의해 1997년에 프로젝트가 정식으로 개시되었다. 이후 SAT와의 협력관계를 맺고, 정밀도가 높은 대량의 텍스트 데이터를 제공하고 있다. WEB 검색도 가능하지만, 기본적으로는 DVD-ROM으로 판매되고 있는 CBETA Reader라고 하는 전용 소프트웨어를 사용한다. 이것을 컴퓨터에 설치하면 오프라인에서 열람 및 검색이 가능하다. 수록되어 있는 문헌은 한문불전에 한하지만, 특징은 그 수록문헌의 많음에 있다. 그중에서도 『대정장』과 신문풍출판공사新文豊出版公司 편 『만신찬속장경卍新纂續藏經』(이하 『만속장』)이 수록되어 있는 것은 한문불전을 다루는 연구자에게 매우 유익하다.

『대정장』에 대해서는 일본찬술부日本撰述部(제56~84권)를 제외한 제1~55권 및 제85권의 합계 56책을 수록하고 있다. 일본찬술부를 수록하지 않은 것은 프로젝트의 초기에 판권을 둘러싼 SAT와의 협정에 의한 것이다. 『만속장』에 대해서는 제1~88책 가운데 『대정장』과 중복되는 것을 피해서 86책을 데이터베이스화하였다.

그밖에 「역대장경보집歷代藏經補輯」으로서 앞에 기술한 양 대장경에 수록되지 않은 『가흥대장경』(제1, 7, 10, 15, 19~40책의 합계 26책), 『금판 대장경金版大藏經』(제91, 97, 98, 110~112, 114, 114~121책의 합계 10책), 『조성금장趙城金藏』(『송장유진宋藏遺珍』 제46책, 제47책의 합계 2책), 『방산석경房山石經』(제1~3, 12, 24, 27~29책의 합계 8책), 『고려대장경』(제5, 32, 34, 35, 38, 41책의 합계 6책), 『중화대장경中華大藏經』(제56, 57, 59, 71, 73, 77, 78, 97, 106책의 합계 9책), 『홍무남장洪武南藏』(제205, 222, 223책의 합계 3책), 『영락북장永樂北藏』(제154, 155, 167, 168, 174, 178~185, 187, 189책의 합계 15책), 『건륭대장경乾隆大藏經』(제115, 116, 130~133, 135, 141, 143, 149, 153~155, 157, 158, 162, 164책의 합계 17책), 『만속장卍續藏』(제56책), 『불교대장경佛敎大藏經』(제52, 69, 83, 84책의 합계 4책, 저본底本 『빈가장頻伽藏』·『보혜장普慧藏』)의 합계 101책이 수록되어 있다.

또한 「국가도서관선본불전國家圖書館善本佛典」(합계 64책)이나 『한역남전대장경漢譯南傳大藏經』(합계 70책)도 수록되어 있다. 나아가 「근대신편문헌近代新編文獻」으로서 「장외불교문헌藏外佛教文獻」(9책), 「정사불교자료류편正史佛教資料類編」(제1책), 「북조불교석각탁편백품北朝佛教石刻拓片百品」(제1책), 「대장경보편大藏經補編」(합계 36책), 「중국불사지휘간中國佛寺史志彙刊」(합계 9책), 「중국불사지총간中國佛寺志叢刊」(제78책)이 데이터베이스화되어 있으며, 이후에도 확대해 가는 방향이다. 검색기능에는 저자의 출생년도나 활동지역과 관련지어 동시에 검색할 수 있다는 특징이 있다.

▸『고려대장경』

『고려대장경』의 전자텍스트는 한국의 고려대장경 연구소高麗大藏經研究所가 검색 및 열람 시스템을 제공하고 있다. 1996년에 시작적試作的인 CD-ROM이 공개된 당초에는 이체자를 모두 외자外字 폰트로 구별해 검색이 불편하다는 문제가 지적되었으나, 그 문제점을 해결하기 위해 원문에 충실하게 3만수천 자의 이체자가 들어간 판版과 이체자를 대폭 통합한 표준 한자판의 두 종류로 개정改訂이 이루어졌다. 표준 한자판은 동국대학교 정보산업대학 컴퓨터공학부 스태프의 협력을 얻어 Unicode(UCS-2)를 기반으로 이체자 정보를 담은 것으로 검색이 가능하게 되었다. 현재 WEB에서 「고려대장경지식고高麗大藏經知識庫 Tiripitaka Korean Knowledge base」에 접속하는 것으로 검색이 가능하다. 각 텍스트는 페이지 단위로 표시되고, 그에 대응하는 화상이 표시된다. 또한 팝업되는 다이얼로그에서 한자사전이나 불교어사전을 검색할 수 있는 이외, 한글을 한역의 불교용어로 변환하여 검색하는 것이 가능하게 되어 있다.

빨리대장경 데이터베이스

『빨리대장경』은 다른 대장경 중에서도 일찍이 전자화가 이루어졌다. 여기에서는 미얀마판 제6결집판, 마히돌판, PTS.판의 전자화 움직임을 소개한다.

▸미얀마 제6결집판 빨리대장경

미얀마판 제6결집판인 빨리대장경은 Vipassana Research Institute

(VRI)와 Dhamma Society에서 디지털화되어 있다.

VRI는 현재로는 웹사이트에서 검색할 수 없지만, 원문은 볼 수 있다. 텍스트는 Unicode 폰트에 준거하였고, 데바나가리, 로만 알파벳, 싱하라, 태국, 캄보디아, 몽골, 미얀마의 7가지 스크립트로 볼 수 있으며, Athakatha, Tika, Anutika에 간단히 억세스할 수 있도록 링크 기능이 제공되어 있고, 다운로드하여 사용할 수도 있다. 「The Chattha Sangayana Tripitaka CD ROM」에는 「Pali-Hindi Dictionary」도 포함되어 있다.

Dhamma Society는 The World Tipiṭaka Project로서 1999년에 라틴어로 빨리대장경의 전자화에 대처하여 2004년에 개발이 완료되었다. 2005년에 40권을 라틴어로 출판하였다. 2008년 이후 디지털판 40권을 세트로 공개하고 있다. WEB 사이트에서 텍스트 검색이 가능하다.

▸ 태국판 빨리대장경

태국 방콕에 있는 마히돌 대학교(Mahidol University)의 컴퓨팅(Computing) 센터에 의해 개발된 CD-ROM으로, 일반적으로 「마히돌판」 Mahidol University(Buddhist Scriptures Information Retrieval)(BUDSIR)이라 부르고 있다.

불전의 전자화로서 일찍이 1988년에 타이왕실판이라고도 불리는 샴판 빨리삼장 45권의 전자화를 완료하고, 1994년에는 마하출라롱콘(Mahachulalongkorn)판을 중심으로 한 앗타카타(Atthakatha) 55책 및 기타 성전을 추가하여 전 135권이 로마나이즈 텍스트와 함께 CD-ROM에 수록된 검색프로그램 BUDSIR IV를 공표하였다. 1996년에는

Windows 환경에 대응하고, 그리고 다음해에는 타이어 번역도 발표되었다. 현재는 WEB상에서도 풀 텍스트 검색이 가능하다. 태국어와 로마나이즈 외에 데바나가리, 싱할라어, 미얀마어, 크메르어에 대응하며, Pali-Thai 사전이 링크되어 있고, 향후에는 영어 사전도 개발할 예정이다.

▸PTS.판 빨리대장경

태국의 담마카야 재단(Dhammakaya Foundation)이 제공하는 CD-ROM (Pali Text Version 2.0)은, PTS.판을 전자화한 것으로서 「Visuddimagga」, 「Samantapasadika」, 「Jataka」, 「atthakatha」, 「Milinda-panha」 등도 입력되어 있다.

전용의 검색 소프트를 이용하면, 화면상의 각 단어로부터 PTS.의 사서辭書를 검색할 수 있는 것 외에 로만 알파벳 이외에도 타이 문자나 미얀마 문자 등으로도 텍스트를 표시할 수 있고, 사본과의 링크도 되어 있다. 도쿄대학의 SAT가 개발한 기술을 기초로 현재도 연구개발이 진행되고 있으며, 세계 각지의 연구기관과 협력관계를 맺어 교주校注나 주기注記, 영어 번역이나 영문 사전과의 링크 등이 행해지고 있다.

티베트어 대장경 데이터베이스

티베트어 불전의 전자 데이터화는 Asian Classics Input Project(ACIP)에 의해서 1987년부터 진행되어 왔다. 공개된 CD-ROM은 Release VI에서 배포가 중지되어 현재는 온라인상에서 The ACIP Digital Library

로부터 텍스트 데이터를 무상으로 다운로드할 수 있게 되어 있다. 그중에는 깐귤(Kangyur 경장·율장)과 땐귤(Tengyur 논장)을 비롯한 10만 쪽에 이르는 불교문헌 외에 대장경에 포함되지 않는 티베트 찬술 장외문헌도 포함되어 있다. 참고로 이곳에서는 산스크리트 불전도 공개되어 있다. 그밖에 러시아 과학아카데미 동양학 연구소 상트페테르부르크 지부(SPbF IVRAN) 소장의 티베트 문헌 약 10만 건 및 몽골 문헌의 35,000건에 이르는 문헌 목록이 있다.

또한 오타니대학大谷大學 진종종합연구소眞宗總合研究所 서장문헌연구실西藏文獻硏究室에서는 Otani Tibetan E-Texts로서 동 대학 소장의 티베트어 문헌으로부터 픽업 된 전자 텍스트가 공개되고 있다(문자코드는 UTF-8의 티베트어를 사용). 이 연구소 사이트에는 「티베트어 문헌 KWIC 검색 시스템チベット語文獻KWIC檢索システム」이 있으며, 검색 키워드와 그 전후 문맥이 동시에 표시되도록 고안되어 있다. 오타니대학에서는 북경판北京版 서장대장경西藏大藏經도 2012년에 PDF 화상을 WEB사이트상에서 공개하고 있다.

화상 데이터로서는 고야산대학高野山大學 소장의 데게판 서장대장경의 깐귤과 땐귤 8매조枚組 DVD로 소림사진공업小林寫眞工業에서 판매되고 있다(총질수帙數 317, 총엽수總葉數 10만). 160편篇의 다라니와 경전을 담은 『제진언요집諸眞言要集』도 DVD로 판매되고 있다.

또한 1999년 미국의 티베트 학자인 진 스미스(E. Gene Smith, 1936~2010)에 의해 티베트 불교문헌 수집연구기관으로 설립된 Buddhist Digital Resource Center(BDRC)에서는 장외문헌을 포함한 많은 티베트어 불교문헌을 수집하여 디지털 아카이브로 만들어 PDF로 공개하고 있다. 같은 웹사이트에서는 티베트 문헌 및 그 저자에 대해서 종합적인 데이터베이스를 공개하고 있는 이외, PDF 데이터를 기관용으로 배포하여 매년 한 번씩 추가하고 있다(TBRC Core Text Collections).

그 외에도 세계 중의 많은 기관에서 장외문헌의 디지털 아카이브화가 진행되어 공개되고 있지만, 미국 의회도서관議會圖書館 수집의 인도·네팔·부탄 등에서 복제 간행된 티베트어 문헌을 마이크로피시화한 것이 The Institute for the Advanced Studies of World Religions에서 간행되었고, 도요문고東洋文庫에서는 그것의 종합목록 데이터베이스를 작성하였으며, 현 단계의 데이터(Set 1에서 Set 13까지)를 「PL480 티베트어 문헌(마이크로피시판) 온라인 검색」으로 검색할 수 있다.

산스크리트 불전

미국의 캘리포니아대학 버클리교(Berkeley Buddhist Research Center)에서는 「Sanskrit Buddhist Text Input Project」가 동 대학의 랭커스터(Lancaster) 교수에 의해 진행되어 많은 산스크리트 사본이 전자화되었다. 또한 동시에 많은 산스크리트 텍스트를 입력해 온 한국의 이종철李鍾徹 씨에 의한 「The SDICTP Project(The Sanskrit Dictionary and Indian Classics Translation Project)」와 협력 체제를 취하며 로마나이즈된 텍스트는 동 연구소에서 공개되었으며 검색도 할 수 있다. 데바나가리로의 화면 이동도 가능하다.

또한 대만 불광산佛光山의 성운법사星雲法師가 창설한 미국 웨스트대학(University of the West)이 진행하고 있는 「디지털 Sanskrit 불전(Digital Sanskrit Buddhist Canon)」 프로젝트(DSBC)는 산스크리트 불전의 데이터베이스화와 배포에 대해서 포괄적으로 대처하고 있다. DSBC는 2003년 이래 산스크리트 텍스트를 전자화해 온 카트만두의 나가르주나 연구소(Nagarjuna Institute)의 협력을 얻어 산스크리트 불전 수집과 전자화를 하고 있다. 현재 604종의 텍스트가 전자화되어 369개 이상의 성전이 DSBC 프로젝트의 웹사이트상에서 공개되어 있고, 자유롭게 이용할 수 있다. 그 수는 향후에도 계속 증가할 예정이다. 사본 화상도 공개하고 있다.

산스크리트 불전의 사본 화상에 대해서는 도쿄대학도서관 소장의 산스크리트 사본을 화상으로 공개하고 있는 도쿄대학 동양문화연구소 「남아시아·산스크리트어사본 데이터베이스南アジア·サンスクリット語寫本データベース」나, 오타니탐험대大谷探檢隊가 가지고 돌아온 중앙아시아의 고사본을 화상으로 제공하는 류코쿠대학 「고전적정보시스템古典籍情報システム」 등이 있다.

그 외 「GRETIL-Göttingen Register of Electronic Text in Indian Language and related Indological materials from Central and Southeast Asia」에서는 산스크리트어·빨리어·베다어 등을 포함하여 인터넷상에서 입수 가능한 인도학 관련의 전자 텍스트를 정리해 1개소에서 다운로드할 수 있게 되어 있다.

이외에도 「R. B. Mahoney 산스크리트 불전」·「Thesaurus Indogermanischer Text-und Sprachmaterialien」·「UC Berkeley; Sanskrit Buddhist Text Input Project」·「Nagarjuna Institute」·「Vipassana Institute」 등 산스크리트 불전의 전산화에 대처하여 공개하고 있는 기관은 많다.

영역대장경 프로젝트

『대장경』을 영역하여 공개하는 계획도 재단법인財團法人 불교전도협회佛教傳道協會에 설치된 영역대장경편수위원회英譯大藏經編修委員會에 의해 진행되고 있다. 이 「영역대장경 프로젝트(The English translation on the Buddhist Canon)」는 1982년 1월에 개시되어 미국 캘리포니아주 버클리시에 설립된 누마타불교번역연구센터沼田佛教翻譯研究センタ의 「The BDK English Tripiṭaka Project」와 연계하여 진행되고 있다. 이미 몇 개의 텍스트가 동 협회 웹사이트상에서 공개되고 있으며 검색도 가능하다.

각 종파가 제공하는 불전 데이터베이스

▸선종계禪宗系

「ZenBase CD」로 알려진 하나조노대학국제선학연구소花園大學國際禪學研究所(IRIZ) 전자텍스트는 화한和漢의 선종문헌을 수록하였다. 한문불전 데이터베이스 중에서 가장 먼저 시도되어 공개된 것이라고 할 수 있다. 1980년대 말부터 모든 선학 관련 문헌의 데이터베이스화를 목표로 하나조노대학국제선학연구소花園大學國際禪學研究所(IRIZ)의 『선지식베이스禪知識ベース』 연구계획(Zen-Knowledgebase project)의 기초작업으로 제작되었으며, 1995년 6월에 「ZenBase CD1」로서 동 연구소에서 CD-ROM으로 일반 공개되었다. 문자코드는 JIS와 BIG-5로 수록되었고, 그 후에 SAT나 CBETA에서 제작된 『대정장』이나 『만속장』의 데이터베이스에도 수록되지 않은 화한和漢의 텍스트를 포함하고 있다. 그 후에도 데이터가 축적되어, 그중 710점 이상에 이르는 선적禪籍이 동 연구소의 웹사이트에서 무상으로 공개되고 있으며 다운로드도 가능하다. 저본이나 교정에 관한 주기注記도 있어 신뢰성이 높다.

「선문화연구소 흑두데이터베이스禪文化研究所 黑豆データベース」는 선문화연구소가 발행한 『기본전적총간基本典籍叢刊』 및 『선본복각총서善本覆刻叢書』를 저본으로 하는 교정본校訂本의 선적禪籍이나 사전서史傳書 등의 원문 데이터베이스와 그 검색 도구들이 2005년 3월부터 순차 무상 공개되고 있다. 외자外字 표기 방식은 SAT와 같은 방식을 채택하고 있다.

조동종曹洞宗에서는 『조동종전서曹洞宗全書』 전 18권의 초판본이 2014년 2월에 조동종전서간행회曹洞宗全書刊行會에 의해 『전자판電子版 DVD-ROM 조동종전서曹洞宗全書』로 데이터베이스화된 DVD-ROM판이 출시되었다. 단 증정복각판增訂復刻版과는 다르다는 점에 주의를 요한다.

그 외 화상 데이터이지만, 고마자와대학도서관駒澤大學圖書館에 소장되어 있는 귀중서 등이 「고마자와대학도서관 소장 선적선본 도록 디지털판駒澤大學圖書館所藏禪籍善本圖錄デジタル版」이나 「고마자와대학전자귀중서고駒澤大學電子貴重書庫」로서 동 도서관 WEB상에 공개되어 있다.

▸ 진언종眞言宗

진언종에서는 『진언종전서眞言宗全書』(2004년 복각판覆刻版) 전 42권(부付 해제·색인 전 44권), 『속진언종전서續眞言宗全書』 전 41권(부 해제

42권), 『홍법대사전집弘法大師全集 증보삼판增補三版』 전 8권과 『정본홍법대사전집전定本弘法大師全集』 전 12권이 고야산대학高野山大學 밀교연구소密教研究所에 의해 제작되어 고바야시사진공업小林寫眞工業에서 판매되고 있다.

▸ **천태종天台宗**

천태종에서는 『천태종전자불전天台宗電子佛典 CD』를 천태종전편찬소天台宗典編纂所에서 제공하고 있다. 많은 천태종 관련 텍스트가 데이터베이스로 CD-ROM에 수록되어 현재 CD2~CD4까지 판매되고 있으며, 그리고 현재는 CD5가 준비 중에 있으며. CD2는 『대정장』과 『만속장』에 수록되어 있는 초기 중국 천태문헌(진陳·수隋·당唐) 81서목을 수록하였고, CD3는 주로 초기 일본 천태문헌이 수록되어 있으며, 『대정장』 외에 『전교대사전집傳教大師全集』·『일본대장경日本大藏經』·『대일본불교전서大日本佛教全書』·『혜심승도전집惠心僧都全集』·『속천태종전서續天台宗全書』에 수록되어 있는 현교·밀교·보살계 관계의 전 641 서목 및 중국찬술 서목의 부록 5 서목을 수록하였다. CD4는 일본 천태의 속편이고, 『대정장』의 도상부圖像部를 포함한다.

▸ **일련종日蓮宗**

일련종에서는 2002년에 입교개종立教開宗 750년 경찬기념慶讚記念으로 2장 세트 CD-ROM 『일련종전자성전日蓮宗電子聖典』을 배포하였다. 여기에는 『묘법연화경』·『소화정본일련성인유문昭和定本日蓮聖人遺文』·『일련성인전집日蓮聖人全集』 및 『일련종사전日蓮宗事典』이 수재收載되어 있다.

▶ **정토종浄土宗**

정토종에서는 『정토종전서浄土宗全書』(산키보붓쇼린山喜房佛書林 간刊)의 정편 20권과 속편 19권의 전문 검색 시스템인 「정토종전서 텍스트 데이터베이스浄土宗全書テキストデータベース」가 2017년 7월에 정토종 종합연구소浄土宗總合研究所에 의해 WEB상에 공개되었다.

「정편正篇」은 종조 호넨상인 800년 대원기 기념法然上人八百年大遠忌記念으로서 정토종교학원浄土宗教學院의 합동사업에 의해 2011년에 공개된 「정토종전서 검색시스템浄土宗全書検索システム」(현 「정토종전서·법연상인전집 검색시스템浄土宗全書·法然上人傳全集検索システム」)에서 전자 텍스트 데이터와 각 페이지 이미지를 제공받았으며, 「속편續篇」은 2009년도부터 정토종종합연구소(정토종 기본전적의 전자텍스트화반浄土宗基本典籍の電子テキスト化班)이 전자텍스트화를 개시하여 한문의 훈점 등, 모든 서지정보를 포함한 전자텍스트와 함께 컴퓨터를 사용한 검색시스템을 구축하였다.

텍스트는 페이지별로 표시되며 『정토종전서』의 페이지 수·단·행수가 표시된다. SAT와 상호 연계하는 것에 의해 SAT상에서 어휘를 검색하면 그 어휘가 정토종전서에 출현하는 건수가 SAT 페이지상에 나타나게 되고, 거기에서 정토종전서의 검색결과를 표시·열람할 수 있고, SAT상에서 정토종전서의 텍스트를 선택하여 검색하는 것도 가능하게 되어 있다. 또한 그와 반대로 정토종전서 데이터베이스상에서 검색한 뒤, 직접 SAT 검색 결과를 볼 수도 있어 편리성이 높아졌다.

▸ **정토진종계淨土眞宗系**

정토진종에서는 「『정토진종성전淨土眞宗聖典』성교데이터베이스聖教データベース」가 정토진종 혼간지파 종합연구소淨土眞宗本願寺派總合研究所에 의해 제공되고 있다. 이것은 『정토진종성전』(원전판原典版, 원전판칠조편原典版七祖篇·주석판註釋版·주석판칠조편註釋版七祖篇)에 수록되어 있는 성교聖教 본문의 풀 텍스트 데이터베이스이고, 텍스트 데이터의 다운로드와 온라인 검색이 가능하다. 온라인 검색에서는 해당 부분의 페이지 수·단·행수와 본문 2행이 표시된다. 사용하고 있는 문자 코드는 Shift-JIS 코드로 외자外字 부분에는 모로하시데츠지諸橋轍次 『대한화사전大漢和辭典(수정판修訂版)』(다이슈칸서점간大修館書店刊) 및 문자경연구회文字鏡研究會 편 「금석문자경今昔文字鏡」(에이아이넷エーアイ·ネット 제작, 기노쿠니야서점紀伊國屋書店 발행)의 한자 번호가 이용되고 있다.

그밖에 호조도출판方丈堂出版에서 『진종상전총서眞宗相傳叢書』(소쇼학원相承學園) 전 18권 및 별권·보권, 『진종대계眞宗大系』(진종전적간행회眞宗典籍刊行會) 36권 및 목록 1권, 『속진종대계續眞宗大系』(진종전적간행회眞宗典籍刊行會) 20권 및 별권 4책, 『진종전서眞宗全書』(조쿄서원藏經書院) 전 74권이 DVD-ROM에 수록되어 판매되고 있다.

기타

그밖의 디지털 아카이브(archive)에 대한 대처로서 몇 가지를 랜덤으로 들고자 한다.

▸성어장聖語藏

『대정장』의 교정본의 하나인 쇼소인正倉院의 『성어장聖語藏』(궁내청 정창원사무소 소장 성어장 경권宮內廳正倉院事務所所藏聖語藏經卷) 4,960권이 구나이쵸쇼소인사무소宮內廳正倉院事務所의 편집에 의해 컬러 디지털 화상으로 전자화되어 마루젠유쇼도丸善雄松堂에서 발매되고 있다. 나라시대奈良時代 이전의 고사경을 경권의 제목으로부터 검색해 화상을 열람할 수 있다.

▸국제 돈황國際敦煌 프로젝트(International Dunhuang Project)

국제 돈황 프로젝트(IDP)는 세계에 분장分藏되어 있는 중앙아시아 출토 자료의 세계적 네트워크이다. 분산되어 있는 자료의 보존 수복修復과 목록작성을 목적으로 1994년에 설립되어, 대영도서관(The British Library)에 본부를 설치하고 있다. 세계 각지의 관련 연구기관의 제휴 아래 10만 점 이상의 돈황이나 돈황 이외의 실크로드 동부의 고대 유적에서 발굴된 사본, 단편斷片, 텍스트, 회화, 직물織物 및 유물의 화상이나 정보를 수집하여 1998년부터 이것들을 WEB에서 자유롭게 검색·열람하는 것이 가능하게 되었다.

▸류코쿠대학 고전적 정보시스템龍谷大學古典籍情報システム

류코쿠대학 도서관에 「서역문화자료西域文化資料」로서 소장되어 있는 약 9,000점에 달하는 오타니탐험대大谷探檢隊 실크로드 수집자료(이른바 「오타니문서大谷文書」)가 류코쿠대학 고전적 디지털 아카이브 연구센터에 의해 디지털 화상화, 데이터베이스화되어 있으며, 고전적

디지털 아카이브 검색 R-DARS(Ryukoku Digital Archive Retrieval System)에 의해 검색·열람할 수 있다. 「국제 돈황 프로젝트(International Dunhuang Project)」와 제휴하고 있다.

화상 데이터베이스에 대해서는 이밖에도 많은 연구기관이나 박물관·미술관에 의해 공개되고 있지만, 여기에서 소개할 수 없으므로 생략한다.

세계 각지의 연구기관 등의 웹사이트상에서 공개되고 있는 방대한 데이터는 IIIF 등의 상호링크시스템에 의해 각 언어의 상당 부분을 참조하거나, 혹은 사본이나 주석 등의 2차 자료를 참조할 수 있게 되었다. 어떠한 이유로 WEB 서비스의 제공이 종료, 혹은 URL이 변경되었을 경우, 그것들을 기반으로 하여 구축된 데이터를 사용할 수 없게 되는 등, 현시점에서는 몇 가지 문제도 남아 있지만, 향후의 연구 개발에 의한 전개가 크게 기대된다.

후기

2015년에 교토각종학교연합회京都各宗學校連合會 주최의 대장회가 제100회 기념 대장회를 맞았다. 최근 10여 년 전부터 기념사업이 구상되었고, 특별회계特別會計가 조직되었다. 그 후 대장회 제100회 기념사업검토위원회가 발족되어 그곳에서 기념사업 구상의 검토를 거쳐 구체적으로 기념사업을 추진하기 위해 대장회 제100회 기념사업실행위원회가 설치되었고, 제1회 실행위원회가 2009년 6월 1일에 개최되어 에노모토 마사아키榎本正明・고토 요시로加藤善朗・나카오료신中尾良信・마츠나가 치카이松永知海・미야자키 켄지宮崎健司 등이 모였다.

기념사업은 크게 둘로 나뉜다. 하나는 제100회 대장회 기념의 심포지엄과 전관展觀, 다른 하나는 기념출판이다. 전자는 교토국립박물관의 전면적인 협력으로 헤이세이지신관平成知新館을 행사장으로 하여 2015년 7월 29일(수)~9월 6일(일)의 회기會期로 「특별전관 제100회 대장회 기념 불법동점特別展觀 第一〇〇會大藏會記念 佛法東漸-불교의 전적과 미술佛教の典籍と美術-」이 개최되었다. 회기 중 제100회 대장회도 8월 29일(토)에 교토국립박물관의 헤이세이지신관 강당에서 거행되었다. 한편 출판사업에서도 두 개의 계획이 있었다. 그것은 대장회의 50년을 회고하는 『오십년의 발자취五十年のあゆみ』의 속편 『오십년의 발자취 속五十年のあゆみ 續』의 제작과 마찬가지로 50회를 기념하여 간행된 『대장경大藏經-성립과 변천-』(이하, 구판)의 최신판 『신편 대장

경新編 大藏經-성립과 변천-』의 제작이다. 『오십년의 발자취 속續』은 이미 2016년 3월 출판에 부쳤지만, 이번에 간행이 늦어진 『신편 대장경 -성립과 변천-』을 출판할 단계에 이르렀다. 본서의 출판으로써 일련의 기념사업이 완료하게 된다.

본서는 구판을 모범으로 하면서, 그 출판보다 이후에 진전된 대장경 연구를 바탕으로 연구자들만이 아닌, 일반 독자들에게도 널리 읽혀져 대장경의 이해를 촉진하는 개설서로서 보급하는 것을 기도企圖하였다. 그 구성은 크게 지역구분에 의했지만, 각 지역에 있어서 대장경의 위상을 고려하여 시대, 혹은 내용에 따라 더욱 구분된 내용으로 되어 있다. 최신의 정보를 반영하려 한 점, 「Ⅳ. 일본」의 제4장에서는 근대의 대장경, 각 종파의 출판 상황을 더해, 데이터베이스 항목을 둔 것도 그 일환이다. 또한 도판에 대해서도 구판을 참조하면서 보다 알기 쉽도록 더욱 많은 도판을 게재하려 노력하였다.

본서 간행의 진척은 2014년 9월경까지는 본서의 구성, 집필자, 간행계획을 책정하였고, 출판사의 선정 등도 진행되었다. 간행일도 당초는 100회 기념을 맞는 2015년, 혹은 다음해인 2016년을 목표로 하였다. 그렇지만 그 후 출판에 5년의 시간을 써버렸다. 그간의 사정은 다양하였다. 질 높은 개설서를 목표로 한 것도 있어 접수된 원고를 바탕으로 검토하여 항목에서 과부족이라고 판단된 부분은 재구성하였다. 그리고 그에 수반하여 항목에 따라서는 새로운 집필자를 선정하여 추가 의뢰 등도 이루어졌다. 또한 집필자의 건강상의 문제 등으로 출고出稿가 지연되는 일 등도 있었다.

구판에 대해 「신편」의 이름에 적합한 충실한 내용이 되도록 의도하였기 때문에 당초 계획보다 의외로 시간이 더 걸렸다는 생각도 있어 그렇게 이해해 주신다면 다행이겠다. 그렇다고는 해도 간행의 지연은 오로지 편집의 불찰임에는 틀림없고, 이 점은 깊이 사죄하고 관용을 바라는 바이다. 특히 일찍부터 원고를 받은 많은 집필자들에게는 간행 지연을 사과하는 바이다.

여기에서 한 가지 짚고 넘어가야 할 것이 있다. 본서 간행만이 아니고, 대장회의 제100회 기념행사 전반에 걸쳐 주요 멤버로 관여하였고, 실제 작업에도 큰 도움을 주셨던 가쵸단기대학華頂短期大學의 에노모토 마사아키榎本正明 선생님이 2017년 5월 9일에 서거하신 것이다. 선생님이 생존해 계신다면, 본서의 출판을 기뻐해 주시지 않았을까 하는 생각을 자주 한다. 본서를 삼가 에노모토 마사아키 선생님께 헌정하고자 한다.

마지막으로 출판사정이 힘든 요즘 간행을 흔쾌히 맡아 주신 호조칸法藏館 사장 니시무라 아키타카西村明高 씨에게는 감사의 말씀을 드리고 싶다. 또한 무엇보다도 지지부진한 편집 작업을 참고 견디며 지원해 주시고, 또한 유익한 조언도 해주신 호조칸의 이마니시 토모히사今西智久 씨에게도 깊이 감사하는 바이다. 이마니시 씨가 없이는 간행이 이루어지지 않았을 것이라고 생각된다.

본서가 이후의 대장경을 둘러싼 연구의 기점基點이 되기를 기념祈念하며 후기로 삼고자 한다.

2020년 9월

榎本正明 加藤善朗 中尾良信 松永知海 宮崎健司

역자 후기

붓다가 설한 경장經藏과 율장律藏들, 그리고 경·율에 대한 해설서인 논장論藏들의 삼장三藏은 음성경音聲經·송경誦經·문자경文字經시대와 함께 초기·부파·대승의 시대별 불교사상으로 발전·전개되었으며, 그리고 이 삼장들은 동남아시아·중앙아시아·중국·한국·일본·티베트 등의 지역으로 불교의 전래와 함께 전승되었다. 각국으로 전승된 삼장들은 승려들을 중심으로 자국의 언어로 역경譯經되어 연찬, 수행, 전법 등으로 이용되었다. 그리고 중국을 비롯하여 역경된 삼장들은 승려들의 사상적인 연찬과 수행에 의해 다양한 사상별 문헌들로 주석·찬술되었으며, 그리고 이들 사상별 문헌들에 의해 다양한 종파들도 형성되었다.

동북아시아 불교를 대표하는 중국에서는 중앙아시아 승려들을 중심으로 2세기 후반(후한後漢시대)부터 산스크리트어 원전의 한역 역경이 시작되어 수隋·당唐시대까지 약 700여 년 동안에 걸쳐 진행되었다.

역경의 진행과 함께 역경이 완료된 불전들은 사상적인 연찬·수행과 보존을 위하여 필사를 하였으며, 필사된 불전들은 산일散逸을 우려하여 목록들이 편찬되었다. 그리고 목록들이 편찬된 이후에는 불전들의 영구보존 및 많은 대중들이 볼 수 있도록 석경石經이 인각되었다. 그러나 석경은 한정된 지역에 위치하고 있어서 많은 대중들이 불편함을 느꼈다. 이에 누구나 인경본印經本들을 장소에 구애 없이 볼 수 있기를 바랐고, 여기에 인쇄문화의 구축(나무·종이·서지·인쇄술 등)과 발전에 힘입어 송宋시대에는 역경된 경·율·론 삼장들이 입장入藏된 중국 최초이자 세계 최초의 대장경大藏經인 북송촉판 대장경北宋蜀版大藏經(혹은 개보장開寶藏)이 태조太祖 개보開寶 4년(971)에 개판開版되어 태평흥국太平興國 8년(983)에 완성되었다. 이어서 중국에서는 조성장趙城藏, 거란장契丹藏, 숭녕장崇寧藏, 비로장毘盧藏, 원각장圓覺藏, 자복장資福藏, 적사장磧砂藏, 보령장普寧藏, 원관장元官藏, 홍무남장洪武南藏, 영락남장永樂南藏, 영락북장永樂北藏, 경산장徑山藏, 청장淸藏 등의 목판본 대장경들이 개판되었다.

한국에서는 북송촉판 대장경이 완성된 이후 8년 후인 고려 성종成宗 10년(991)에 송나라에 가 있던 사신 한언공韓彦恭이 북송촉판 대장경 인경본 481함·2,500권을 한국에 가지고 와 한국 최초의 대장경인 초조본初雕本 고려대장경高麗大藏經(1011~1087)이 개판되었다. 이후 대각국사 의천義天(1055~1101)에 의해 대장경에 수록되지 못한, 삼장에 대한 승려들의 주석서인 장章·소疏들을 중국(송宋·요遼)·한국·일본에서 수집·정리하여 교장敎藏(1092~1102)이 개판되었다. 이 초조본과 교장의 목판본들은 대구 팔공산 부인사符仁寺에 소장되어 있었는데, 아쉽게도 1232년 몽골군에 의해 모두 불에 타 소실되었다. 현재 경남 합천 해인사에 봉안되어 있는 국보 제32호 고려대장경(혹은 팔만대장경, 1236~1251)은 재조再雕 목판본이다.

일본에서는 불교가 전래(538년, 혹은 552년)된 이후 1,100여 년이 지난 에도江戶시대에 일본 최초 대장경으로서 목활자본 관영사판 대장경寬永寺版大藏經(혹은 천해장天海藏)이 조조되었다. 그 이후 목판본과 금속활자본의 2가지 유형으로서 목판본은 황벽사판 대장경黃檗寺版大藏經, 그리고 금속활자본은 대일본교정축쇄본大日本校訂縮刷本(일본 최초 금속활자대장경), 만자장경卍字藏經, 대일본속장경大日本續藏經, 대일본불교전서大日本佛教全書, 일본대장경日本大藏經, 대정신수대장경大正新修大藏經 등이 각각 조조, 혹은 간행되었다.

티베트에는 제33대 쏭짼감뽀(rSong btsan sgam po, 581~649) 왕 재위 시인 7세기 초에 불교가 전래되었다. 불교가 전래된 후 불전들을 역경하기 위하여 티베트어 문자가 창제되고, 그리고 799년부터 인도인 승려 샨따락시따(Śāntarakṣita)와 12명의 인도인들에 의해 역경이 시작되었다. 티베트에서는 제40대 레파첸(Ral pa can, 806~841) 왕이 841년에 그의 동생 랑다르마(Glang dar ma, 809~842)에게 암살당하면서 왕조의 붕괴와 함께 약 200여 년간 진행된 폐불廢佛 이전의 시대를 전전불교前傳佛教시대, 폐불 이후의 시대를 후전불교後傳佛教시대로 구분하고 있다. 전전불교시대에는 대부분의 삼장들이 역경·완료되었으며, 역경용어의 통일을 위한 어휘집 『번역명의대집』(「Mahāvyutpatti」)과 『댄깔마 목록』(「lDan kar ma」)을 비롯한 여러 종류의 목록들이 편찬되었다. 그리고 후전불교시대에는 티베트 불교의 재건과 함께 전전불교시대에 역경되지 않은 현교의 중관·유식사상의 일부 문헌들과 밀교의 경전들이 역경되었으며, 전전불교시대의 역경과정에서 문제가 있는 경·론들도 재역경되었다. 또한 후전불교시대에는 산스크리트어 불전들뿐만 아니라, 일부 중국어·고탄(Khotan)어·몽골어로 역경된 불전들도 티베트어로 역경되었다.

이와 같은 전전·후전불교시대에 역경된 불전들은 불교전래 660년이 지난 1410년 쫌덴릭레(bCom ldan rig ral)와 위빠로쌜(bBus pa blo gsal) 등이 역경된 삼장들을 수집하고, 날탕(sNar thang)사寺 문수당文殊堂에서 이들을 불설부와 논소부로 분류하여 개판한 것이 날탕대장경(고판古版)이며, 티베트 최초의 대장경이다. 이후 날탕대장경이 저본이 되어 리탕(Litang)판 대장경, 쪼네(Co ne)판 대장경, 날탕판 대장경(신판), 델게(sDe dge)판 대장경, 톡(sTog)판 대장경, 우르가(Urga)판 대장경, 라싸(Lha sa)판 대장경, 라갸(Rwa rgya)판 대장경, 와라(Wa ra)판 대장경, 참도(Cha mdo)판 대장경 등이 목판본으로 개판되었다.

이상과 같이 중국·한국·일본·티베트에서는 붓다와 논사들이 설한 금구옥설金口玉說의 경·율·론 삼장들을 모아 하나의 그릇(piṭaka)인 대장경이라는 이름으로 판각·간행되었다.

이상의 4개국에서 1,900여 년간 불전들의 역경과 대장경 판각 및 간행된 불전들에 대해서 후학들의 지침서 및 안내역이 될 수 있도록 교토불교각종학교연합회京都佛教各宗學校連合會의 창립 50주년 기념사업 일환으로 류코쿠대학龍谷大學이 중심이 되어 『대장경大藏經-성립과 변천成立と變遷-』(백화원, 1964)이 출판되었다. 이 책은 19장·109쪽으로 구성되어 있으며, 붓다의 설법과 결집, 기록 불전들의 종류 및 4개국에서 각각 판각·간행된 대장경들에 대한 간사처(자)·간사지·간사년·판종·장정·판식 등의 자세한 서지 소개와 함께 모든 대장경들의 대표 이미지를 게재하고 있다. 이와 같은 『대장경-성립과 변천-』은 불교학계에서는 처음 발표된 대장경 관련 연구 전문서적이다.

『대장경-성립과 변천-』이 출판된 이후 교토불교각종학교연합회에서는 100주년을 기념하여 2015년에 100주년 기념사업실행위원회를 발족하여 『대장경-성립과 변천-』에 기초한 『신편 대장경新編 大藏經-성립과 변천成立と變遷-』의 출판을 기획하였고, 2020년 12월에 간행되었다.

『신편 대장경-성립과 변천-』은 4부로 구성되어 있으며, 사상·지역불교·지역역사·서지 등의 관련 전문학자 열다섯 분이 초기·부파·대승불교의 시대별로, 인도·네팔·중앙아시아·티베트·중국·한국·일본의 지역별로, 산스크리트어·빨리어·한역·티베트어의 언어별로, 그리고 기원전 6세기부터 기원후 21세기까지의 세기별로 체계적이며 다양하게 시대별 불전들의 성립과 사상적 전개, 언어별·지역별·시대별 대장경, 언어별 기발표된 사본·미발표된 사본, 각 언어별 대장경 데이터베이스 등에 대해서 관련 자료들을 발굴·분석·연구하여 심도 있게 기술하고 있다.

『신편 대장경-성립과 변천-』은 문자화된 경·율·론 삼장과 장·소 등의 다양한 장경류, 사본들에 대한 정보와 지식들을 기술하여 전달하고 있으며, 관련 연구 서적으로서는 국내외에서 유일하다. 이와 같은 연구 결과물은 불교학 연구의 학술적인 지평을 확장시킴과 동시에 불교의 사상적 토대를 구축할 수 있으며, 그리고 대장경 이용에 대한 이해와 편리함을 갖게 해 줄 수 있을 것이다.

이에 『신편 대장경-성립과 변천-』이 한글로 번역·출판되어 한국의 관련 학자 및 연구자들에게 소개하게 됨을 기쁘게 생각한다.

본서가 한글로 번역 출판에 이르기까지 많은 분들께서 도움과 제언을 주셨다. 먼저 본서를 한국에서 출판할 수 있도록 허락해 주신 교토불교각종학교연합회와 『신편 대장경-성립과 변천-』을 집필해 주신 열다섯 분의 교수님들, 한국어 출판을 위해 추천사를 흔쾌히 써주시고, 언제나 문도問道의 벗이 되어 주신 교토 붓쿄대학佛教大學 마츠다 카즈노부松田和信 교수님께 계수稽首 합장하며 감사의 말씀을 드린다. 그리고 한국에서 출판할 수 있도록 무상무주無上無住의 일심으로 도움을 주신 호조칸法藏館 니시무라 아카타카西村明高 사장님, 총괄과 편집장을 담당하고 계시는 도시로 미치요戸城三千大 선생님, 부편집장 이마니시 토모히사今西智久 선생님께도 깊은 감사를 드린다. 또한 본서가 한국에서 출판될 수 있도록 많은 제언을 해 주신 붓쿄대학 바바 히사유키馬場久幸 교수님에게도 감사를 드린다.

끝으로 본서가 한글로 번역·출판할 수 있도록 도움을 주시고, 항상 한국불교학 발전을 위하여 헌신하고 계시며, 그리고 오랜 법연法緣의 운주사 김시열 사장님에게도 깊은 감사의 말씀을 드린다.

2024년 4월

박용진朴鎔辰, 최종남崔鍾男 삼가 씀

찾아보기

【ㄴ】

【ㅇ】

【ㅎ】

집필 담당자 일람

*표시는 대장회 제100회 기념사업실행위원

미나미 키요타카南清隆(みなみ きよたか) I부 1장

1954年, 京都府生. 東海學園大學 共生文化硏究所 教授. 佛教學(初期佛教·南方佛教).

「三學の說示內容に關する對照作業ノート」(『佛教學セミナー』 85, 2007年), 「ミリンダパンパの說示內容に關する考察」(福原隆善 先生古稀記念 『佛法僧論叢』, 山喜房佛書林, 2013年), 「初期經典の傳える佛教草創期の他宗教との邂逅」(『共生文化硏究』創刊號, 2016年) 등.

마츠다 카즈노부松田和信(まつだ かずのぶ) I부 2장

1954年, 兵庫縣生. 佛教大學 佛教學部 教授. 佛教學.

Manuscripts 1 (Buddhist Manuscripts in the Schoyen Collection. vols.1-3, 共編著 Oslo 2000-2007). 『インド省圖書館所藏中央アジア出土大乘涅槃經梵文斷簡集』(東洋文庫, 1988年), 「アフガニスタン寫本から見た大乘佛教 -大乘佛教資料論に代えて」(『大乘佛教とは何か』シリーズ大乘佛教1, 春秋社, 2011年).

오노다 슌조小野田俊藏(おのだ しゅんぞう) I부 3장

1952年, 兵庫縣生. 佛教大學 歷史學部 歷史文化學科 教授. 博士(文學). 티베트佛教文化.

『Monastic Debate in Tibet: a study on the History and Structures of bsdus Grwa Logic』(ヴィーン大學チベット學佛教學硏究書叢書 第28號, 1992年), 『チベット巡禮』(共著, KDDクリエイティブ, 1997年), 『チベット繪畫の歷史 -偉大な繪師達の繪畫樣式とその傳統』(共譯, 平河出版社, 2006年) 등.

아카오 에이케이赤尾榮慶(あかお えいけい) Ⅱ부 1장

1954年, 富山縣生. 京都國立博物館 名譽館員, 國際佛教學大學院大學本古寫經研究特別研究員, 古寫經의 書誌學的研究.

『寫經の鑑賞基礎知識』(賴富本宏との共著, 至文堂, 1994年), 『坂東本『顯淨土眞宗實教行信証文類』角點の研究』(宇都宮啓吾との協働執筆, 東本願寺出版, 2015年), 「書誌學的觀點から見た敦煌寫本と僞寫本をめぐる問題」(『佛教藝術』271號, 2003年) 등.

오오우치 후미오大内文雄(おおうち ふみお) Ⅱ부 2장

1947年, 長崎縣生. 大谷大學 名譽教授,博士(文學). 中國中世佛教史.

『南北朝隋唐期佛教史研究』(法藏館, 2013年), 『唐·南山道宣著作序文譯注』(編譯, 法藏館, 2019年) 등.

노자와 요시미野澤佳美(のざわ よしみ) Ⅱ부 3장 1·4·5·7·8절節

1958年, 山梨縣生. 立正大學 文學部 史學科 教授. 博士(文學). 印刷漢文大藏經, 中國出版文化史.

『明代大藏經史の研究-南藏の歷史學的基礎研究』(汲古書院, 1998年), 『印刷漢文大藏經の歷史 - 中國·高麗 篇』(立正大學情報メディアセンター, 2015年), 「宋·福州版大藏經の印工について」(『立正大學東洋史論集』 20, 2019年) 등.

가지우라 스스무梶浦晋(かじうら すすむ) Ⅱ부 3장 2·3·6·9절, Ⅲ부 1장 1절, Ⅳ부 4장 1절

1956年, 滋賀縣生. 京都大學 人文科學研究所 付屬極東アジア人文情報學研究センター 助手. 版本·目錄學.

「大谷大學藏高麗再雕版大藏經について -その傳來と特徵」(『大谷大學所藏高麗版大藏經調査研究報告』大谷大學眞宗總合學術センター, 2013年), 「日本近代出版の大藏經と大藏經研究」(『縮刷大藏經から大正藏經へ』佛教大學宗教文化

ミュージアム, 2014年) 등.

바바 히사유키馬場久幸(ばば ひさゆき) Ⅲ부 1장 2절

1971年, 京都府生. 佛敎大學 非常勤. 哲學博士. 高麗佛敎史, 日韓佛敎交流史.
『日韓交流と高麗版大藏經』(法藏館, 2016年), 「大谷大學所藏高麗版大藏經の傳來と特徵」(『大谷大學所藏高麗版大藏經調査研究報告』大谷大學眞宗總合學術センター, 2013年) 등.

미야자키 켄지宮崎健司(みやざき けんじ) *Ⅳ부 1장

1959年, 兵庫縣生. 大谷大學 文學部 歷史學科 敎授·동 大學博物館學藝員. 博士(文學). 日本古代宗敎史, 日本古代寫經, 正倉院文書.
『日本古代の寫經と社會』(塙書房, 2006年), 「正倉院文書と古寫經-隅寺心經の基礎的考察」(新川登龜男 編『佛敎文明の轉回と表現 - 文字·言語·造形と思想』勉誠出版, 2015年), 「久多の木像五輪塔」(『大谷學報』 93-2, 2015年) 등.

가와바타 야스유키川端泰幸(かわばた やすゆき) Ⅳ부 2장

1976年, 和歌山縣生. 大谷大學 文學部 歷史學部 准敎授·동 大學博物館學藝員. 博士(文學). 日本中世史.
『日本中世の地域社會と一揆 - 公と宗敎の中世共同體』(日本佛敎史研究叢書, 法藏館, 2008年), 「中世後期における地域社會の結合 - 惣·一揆·國」(『歷史學研究』 989, 2019年) 등.

마츠나가 치카이松永知海(まつなが ちかい) *Ⅳ부 3장 1·4절

1950年, 東京都生. 佛敎大學 佛敎學部 佛敎學科 敎授, 日本近世大藏經印刷史, 日本近世淨土宗.
『黃檗版大藏經刊記集』(共編, 思文閣出版, 1993年), 『影印東叡山寬永寺天海版一切經願文集·同目錄』(佛敎大學松永研究室, 1999年), 「黃檗版大藏經の再評價」(『佛敎史學研究』 34-2, 1991年) 등.

오야마 쇼분小山正文(おやま しょうぶん) Ⅳ부 3장 2절

1941年, 大阪生. 同朋大學 佛教文化研究所 研究顧問. 眞宗史.
『親鸞と眞宗繪傳』(法藏館, 2000年), 『續·親鸞と眞宗繪傳』(法藏館, 2013年) 등.

미즈카미 후미요시水上文義(みずかみ ふみよし) Ⅳ부 3장 3절

1950年, 東京都生. 전 公益財團法人 中村元東邦研究所專任研究員. 博士(佛教學). 日本佛教思想.
『台密思想形成の研究』(春秋社, 2008年), 『日本天台教學論 台密·神祇·古活字』(春秋社, 2017年), 「天海版一切經木活字の種類と特色」(『寬永寺藏天海版木活字を中心とした出版文化財の調査·分類·保存に關する總合的研究』科研研究成果報告書, 2002年) 등.

나카오 료신中尾良信(なかお りょうしん) *Ⅳ부 4장 2절

1952年, 兵庫縣生. 花園大學 文學部 佛教學科 教授. 日本中世禪宗史.
『日本禪宗の傳說と歷史』(歷史文化ライブラリー, 吉川弘文館, 2005年), 『榮西』(共著, 創元社, 2017年) 등.

요시다 에이레이吉田叡禮(よしだ えいれい) Ⅳ부 4장 3절

1969年, 兵庫縣生. 전 花園大學教授. 博士(佛教學). 華嚴學, 禪學, 密教學.
『新アジア佛教史7 中國II 隋唐 興隆·發展する佛教』(共著, 佼成出版社), 『新國譯大藏經 中國撰述部①-1華嚴宗部』(共譯, 大藏出版), 「中國華嚴の祖統說について」(『華嚴學論集』, 大藏出版) 등.

박용진朴鎔辰

국민대학교에서 「大覺國師 義天 研究」로 문학박사 학위를 취득하였다. 고려 교장敎藏을 중심으로 동아시아 한문불교문화권의 불교사상 및 전적의 교류를 중심으로 연구하고 있으며, 현재 국민대학교 교양대학 교수, 불교학연구회 이사, 한국서지학회 이사, 북악사학회 이사, 한국중세사학회 편집위원으로 있다. 주요 저서 및 논문으로 『의천, 그의 생애와 사상』, 『고려 초조대장경과 동아시아의 대장경』(공저), 『고려 재조대장경과 동아시아의 대장경』(공저), 『불교문명 교류와 해역세계』(공저), 「고려시대 동아시아 한문불교문화권의 海上 佛敎交流」, 「고려전기 義天 編定 『圓宗文類』 권1의 서지 및 교감」, 「의천 集 『釋苑詞林』의 편찬과 그 의의」, 「고려후기 백련사와 송 천태종 교류」, 「고려시대 국가의 사원 조성과 성격」 등이 있다.

최종남崔鍾男

독일 함부르크대학 인도·티베트 문화·역사학과에서 「Die dreifache Schulung in der frühen Yogācāra-Schule」로 철학박사 학위를 취득하였다. 불교학연구회 편집위원장, 불교학연구회 부회장, 불교학연구회 제9·10대 회장, 인도철학회 부회장 등을 역임하였으며, 현재 중앙승가대학교 불교학부 교수, 불교학연구회 고문, 한국불교학회 이사, 동아시아불교문화학회 이사, 한국서지학회 이사, 일본 印度學佛教學會 理事로 있다.
주요 저서 및 논문으로 『梵漢藏 對照 『顯揚聖教論』索引』, 『大藏目錄集』(공저), 『범본·한역본·티베트어본 아미타경 한글 역주』(공저), 『역경학 개론』(공저), 『돈황문헌총람』(공저), 「『顯揚聖教論』에 대한 再考察」, 「新羅 道倫의 瑜伽論記에 대해서」, 「『顯揚聖教論』品 構造에 대해서」, 「티베트어 譯 『解深密經』「blo gras yaṅs pa」章 한글역」, 「戒·定·慧 三學の修行方法」, 「유가행파 문헌에 있어서 열반의 종류에 관한 연구」, 「白淨に關する一考察」, 「유식사상과 뇌과학에 관한연구」, 「태현의 『보살계본종요』유통본 서지조사 및 대조·연구」, 「1010部의 諸宗教藏 중에서 국내 유일본 瑜伽行派 章疏들에 대한 서지적 연구」, 「선무도 수련에 대한 유식학적 접근」 등이 있다.

새로 쓰는 대장경의 성립과 변천

초판 1쇄 인쇄 2024년 5월 13일 | 초판 1쇄 발행 2024년 5월 22일
교토불교각종학교연합회 편 | 박용진·최종남 역 | 펴낸이 김시열
펴낸곳 도서출판 운주사
(02832) 서울시 성북구 동소문로 67-1 성심빌딩 3층
전화 (02) 926-8361 | 팩스 0505-115-8361
ISBN 978-89-5746-778-7 93220 값 25,000원
http://cafe.daum.net/unjubooks 〈다음카페: 도서출판 운주사〉